企业直播

直播实战驱动数字化升级

保利威　你好金融（Hi-Finance）　著

Enterprise,
Go Live!

中国科学技术出版社
·北　京·

图书在版编目（CIP）数据

企业直播：直播实战驱动数字化升级 / 保利威，你好金融著 . —北京：中国科学技术出版社，2022.3
ISBN 978-7-5046-9430-0

Ⅰ. ①企… Ⅱ. ①保… ②你… Ⅲ. ①网络营销 Ⅳ. ① F713.365.2

中国版本图书馆 CIP 数据核字（2022）第 025443 号

策划编辑	杜凡如　赵　嵘
责任编辑	庞冰心
版式设计	蚂蚁设计
封面设计	仙境设计
责任校对	邓雪梅
责任印制	李晓霖

出　　版	中国科学技术出版社
发　　行	中国科学技术出版社有限公司发行部
地　　址	北京市海淀区中关村南大街 16 号
邮　　编	100081
发行电话	010-62173865
传　　真	010-62173081
网　　址	http://www.cspbooks.com.cn

开　　本	710mm×1000mm　1/16
字　　数	279 千字
印　　张	21.5
版　　次	2022 年 3 月第 1 版
印　　次	2022 年 3 月第 1 次印刷
印　　刷	北京盛通印刷股份有限公司
书　　号	ISBN 978-7-5046-9430-0 / F·979
定　　价	99.00 元

（凡购买本社图书，如有缺页、倒页、脱页者，本社发行部负责调换）

推荐语

数字化学习注重各类学习场景的数字化。直播技术作为学习场景数字化的重要途径，在企业培训领域得到广泛应用，使培训效果最大化。作为直播领域的领军企业，保利威在书中详尽解析了行业标杆客户的应用案例，从中台搭建、人才培养到赋能业务，直击需求和痛点，值得大家学习和参考。

《培训》杂志主编　朱伟正

新技术不是凭空产生的，它源自新环境下用户的真实需求。只有能为企业和社会整体降本增效做出贡献，具有利他性的技术才能够更好地通过市场的检验。"元宇宙"时代下，直播为虚拟与交互场景提供了更多想象空间。作为直播服务第一梯队服务商，保利威一直引领技术创新与服务体验升级，通过全流程一站式解决方案为客户带去高品质的直播效果。

艾瑞研究院执行院长　李超

直播是这个时代的文本！直播不论是作为信息快速传播及内容知识沉淀的工具，还是作为各个行业进行数字化运营推广的工具，都是非常好的切入点。

企业直播 / 直播实战驱动数字化升级 /

本书正是最新直播成果的集大成者!

上海时代光华教育发展有限公司总裁　张春林

数智时代,以信息技术为核心的新一轮科技革命正在孕育兴起。企业直播作为数字化升级过程中的关键基础设施,正在发挥着不可替代的作用。直播将传统线下联系线上化,有效提高了目标用户的黏性;在性能上,直播将更加极致化,通过多场景多功能来匹配不同企业的差异化需求,使企业直播由标准化向个性化转变。本书详尽地介绍了企业直播与众多企业服务结合的成功案例,给予行业深度参考与启发。

《互联网周刊》总编辑　田耘

直播的本质是让人与人可以跨越空间,实时互动交流。直播也逐渐成为数字经济时代新基建,在各行各业中快速渗透,重构业务场景中人与人的连接互动新模式。本书正是从企业核心业务场景出发,融合直播赋能的思考,提供落地方法与实践,值得反复研读。

喜马拉雅副总裁　张远

如果再早两年看到这本书,我们做直播的就不用踩这么多坑了,当然也是踩过很多坑的人才可能写出这本书。这本书就是一本 hands on(实际动手做)的直播教学指南。直播时代已来,直播对每一个人的影响将更加深远。

公募基金主播　黄维铭

序
直播，是这个时代的文本

保利威服务企业视频直播有8年了，截至2021年，我们服务的企业已经超过20万家。最近两年，我和超过500家企业的直播负责人有过交流，他们中有的负责企业培训、有的做数字营销，也有的是信息技术领域的高层。以下是大家最关注的几个问题：当疫情得到控制，直播业务还会继续增长吗？我们还需不需要直播？我们的直播怎么才能做出效果？选题如何策划？设备怎么配置？直播间如何管理？

这些问题其实并没有标准答案，不同行业、场景、目的都会带来不一样的变化，保利威在这几年的服务中，也确实总结了不少经验和标准作业程序（SOP）。于是我找到了Hi-Finance & Hi-Group[①]的创始人兼CEO王小钊，想结合各自的专业经验，提供一些参考思路。

2020年，新冠肺炎疫情暴发并席卷全球，对包括中国在内的全球经济造成

[①] Hi-Finance&Hi-Group 是中国的金融在线教育公司，以体系化课程领军金融实务领域。Hi-Finance 是该公司旗下的一个品牌，专注于金融实务领域，致力于为用户提供金融知识的一站式学习平台。——编者注

企业直播 / 直播实战驱动数字化升级 /

了巨大的冲击，也对社会生活的运转造成了很深的影响。在这一背景下，以消费市场上轰轰烈烈的直播电商为引爆点，直播行业再次掀起热潮。发展了10年之久的企业直播服务市场在中国企业数字化转型的浪潮中，也顺势进入高速发展阶段。

大众用户对直播的热衷推动更多企业积极探索直播，企业直播服务商是使企业实现购物、教育、活动等多种场景线上化的核心角色；B端企业也经过一年的实践和试错，更加清晰地认识到企业直播的价值。从场景来说，企业直播已经由单一的"发布会直播"升级到全场景直播矩阵，即"培训直播""营销直播""数字会展""办公直播""招聘直播"。

人类社会的每一次重大变革和进步都与科学技术的发明及发现有着密切关系。从无线接入点（Wireless Access Points，简称WAP）年代到个人计算机（Personal Computer，简称PC）互联网时代再到移动互联时代，我们经历了信息载体由文字、图文、动画到视频、直播的升级，每一次升级都带来了更高信息密度、媒介速率以及覆盖率的提升，信息的传播效率发生了变化。直播不仅仅是一个工具，也是更先进的内容生产方式。

举个例子，在"培训直播"方面，企业能够通过直播培训的方式更快地覆盖全员，让"信息"准确无误地穿透。一堂直播课在结束后，可以通过云端实时将内容渲染出来，生成30分钟精品课、5分钟微课、1分钟短视频、15秒朋友圈分享版本，这让内容的创作与传播效率得到提升。

在营销侧，直播在很大程度上打破了用户对产品看不见、摸不着、感受不到的现状，主播会把商品的详情、优缺点、使用效果都用视频的方式展现出来，相比图片和文字，视频的信息维度更加丰富，使得用户能够更为直观并全面地了解产品的属性和用途，用户实现了所见即所得，避免遭遇完美照片的"骗局"，

> 序 / 直播，是这个时代的文本 /

降低试错成本。

由于直播是实时发生的，直播间里的用户有任何问题，讲师（主播）都可以及时回答，形成双向交流。另外，直播间中较多用户的参与和沟通，也往往能激发用户的从众心理，从而使他们产生学习欲望或消费行为，享受学习或购物的乐趣。

2022年，企业对"品质直播"的需求越来越强烈，我们将这一年称为"品质直播元年"。深谙企业直播的迅速发展，保利威也联合行业专家、权威媒体以及头部机构共同发起成立了企业直播第一智库平台——直播高研院，希望能够帮助企业在各个维度打造高品质直播，从而推动行业创新与发展。

基于多年服务客户的实践经验，也基于直播高研院的智库研究，保利威将企业直播操盘手的经验与实际业务场景痛点融合，输出了众多的研究报告、白皮书等行业内容，如今，也联合你好金融（Hi-Finance）出版了此书，希望能够带给大家一些参考。

展望未来，企业直播的发展会更加普及而深入，集任何人（Anyone）、任何物（Anything）、任何场地（Anywhere）、任何时间（Anytime）于一体的4A发展趋势将愈发明显。

因为，直播是这个时代的文本。

保利威副总裁、直播高研院执行院长
周鑫
公众号 / 视频号：保利威POLYV

序
直播，让技术回归人性

19世纪初，收音机的发明让全球通信开始进入声音传输时代。随后的几十年，众多教育工作者开始探索音频教学，开设不同的频道传递知识，让学员听着收音机进行学习。与收音机教学相伴，线下培训教学毫发无伤，并且持续茁壮成长。

1924年，英国人约翰·贝尔德（John Baird）发明了电视。从此，全球通信开始进入图像传输时代。随后的几十年，众多教育工作者又开始积极探索，各类电视台纷纷开设教育频道，电视大学、电视直播教学等形式层出不穷。

20世纪90年代，那时我在学弹钢琴，记得有一次老师布置的作业是贝多芬的奏鸣曲《悲怆》第三乐章。恰好，在练习了2周以后，一天晚上，我突然看到中央电视台四套请到了中央音乐学院的教授来开大师课，讲解这首曲子，那种感觉真是如获至宝。我仔细做了所有笔记，还认认真真看了后续的回放。可是，再往后节目组挑选的曲子并不是我的作业曲目，于是几周之后，这个节目我也就没有再追下去。

观众太多、需求太多，电视台资源有限，无法全方位地满足用户需求。这个时候，只能是人主动找内容，我们通过看节目表来判断这个内容是不是我想看的、想学的。由此可见，线下教育体验依然优于线上教育体验。

随着互联网的出现，线上教育开始不断发展。一方面，线上的内容源源不断地产出，与线下教育一起做大市场，另一方面，线上和线下又有抢占用户时间和优化体验的"矛盾"碰撞。终于，在2010年1月的冬天，在我职业生涯轨迹中的重要一年，我也遇到了他们的这场"硬仗"。

当时，我在美国哥伦比亚大学数学系攻读硕士学位，和身边绝大部分同学一样，想去华尔街工作。可是，华尔街有华尔街的游戏规则，如果你不懂，只能去自学。我学的是数理金融专业（Mathematical Finance），教授很资深，思维很通透，学术很扎实，教授的理论很受用。可是，对于想去投行和基金公司工作的我，有很多工作岗位中实际需要的技能却不在教学大纲范围内。

怎么办？只能去外部报班。

于是我支付了725美元，报了一个为期2天的华尔街估值建模培训，全班有70多人，30多个国家和地区的同学在一起上课。老师很专业，助教很负责。然而，在2天的线下课程完结之后，我还是会碰到很多课堂上没教的问题。毕竟，如果我们2天（12小时）就掌握了华尔街所有面试技巧，也不大现实。而且，后续的这些问题也还是难以实时解决。很多课程中老师讲到的知识点，我在现场听到了，当时也听懂了，回到宿舍之后，却还是记不住，会忘记。除了讲义和自己也不一定能看懂的笔记，后续也没有足够的辅助学习资料和复习资料。

随后，我在网上找到了另一个学习资源，价格为375美元、时长为50多个小时的在线视频录播课程，跟着视频可以反复学习训练Excel技能和给上市公司估值建模的能力。在线上教学环境中，你无须担心跟不上，因为可以随时停

> 企业直播 / 直播实战驱动数字化升级 /

下来思考；在线上，你也不需要助教手把手线下辅导，因为授课老师已经把每一个教学视频开始前所需准备的模型和视频结束后要完成的模型统一整理好，你绝对跟得上。如果你还有不懂的地方，课程提供专业的学习论坛，老师会在那里答疑。而且，每个视频里如果有学员提出了问题，你也能看到老师的专业回复，单纯把大家的问题看完都是一种不一样的学习体验。

我不断地对着视频学习，拿着最初的模型进行自我强化练习，看最快在多长时间之内可以搭建出和老师讲解一致的最终模型。后来，我在华尔街各个投行基金的模型测试[1]中鲜有失手的情形。

在那个时候，我开始思考，如果线上的价格比线下低，学习效果不比线下差，还有后续的长期答疑与论坛互动，是不是还有很多人，其实和我一样，发现痛点解决了？

后来，我也去金融教育机构做过兼职讲师，做到了金牌讲师。我发现，录播内容对于老师的优势在于，他们不需要一遍遍重复线下讲解，只需在线下录制优质课程，通过线上渠道交付学员，从而提升效率。

2015年9月，我和我的合伙人正式创立了 Hi-Finance，专注于解决金融人"一听就懂、一看就会，但一做就错、一实践就酿成悲剧"的学习痛点，致力于专业领域岗位的实操技能提升。到现在，除了面向金融行业，我们还创建了 Hi-Management 品牌，提供服务更多职场专业人士的通用与管理技能，帮助学员在每一个领域快速实现从0到1的进步，迄今已覆盖百万学员，并基于我们的经验持续帮助企业实现人才梯队与业务落地的数字化转型。

---

[1] 模型测试，英文称 Model Test，是华尔街投行基金面试中的重要一环。一般来说，候选人需要在2小时内为一个上市公司从零开始，搭建出完整的财务预测和估值预测，或者在4小时内，同时完成一篇2页以上的 Word 版的投资建议书。

序 / 直播，让技术回归人性 /

现在回想起来，2010年1月，当时确实是一个时代全新的起点。那年，Coursera[①]还没有成立，距离它正式上线的2012年4月还有2年。那时，孟加拉裔美国人、教育工作者萨尔曼·可汗（Salman Khan）刚刚于2009年辞去对冲基金分析师的工作，正式创立可汗学院（Khan Academy）。

自创业起，我们公司也在不断地推出新的课程与在线内容。我自己录制了3000多个不同主题的视频，平均每个视频在10～15分钟，就是期望用户能较好地利用线上录播资源去学习。

一切都在按照预期的目标发展。2015—2019年，我们总计做了500多门在线课程，时长超过2000小时。

可是，等待我们的却是，录播视频的接受程度没有得到较快提升。

正在我百思不得其解之际，2020年的一场突如其来的疫情，使得想用录播内容替代线下重复内容体验的我，全年总共做了将近100场的直播，其中"直播培训、直播带货和直播运营"等同一个大主题，甚至讲了70多遍。我们创业的初衷是希望老师不必每次都现场线下教学，学员在线上学习就可以了。可是，我们的实际经验在不断地让我们反思，需求和供给哪个更重要？究竟什么是教育的本质？

我曾听过一种说法，教育的本质是"改变"。没错，怎么改变呢？单纯的"教"，能改变吗？孔夫子当年讲学的时候，我们能想象他是一个人在"线下的一个场地或者线上镜头前"直接开讲，具体谁来听，爱不爱听，他不管吗？不是的，《论语》的精髓是"问答"，问答的形式主体是"互动"。孔夫子讲解的是一个个子路、子贡的问题与疑惑，而不是单纯的内容输出。"改变"是教育的目的，而

[①] Coursera 是大型公开在线课程项目，由美国斯坦福大学两名计算机科学教授创办。
——编者注

形式则离不开"互动"与"实时问答"。

这不就是线上直播的核心吗？线上直播的出现，结合了线上录播搭建好的传播渠道，使得跨时间、跨地域的知识都可以传递，同时，也结合了线下的互动机制，使得学习有了真实的现场感。

新的学习方式：直播+录播+线下。

新的学习体验：授课+互动+答疑+学习资料。

新的学习内容：文字+图片+音频+视频+PPT。

直播的出现，使得"真正的混学模式"得以出现。它带来的与其说是变革，不如说是赋能全行业的黏合剂；与其说是内容的新变革，不如说是让学习回到了它本来应该有的样子。

除了教育培训，在过去几年的创业道路上，我们还碰到了一个十分有意思的场景。有一次，我和一家大型上市公司的首席营销官（Chief Marketing Officer，简称CMO）在一个活动上认识了。

席间交流，她问我："老王，听说你是做教育内容的，我就想问你，你知道为什么我们公司有这么多高端用户吗？"

我说："这我还真不知道，只是知道你们公司的品牌做得很好，人才体系很完善等。"她说："其实，这些都是因为我们公司的'培训'做得好。"这一下子勾起了我的好奇心，便追问原因。她说："我们公司的培训，除了有对内的，更多是对外的，我们公司为不同的用户做不同类型的培训，中医养生、子女教育、市场热点、投资策略，等等。这些线下的培训，可以宣传我们公司的产品理念与使用技巧，用户既学到了知识，也增强了对品牌的认知。2020年，线下做不了，我们公司就开了直播。结果，好多过去不活跃的沉淀用户重新成为我们公司的用户，我们还通过裂变营销获得了由老用户转介绍来的好多新用户。我们公司不但业绩没下降，反而经营状况比之前还要积极健康。"

这是一个不断开放与融合的时代，我们一直把教育和培训放到一起，但是教育的底层是"内容"，如果我们沿着"内容"产业开拓，又是一个全新的领域——"内容营销"（Content Marketing）。

过去的营销内容是单向的，通过收音机、电视、互联网视频网站等传递给受众。记得一个上海某知名电视台的营销负责人说过："在2000年的时候，电视台的主流用户群体是25～30岁的年轻人，电视购物中卖的都是生活用品和电子产品；现在我们的用户是45～50岁的中年人，电视购物中卖的都是黄金首饰和家庭用品。想想挺有意思的，因为20年了，电视这一单一渠道与频道，服务的始终是这一批人。"他们想改革，难上加难，难道在电视视频中加弹幕吗？想想也是很有喜感的画面。

过去，他们还有客户，因为有用户基础。但是，线上直播形式的出现，把互联网内容营销的形态带进了一个个新的领域。

曾经的营销，是由主播单方面传输给用户，用户只能选择主播推荐的。

现在是每个企业开设直播间，品牌方自己直接触达终端客户。

曾经的带货，用户记住的是电视台、产品。

现在的在线直播间带货，每个企业和主播要做好的是，成为用户的"首席福利官"，培养和孕育属于自己的商业IP（自我形象的打造）。

曾经的销售，转换率是最重要的衡量指标，产品卖了多少就是业绩评判的唯一标准。

现在的直播间，则还可以是增强用户关系的纽带，让直播间成为用户常回家看看的地方、他们的线上心灵家园。

曾经的宣传，企业总部的策划和业务一线的拓展是脱节的。

企业直播 / 直播实战驱动数字化升级 /

  现在的直播间可以重构企业总部与终端用户之间的关系，总部品牌发声，实现总部协同一线业务人员的立体营销矩阵。格力董明珠的直播带货，就是有效利用渠道资源，进而促进用户在直播间下单的典范。

  直播赋能，正在一个个行业如火如荼地上演着，究其根本：直播，让技术回归人与人最基础的需求，即实时互动与交流。

Hi-Finance & Hi-Group 创始人兼 CEO

王小钊

视频号：老王扒金融

公众号：老王必修课

目录 CONTENTS

第1章 直播市场发展现状 / 1

1.1 直播的飞速发展 / 2

1.2 思考如何做好直播 / 3

第2章 企业直播常见业务场景与运营技巧 / 9

2.1 确定路线 / 10

2.2 场景分析 / 11

第3章 直播变革，线下培训全部直播化？你愿意参与吗 / 25

3.1 在线学习 / 26

3.2 做线上直播的5点疑虑 / 28

3.3 在线内容生产形式 / 38

第4章 直播如何赋能培训业务 / 41

4.1 培训直播的7种常见场景 / 42

4.2 培训直播的标准策划与运营流程 / 47

4.3 线上学习训练营：如何利用直播保证学习效果 / 49

4.4 海量内容：借助直播迅速搭建公司在线课程库 / 59

4.5　经验萃取：搭建岗位知识体系，借力直播做好经验萃取与留存 / 63

第 5 章　如何讲好一节直播课 / 71

5.1　深挖用户需求，策划直播课程主题 / 72

5.2　借鉴编剧思维，构造直播课程框架 / 81

5.3　不紧张不出错，直播前的热场技巧 / 109

5.4　迅速锁定观众注意力，直播开场的 3 大基础方法与 4 大进阶技巧 / 110

5.5　持续留住观众，直播中场推进的方法指南 / 127

5.6　让粉丝大呼过瘾，直播课如何收尾与撰写金句 / 138

5.7　不尬场不冷场，直播中如何正确设计观众互动 / 142

5.8　一人直播太紧张？直播主讲人如何与主持人完美配合 / 146

5.9　镜头呈现一切，直播间的精巧搭建与主讲人的穿着注意指南 / 147

5.10　拥抱直播？线下课讲师如何迅速转型线上 / 152

5.11　小贴士：直播中常见错误总结 / 160

第 6 章　数字化品牌推广，直播如何将"流量"变"留量" / 163

6.1　直播服务的是"拉新—转化—留存—促活"中的哪一环 / 164

6.2　持续深耕客户，"直播 + 私域流量"的客户心智战 / 171

6.3　我的直播间，是你常回家看看的地方，如何借力直播提高用户黏性 / 179

6.4　直播如何赋能 App 日活与月活的提升 / 190

6.5　展会论坛直播，最大化线下内容的 ROI（数字会展）/ 192

6.6　打造企业数字化品牌矩阵，直播如何赋能营销阵地 / 207

第 7 章　直播带货的重点是什么 / 215

7.1　直播带货的本质究竟是什么 / 216

/ 目录 /

7.2　直播带货策划指南 /218

7.3　直播间物料道具准备指南 /225

7.4　直播间带货互动话术及运营 /226

7.5　直播间突发状况临场应对指南 /230

第8章　直播 + 金融 /233

8.1　银行直播 /234

8.2　证券直播 /251

8.3　保险直播 /261

第9章　直播 + 教培 /265

9.1　直播 + 培训（教育机构）/267

9.2　直播 + 教培（企业培训）/279

第10章　直播 + 零售 / 医疗 /291

10.1　直播 + 零售 /292

10.2　直播 + 医疗 /297

第11章　直播技术发展及应用创新 /307

11.1　无延迟直播引领 5G 时代的首场音视频技术革新 /308

11.2　视频时代下的企业"新工位"——直播舱 /314

11.3　视频安全，护航企业沉淀数字资产 /319

11.4　元宇宙探索下的直播新想象 /322

第 1 章
直播市场发展现状

技术发展爆棚的背后,是需求回归人性,千人千面的背后,是用户希望有一个代言人,为他们发声,为他们服务。"人—货—场"的逻辑,过去是人找货,后来是货找人,现在的直播时代是人找人,顺带看看货。

一说到直播，第一个要提的就是"直播带货"。

2020年，据不完全统计，某薇的淘宝直播带货额超过200亿元，销量超1.8亿件；而以"Oh My God"著称的李佳琦Austin的年度直播带货量也超过100亿元，销量超1.2亿件。这两个人的销售金额加起来，达到上海2020年全年GDP 3.87万亿元的近1%，福州全年GDP 1万亿元的约3%。

2021年开始，直播电商的规模开始破万亿元，每周有超过20000场直播在各个电商平台上演。除了知名主播，还有众多的品牌商、企业和"新人"也加入了直播大潮。

这些"新人"包括：①中国各地的大学、中小学等各个院校的线下老师们，开始采用网络进行线上直播教学；②各级领导干部，也开始化身"带货达人"推销地方旅游资源和农副产品；③企业家群体也不断加入直播，比如携程的创始人梁建章在直播间奔走相告；④商业银行、证券机构、保险公司、基金公司等视线上直播为"非正常渠道"、以保守著称的传统金融机构，也纷纷开始在支付宝上直播卖基金，在直播间给用户送福利。

一场突如其来的疫情，加速了直播在各行各业的应用。

1.1 直播的飞速发展

2020年年初，5000万名网友齐聚直播间，观看武汉火神山、雷神山医院施工现场的24小时直播。中国互联网络信息中心（CNNIC）发布的第46次《中国互联网络发展状况统计报告》显示，截至2020年6月，中国的网络直播用户达5.62亿、使用率为59.8%。换言之，每5名网络用户中就有3名直播用户。

艾媒咨询报告显示，中国直播电商的市场规模在2020年已经达到1.2万亿元，而预计到2023年，市场规模将高达4.9万亿元。无论是店铺自播，还是大V直播，直播已经渗透经济领域的方方面面。招商银行2020年的年报显示，招商银行App和掌上生活App，在2020年度，月活达到了1.07亿人，而两大App中视频直播场次达到了1745场，服务用户1170万。企业直播在金融领域，也在不断拓展推进。

如果说"互联网+"在中国的推广与普及花了3～5年时间，那么"直播+"只花了数月，便从体育、游戏、真人聊天秀、演唱会等泛娱乐领域"出圈"[①]，快速在电商、会展、文旅、教育、新闻、出版、政务等领域开花结果，成为各行各业的"标配"。

1.2 思考如何做好直播

可是，这些是直播的核心吗？并不完全，因为这些全都叫作"公域流量"。公域最核心的几个特点是：

（1）用户只能留在公域平台上（比如淘宝的用户只能留在淘宝平台上，抖音的用户只能留在抖音平台上，商家很难将自己在其他平台的用户转到个人微信端）。

（2）商家和用户的沟通无法及时进行，因为用户可以给商家发消息，商家

---

① "出圈"是营销界的一个常用语，意为某个人、某种现象不止在一个小圈子被关注，开始进入大众视野，为圈子以外的领域所关注。——编者注

却很难和用户 1 对 1 地进行沟通。

（3）大数据分析让商家对商品转化有了解，但是单一用户的行为特征与数据却无法实时跟进。

所以，直播还能怎么做？做私域。

什么是私域？定义很简单，用户属于自己，可以反复触达，可以反复唤起促进成交。当前，私域一般指微信端。毕竟，我们的朋友、同事和所有人脉都在这里。截至 2020 年年底，微信日活用户超过 10 亿，支付宝 / 淘宝日活用户超过 7 亿，抖音日活用户超过 4 亿，快手日活用户超过 3 亿，微信依然具备超级庞大的流量基础。

问你一个问题，下面两个选项，你认为哪个更值钱？

第一，你有 1 个微信公众号（订阅号），粉丝数 10 万个。

第二，你有 20 个微信个人号，每个微信号有 5000 个好友，假设好友不重复，总好友数 10 万个。

显然是后者，因为个人微信用户可以反复触达，反复唤起促进成交，并且用户都在你的关系网里。当这个时候的直播市场从公域转到私域之后，市场的发展就从水上沉到了水下。不为外人所知，做得好或者不好，只有自己知道。做得好的，不会对外宣传，做得不好的，更不会对外发声。

公域直播成为各个商家血战的红海，而私域流量的直播，则在海平面下，对于每个人来讲都是潜得越深、颜色越蓝的"蓝海"（未知的市场空间）。

其实，当我们入局直播的时候，首先要问问自己，这个用户需求真的需要直播吗？是不是一定要做直播才能满足和解决这个需求？

例如，在客户关系与营销层面：

· 寻找客户，是否可以通过直播解决？

- 向客户介绍业务，是否可以通过直播解决？
- 向客户介绍产品，是否可以通过直播解决？
- 接待来访客户，是否可以通过直播解决？
- 安抚客户情绪，是否可以通过直播解决？
- 提供咨询与答疑解惑，是否可以通过直播解决？
- 维护客户关系，是否可以通过直播解决？
- 与客户签约，是否可以通过直播解决？
- 诊断客户账户，是否可以通过直播解决？
- 开拓合作伙伴，是否可以通过直播解决？
- 请客户吃饭，是否可以通过直播解决？

可能除了请客户吃饭，上述所有需求都可以在直播间或其他线上渠道解决。往深一层次讲，如果你连续邀请一位客户在1个月内看4场直播，你可以通过后台的直播数据分析，看到他的观看数据。如果他一次都不点击进来看你的直播，你就应该知道，你的时间被"错误"地分配到了一个成交概率低的客户。通过直播，你可以选择后续跟进的频率和精力，你也不一定非要请他吃饭。毕竟，还有更多更优质的潜在客户等着你服务。

直播的出现，让我们更好地了解客户需求，但本质上，是重构了"人—货—场"的关系。

过去，产品销售是线下商家先通过宣传，吸引用户进入门店，然后给用户介绍相关产品与服务，逻辑是"人找货"。后来，随着大数据与人工智能的发展，新零售模式出现，商家通过分析用户的行为数据，分析用户的各个消费场景，预测用户的潜在需求，进而将产品陈列到用户面前供其选择，"人找货"变成了"货找人"。

但是，直播的出现，使得这一层关系又有了新的变化，从"货找人"上升成了"人找人、顺带看看货"的新型关系。为什么？因为商品太多了！无论是"人找货"还是"货找人"，找来找去时间都用了不少，用户都懒得找，也懒得看了。这个时候，看到主播是个真人，就想着反正有人帮我筛查过了，我信他就行了！归根结底，"懒"是社会技术前进的动力之一。

对于"场"来讲，电商使得购物场景从线下转到线上，直播主播的出现，使得购买行为在明星主播和品牌店铺的直播间就可以完成，"公域平台＋私域流量"构成了新的营销矩阵。

可是，直播带来的变化，远远不止于带货，除了用于营销，直播在企业内部的应用场景也越来越广泛，图1-1是保利威企业全场景直播图。

随着企业数字化程度的不断发展与提升，直播也已成为企业数字化能力延伸最高效的手段之一，渗透到企业业务经营的各个场景。横向看，直播工具赋能的应用行业涉及教育、金融、医疗、汽车，等等；纵向看，企业在对内的培训、

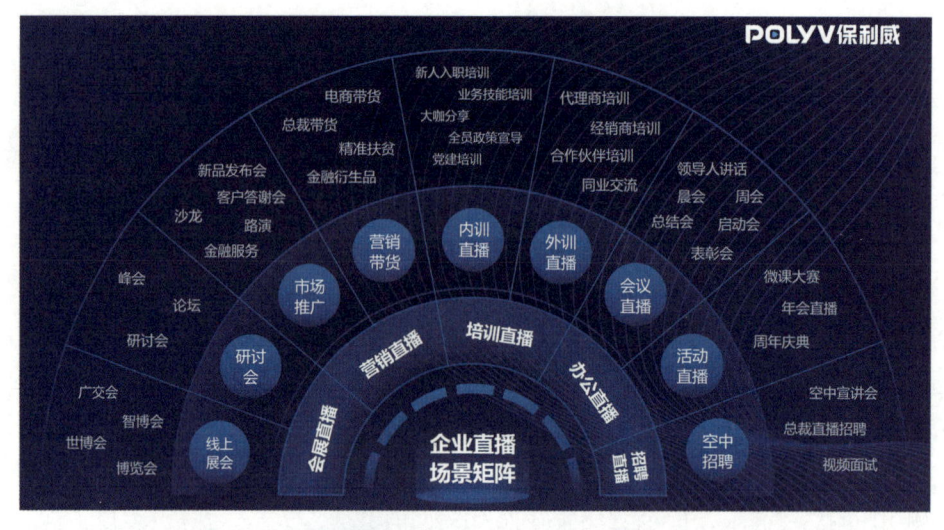

图1-1 保利威企业全场景直播图

年会与会议，对外的产品宣传、直播带货、展会论坛、空中招聘等场景都在更加频繁地使用直播。同时，无论是人数超过5000人的大中型企业，还是人数少于50人的小微企业，都在不断思考自己的业务如何可以结合直播更好地开展。

企业直播，作为新时代数字化经济发展趋势大潮下的新基建，正在深入涉足每一个行业、公司与领域。

可是，企业直播的各个场景究竟如何才能运营好？这就需要我们不断进行探索。

第 2 章
企业直播常见业务场景与运营技巧

衡量直播水平的北极星指标：用户平均在线时长。只要用户在线时间长了，一切皆有可能。

直播是用笔记本电脑、手机，还是索尼高清摄像机？硬件和软件设备都有哪些？直播展屏形式是横屏，还是竖屏？

直播是准备PPT，还是准备正面是一串词，背面是品牌标识的手卡？写Word版逐字稿，但是背不下来怎么办？直播中如何与用户互动，如果没有人与我互动，该怎么办？该如何搭建一个合适的直播间？

2.1 确定路线

经过长时间的思考与总结，我们整理出了Hi-Finance商业直播策划运营流程图，如图2-1所示，在做任何直播之前，首先要回答的问题就是，你计划在这张图中走"哪一条路线"。

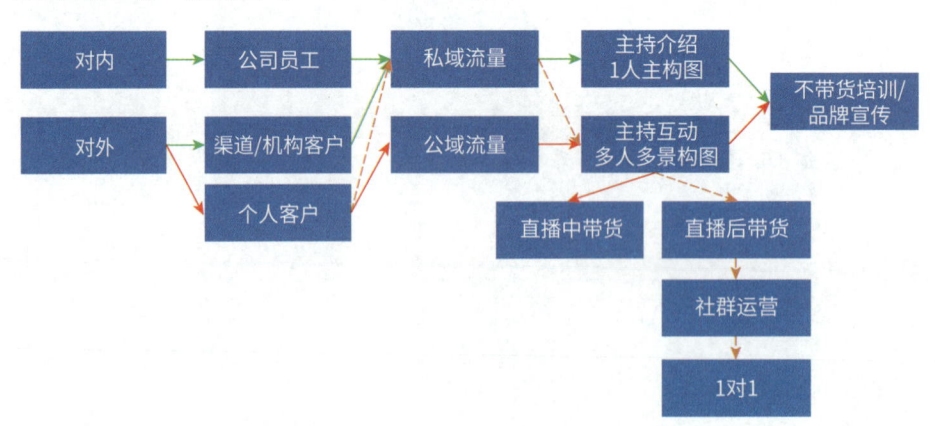

图2-1 Hi-Finance商业直播策划运营流程图

注：绿色实线代表横屏为主的直播构图；红色实线代表竖屏为主的直播构图；黄色虚线代表直播后带货、可横屏的直播构图。

你的直播受众是公司内部的员工或同事，还是外部的客户、渠道或者合作伙伴？

对内来说，一般都是面向公司员工，这种直播通常仅在公司内部进行，通过邮件、工作群或办公自动化（以下简称OA）系统发布，不会向所有人广而告之，所以直播对象均为私域流量。此类直播，常见流程是一个主持人做打卡、签到和互动介绍，相关领导做开场宣讲，进而由一位主讲人（专业人士或讲师）在直播间完成直播教学或分享。在这个场景中，直播的目的是"培训"。

对外来说，首先需要明确直播间的观众是谁，直播是面向渠道与机构客户（To B），还是直接面向终端个人客户（To C）。

2.2 场景分析

接下来，我们就针对表2-1所描述的Hi-Finance 3个场景设备配备情况进行执行路径分析讨论。

2.2.1 企业培训直播

培训直播是企业直播应用的主要场景之一，除了教育行业，线上直播的培训形式在金融、医疗、家居零售、地产等多个行业得到应用，解决了传统企业培训的诸多痛点，为企业降本增效。

企业内部的培训直播出现了3个特性：

（1）领导重视程度高：各行各业的一把手逐渐走进直播间跟员工做面对面的交流。

（2）直播日益常态化：以建行大学[①]为例，它成立于2018年12月17日，在

[①] 建行大学于2021年11月22日更名，现为"建行学习"。——编者注

表2-1 Hi-Finance 3个场景设备配备情况

	类别	直播基础硬件	场屏形式	直播脚本	是否带货	直播平台	常见直播时长	直播主持人	常见互动
场景1	企业直播培训	电脑/外接高清摄像头/收音话筒/补光灯/背景板（布）	横屏	PPT	否	·直播电商平台：淘宝直播/支付宝直播/金融机构/小红书直播/京东直播/拼多多直播等	1~2小时	培训部门HR（人力资源主管）或业务部门HR	打卡签到/互动问答/分组讨论/作业点评等
场景2	对外营销（公域+私域）	手机/电脑/提词器/电视/专业摄像头/高清云台摄像头/专业补光灯/美颜灯/收音话筒/导播台/调音台/背景板（布）/LED电子大屏	横屏/竖屏	Word版逐字稿/框架文档/PPT	是	·短视频平台：抖音直播/快手直播等 ·企业自有App、企业自有视频号	1~7小时	直播主播+小助手/直播主播+专家/直播主播+大咖/专业主持人+企业内部专业人士/企业内部人士+直播主播+外部专家	关注有礼/发放优惠券/嘉宾专属福利/刷礼物/发放红包/限量秒杀/礼品抽奖等
场景3	数字会展、年会	电脑/专业摄像机/专业补光灯/收音话筒/导播台/调音台/LED电子大屏	横屏	PPT	均可	企业自有自有视频号与新媒体矩阵	3~6小时	专业主持人+企业内部专业人士	异地连线/互动问答/红包抽奖等

注：选择直播平台时，场景1和场景2注重直播平台与企业自身业务体系的适应性、安全性和对接顺畅程度，场景3注重直播平台的稳定性和现场执行团队的专业性。

两年的时间内，平台的注册用户达110万人，用户访问量到了2.72亿人次，平台的月活数据在2020年年底时基本上维持在30万～60万人。

（3）直播主播扩大化：原来，只有企业专属的内训师（内部培训师）或者兼职讲师在做直播，现在各个业务线的业务骨干、一线员工等都在做不同形式的直播分享，扩大了企业内部知识库的积累。

培训直播的运营技巧清单

◎ 常见设备：电脑、电子大屏

◎ 展屏形式：横屏

◎ 直播脚本：PPT

◎ 是否带货：否

◎ 直播平台选择要点：注重直播平台与企业自身业务体系的适应性和对接顺畅程度

◎ 直播主持人：培训部门 HR 或业务部门 HR

◎ 常见互动：打卡签到、互动问答、分组讨论、作业点评等

2.2.2 对外营销（公域 + 私域）

直播是一个企业数字化能力延伸的最高效的一种手段，因为直播连接了客户，连接了用户。

直播的形态和场景从2020年疫情开始后发生了很大的变化和跃迁：从纯线下到纯线上、从广播式到互动式，又从纯线上变成 OMO（线上和线下，Online-Merge-Offline，以下简称 OMO）混合式、从电商直播带货到带品牌甚

至融入分销裂变的方式。

直播正在从付出时间和成本的远距离人才培养向一个全场景、多维度的企业直播立体玩法进化。

关于互联网的流量红利，公域平台马太效应显著，企业整体获客成本不断升高，使得公域流量的运营难度每年都在陡增。这个时候，与直播 KOL（关键意见领袖，Key Opinion Leader，以下简称 KOL）合作，作为分享嘉宾出现来打造品牌，或者直接借力对企业有帮助的带货主播，都是不错的选择。

可是，与公域流量相对应的私域流量营销的价值，愈发值得我们重视。随着技术的提升和用户习惯养成，直播在企业私域营销中的应用，将用户的潜在需求变成刚需。私域直播营销主要通过直播技术，在视频时代为企业客户打造营销视频化、营销数据化和流量私域化的企业营销方式。通过直播沉淀至私域的用户价值与商家价值契合程度更高，从而使商家能够更好地为客户服务，实现更高的销售转化。

1. 确认直播观众

对外直播的策划与运营，首先需要确认直播间的观众是谁，直播是面向渠道与机构客户（To B），还是直接面向终端个人客户（To C）。如果是面向前者，选用的一定是私域流量，而在这个场景下，大多数的直播仍与直播培训一致，主题类型包括：

（1）渠道政策与产品服务介绍。

（2）政策解读与市场热点分析。

（3）面向企业客户的产品与服务介绍说明。

（4）产品培训与答疑。

这些直播大多数也是"主持介绍＋单人讲解"的形式，做的是品牌宣传、对渠道和客户的培训以及售后和增值服务，等等。

然而，如果对外直播的受众是C端个人，则选取的分发方式既包括私域流量，也会包括公域流量，运营者利用直播"推流"的方式，将同一场直播内容进行跨平台分发。常见的分发平台：

（1）直播电商平台：淘宝直播、小红书直播、京东直播、拼多多直播等。

（2）短视频平台：抖音直播、快手直播等。

（3）新闻/财经网站：新浪网/凤凰网/东方网等（品牌宣传为主）。

（4）企业自有App、企业自有视频号与新媒体矩阵。

（5）其他平台：其他合作企业或业务合作伙伴平台。

2．确认直播目的

有一点务必要在策划中明确，那就是究竟这场直播的目的是什么：是直播中带货，还是直播后带货？如果是直播中带货，它适用于电商带货平台，以及打通直播与店铺功能的相关平台，那么就要时刻注意给用户带来福利的节奏，以及直播的选品方案。

而对于直播后带货的商品，通常是房地产、汽车、证券咨询服务与保险等虚拟商品或单件金额过大的类别。如图2-2所示为直播后带货常见行业。特别要指出的是，自2020年起，公募基金与互联网保险产品开启了金融服务的直播带货市场。

在直播营销中，以家居行业为例，长期以来，家居行业因其产品特性而获客难度大、成本高。同时对于消费者来说，因家居产品的高价以及对家居产品的了解不足，决策时的选择成本很高。私域直播营销一方面能帮助家居品牌提升品牌曝光率，拓宽获客渠道，另一方面极大地拉近了家居品牌与消费者的距离。由于家居产品注重体验的特性，场景营造在消费过程中有重要作用。

公域营销直播的运营技巧清单

◎ 常见设备：手机/其他专业设备如直播摄像头+美颜灯

◎ 展屏形式：竖屏/横屏

◎ 直播脚本：直播框架（Word版逐字稿或PPT），主播面前有大屏提示

◎ 是否带货：是

◎ 产品平均客单价：中低为主，需要用户思考，决策速度快

◎ 直播间展示：实物展示+购物车

◎ 直播主持人：直播主播+小助手/直播主播+专家/直播主播+大咖，主播是为用户谋取福利的"代言人"

◎ 常见直播时长：李佳琦等是平均每场直播3～4小时，一个月直播20～25天，其他常见的店铺主播与腰部主播的直播时间，一天6～7小时，一个月直播25～30天

◎ 常见互动：个性语言、刷礼物、发优惠券、嘉宾福利等

金融理财	教育培训	咨询服务	婚庆
留学申请	家具	建材装修	乐器
企业客户	个人品牌	房产	汽车

图2-2　直播后带货常见行业

私域营销直播的运营技巧清单

◎ 常见设备：专业摄像机＋灯光

◎ 展屏形式：横屏

◎ 直播脚本：Word 版逐字稿（需要经过公司内部审查），PPT 核心要点提示（主播面前有大屏）

◎ 是否带货：是，以虚拟产品、服务类产品和大额产品居多

◎ 产品平均客单价：中高为主，用户需要时间进行思考决策

◎ 直播间展示：理念、思路、案例、个人观点与见解等

◎ 直播主持人：专业主持人＋企业内部专业人士／企业内部人士＋外部专家，主播的目的是与用户建立认同，树立专业形象

◎ 常见直播时长：1～3小时，长短皆有

◎ 常见互动：发红包、礼品抽奖、福利发放等

2020年新冠肺炎疫情期间，欧派家居抢占线上流量，借助直播攫取"宅经济"的红利，开辟了一个更贴近消费者、更有温度的场景互动营销，让卖场变秀场，顾客在家实现"云逛街"，直接为品牌带来粉丝和销售额"双增"。在私域进行直播营销会是未来的常态化趋势，私域流量运营注重长期的品牌IP（知识产权）打造，推动着家居品牌和产品不断升级。

同时，私域直播营销在个人提升、母婴幼教等内容消费领域也被广泛运用。国内的樊登读书、凯叔讲故事等著名内容IP，其私域流量一般沉淀在自有App、公众号中，通过强交互、易裂变的私域直播可以强化内容IP品牌力，实现口碑传播。

2.2.3 数字会展、年会

在介绍完上述两大场景之后，还有一个十分常见的场景需要指出，那就是面向内部的年会直播与面向外部的数字会展和云论坛。这些直播活动的策划和运营不以带货为核心目的，而是在于对内或对外解决异地无法同城线下参与互动的问题，同时还能对外宣传企业自身品牌，打造更广泛的影响力。

比如说，线下会展一直以来是众多企业品牌宣传、行业交流和获取意向客户的重要渠道。但是，在2020年新冠肺炎疫情的冲击下，一些行业被冲击得七零八落，很多企业的线下获客渠道受到较大影响。

伴随新冠肺炎疫情带来的线上直播热潮，众多线下难以开展的论坛与会议活动也纷纷尝试使用企业直播服务。部分企业通过直播，把线下会展搬到了线上，轻松实现了品牌曝光和高效营销转化，斩获源源不断的订单和客户。

例如，在127届"云"广交会（中国进出口商品交易会）上，美的（Midea）把直播玩出了新高度：4500米高空徒手拆空调、高科技虚拟舞台、88个国家环球互动直播带货、VR+3D沉浸式展位等，玩法十分酷炫，让人眼前一亮。

1. 数字会展

数字会展指的是通过直播、VR（虚拟现实）等技术化手段，将传统线下的会议、展览会等参与人数众多的活动场景转移至线上，搭建虚拟场景，进行实时参与和互动的新型会展形式。

数字会展通常具备3个典型特征：

（1）用户规模大，并发量高。

（2）直播方案定制化属性强。

（3）对现场的直播执行及服务要求高。

随着各行业的客户对数字会展这一新形式的接纳度上升，以及企业直播服务商的技术和服务水平的提升，数字会展直播的细分应用场景将愈发多元，直播在这一场景中的价值也将得到放大。

直播是数字会展的核心组成部分，其应用贯穿数字会展全过程。完整成熟的数字会展直播运营包含以下内容：

会展前，直播服务商与企业沟通确定执行方案，进行前期准备、预热推广和社群搭建。

会展中，直播服务商提供直播推流、实时数据监测、现场技术支持等服务。

会展后，企业根据会展的需求和目标与直播服务商进行直播后的数据复盘、内容整理以及二次传播推广等工作。

随着时代的加速变革，创新的直播技术不仅帮助企业变革营销方式和提升效率，也冲击着原有的办展方式和业务模式。比如运营者可以突破时空限制，对用户数据进行分析并实现与用户精准对接，线上互动更实时和便捷。创新直播对展

数字会展的运营技巧清单

◎ 常见设备：电脑、导播台、专业摄像机

◎ 展屏形式：横屏

◎ 直播脚本：PPT

◎ 是否带货：均可

◎ 直播平台选择要点：注重直播平台的稳定性和现场执行团队的专业性

◎ 直播主持人：专业主持人＋企业内部专业人士

◎ 常见互动：异地连线、互动问答、红包抽奖等

览会在时空上的延展以及未来传统展览会向智能化方面发展，都具有非常可观的发展前景。

2. 年会

年会直播，现在已经成为每一个企业大中型品牌宣传的标配。

承前启后、鼓舞士气、凝聚力量……一场好的企业年会，不仅能对内团结员工，还能对外打造企业形象，实现品牌传播。

对企业来说，年会直播不仅避免了大规模聚集，也减少了员工舟车劳顿。同时，直播使得筹办成本可以节省70%以上，效果还不亚于线下年会。

落地一场年会直播，要注意4点：

（1）选择稳定、低延迟的直播平台，高清顺畅很重要。

（2）互动要丰富，如直播平台的观众签到、留言弹幕、评论"上墙[①]"、抽奖等。

（3）需要专人驻场，多套备案，以及充分的安全保障。

（4）做好数据分析和活动复盘工作，为下一年的年会直播策划总结经验。

打造一场刷屏级"爆款年会"，要从5方面入手：

（1）场地搭建别出心裁，烘托热烈气氛。

（2）异地员工使用直播工具和主会场联动狂欢，隔屏不隔心。

（3）奖品根据企业调性设计，数量尽可能多，有创意。

（4）老板上台表演，更容易拉近与员工之间的距离。

（5）策划者要兼顾互动方式和玩法，调动员工的参与热情。

一般来说，年会直播有两种方案：

---

① "上墙"是指由参与者发表相关评论，其中有价值或者有趣味的内容经工作人员在后台挑选后，传送至大屏幕上予以公开显示。——编者注

（1）线上+线下多地联动年会直播。

在没有禁止大会聚集的情况下，企业可以采用线上+线下联动年会直播，多地同屏欢庆，氛围不输现场。

2021年1月21日，嘉士伯在广州开启了主题年会，采用线下主会场+异地分会场联动的方式，员工无论远近，此刻都可以聚集在直播间。

线上直播间：异地同屏，共享此刻。在线上直播间中，运营者可以将多个分公司的画面同时集成到直播间中，让异地员工通过直播"面对面"沟通交流，结合直播间中红包雨、表情礼物、签到、抽奖等丰富的互动功能，充分调动员工情绪，共享此刻喜悦。

线下会场：大屏互动，同步联动。在线下场地中，运营者可以搭建一面LED大屏和线上进行联动。互动模块在现场大屏幕进行展示，同时运营者可通过异地连线的方式，将大屏互动画面在线上直播间进行展示，让员工实现线上线下同步参与。

（2）条件严苛，办一场纯线上的年会直播。

如果现实情况不允许员工聚集，那么企业就得考虑纯线上的年会直播了（见图2-3）。

纯线上的直播主要有2种形式：

①使用虚拟抠像，小场地实现炫酷年会直播。保利威2021云年会直播全程就是在20平方米的演播室内呈现，通过虚拟抠像技术实时更换直播背景，小场地轻松实现高格调年会直播。

②多人连麦[①]和异地连线互动。视频多人连麦，也可以实现多地领导讲话联

---

① 连麦是指两个及以上的人同时在麦序打开麦克风互动。连麦最初是出现在游戏语音通信平台YY语音的一种沟通方式。——编者注

	传统线下年会	云年会	线上玩法	玩法效果	保利威实现方式
年会前	酒店宴会厅、会议室	直播间装饰	直播间装饰	直播间专属定制，彰显品牌感，不同风格的直播间会给用户不同的氛围感	专属皮肤、形象定制
			观看人员限制	设定观看该年会直播的限定条件	白名单观看
	通知、邀请函	报名推广	定制邀请函、邀请榜	定向评估个人或渠道的传播效果，形成自发传播，展现企业风貌	自动生成邀请海报，自动渠道统计
			客户/合作伙伴邀请		渠道邀请
			品牌内容覆盖	提高品牌曝光率，增强品牌知名度	多平台转推
	年会现场展示	直播间装扮	专属、高品质的年会背景、氛围	虚拟展馆，在直播间可以看到各分公司的会场，页面卡片还可以引导员工进入H5小游戏或排行榜等页面，提前点燃年会气氛	虚拟背景、3D抠像
			异地联动/展示、角度切换	■ 多会场直播可以展现远景、中景、近景、特写等不同机位的直播场景，让观众自由选择不同机位的镜头 ■ 可以将总部年会的盛况作为主会场，其他公司作为分会场同步直播	多机位拍摄、分会场功能
年会中	音乐、视频暖场	直播互动	视频暖场、氛围预热	年会开始前，播放年会暖场视频	暖场视频
			跨国连线	多语言交互，不同国家地区用户定制本地化语言界面，提升用户的直播体验	中英文多语言切换
	入场签到、拍照		现场图片同步、实时展示会场及图片	以图片、文字的形式直播活动，参会者可以第一时间获取年会的照片，在社交平台上进行传播	图文直播
			签到、云合照	虚拟合照背景可设置为会场的背景，让没到现场的人，能感受到会场的气氛	签到、需结合第三方实现
	节目表演，互动		年会节目表演	宣扬企业文化，营造人文关怀，活跃会场氛围	拍摄+多媒体播放
			企业专属表情包互动	表情包以企业文化为原型，增强企业文化建设	表情包、打赏工具定制
			游戏互动	活跃直播间氛围，提高全员参与度	需结合第三方实现
			实时直播间互动、打造气氛	聊天互动，活跃直播间氛围，增强员工的黏性	弹幕上墙、聊天室
	领导讲话		异地多屏互动	多地同屏欢庆，异地员工可以通过直播"面对面"进行沟通交流	实时连麦功能、异地连麦、微信连麦
	多形式抽奖、发红包		发红包	福利红包，活跃直播间氛围，增强员工互动参与感	红包雨/定制红包雨
			幸运抽奖、口令抽奖、弹幕抽奖	设置多轮在线抽奖，增强年会的悬念及凝聚力	自动抽奖、白名单抽奖
	最佳节目投票评选		投票助力	助力喜欢的节目抽奖，提高全员参与度	聊天、弹幕功能
	表彰、颁奖		颁奖	全员参与颁奖，打造企业标杆的力量	问卷投票
	大合照		大合照	年会主会场和分会场汇聚在同一个直播画面，留下云合照	画面切换+画中画+奖品特效
					音视频连麦–平铺模式
年会后	年会问卷调查	效果分析	■ 累计员工观看人数 ■ 员工人均观看时长 ■ 互动情况 ■ 全员投票（问卷） ■ 满意度调查 ■ 聊天热度	■ 呈现直播触达内部员工数 ■ 反应直播质量 ■ 各个互动环节的详情 ■ 最佳节目投票详情 ■ 调研员工满意度、年会建议等 ■ 聊天内容分析	直播数据司南

图2-3 保利威年会直播标准化操作流程

动，同时可结合PPT进行年终业绩总结及展望，无论是在家还是在办公室皆可使用。

对于C端个人用户来说，直播在获取资讯、休闲娱乐、购物决策等方面扮演越来越重要的角色。

对于B端企业来说，直播在各种行业和企业业务中的渗透率会越来越高。

对于直播服务商来说，它们将推出更多专业的场景解决方案，行业跨度更广。

培训直播助力企业搭建新型人才培养体系，私域营销助力高效获客转化，数字会展创新品牌传播玩法。直播加持的企业业务全场景，加速助力企业数字化转型。

第 3 章

直播变革，线下培训全部直播化？你愿意参与吗

知识从来都不是学员关注的重点，知识向上升华是智慧，是个人自我认知的结晶，向下落地是技能，是人人可学可用的工具。用户从来都不为知识付费，他们愿意付费的是向上的"道"，是经过提炼、思考的精华要素，他们愿意付费的是向下的"术/器"，是提升生活方式的实操总结。

3.1 在线学习

2020年，由于新冠肺炎疫情突发，一家国有大型商业银行的培训研修院，无论是华东地区还是东北地区，一直到2000年9月，连一场线下培训都没有做。

如果培训部门没有培训可以做，怎么办？

一直以来，线下培训和线上培训的比例是9∶1。在传统的人才培养图谱体系里面，只有新人的专业技能和通用技能是可以线上学习的。而从新人到中层再到高层，预算和资源的投入是倒三角形。图3-1所示为企业人才培养的人群基数、预算、形式与技能分布。

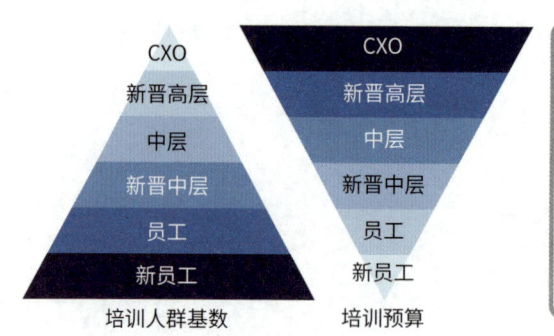

图3-1 企业人才培养的人群基数、预算、形式与技能分布

毕竟，对于中高层来讲，大家都很忙，只有线下才能把所有人聚在一起，如果是线上，我怎么保证他一定学完？在线下，接受高层组织的技能提升与思想统一培训，同时再匹配聚会、社交等其他元素，线下的体验已经被逐渐做到极致。

可是，有一个本质问题没有得到回答，学员在线下就一定听懂了、学到了吗？只能说是"听到"，他们来了，坐在那里听了。但是，关于培训结果的衡量，却依然还是一个切实的痛点。

2020年6月，全国疫情控制取得阶段性好转。在一次线下研讨会中，一家金融机构的培训负责人就发问："全员都在做线上，都在做直播，你们Hi-Finance不是做线上的吗，你们来给我们讲讲看，到底线上比线下好在哪儿？今天我们做直播，做数字化转型，那是因为我们大老板是不少知识付费产品的忠实用户，自己的孩子也一直在线上学习网课。可是企业培训不一样啊！做线下培训的转型到线上，我怎么评估结果？我如何衡量一个学员到底有没有学会？学员在线下，至少我还能保证他们在听课，或者说听到了；但是放到线上，我怎么知道学员是不是把时间都花在了课程上，如果学员不学，只是在手机、平板或者电脑终端上直接打开播放，我怎么办？"

我们常说，教育培训和知识付费最大的区别就是，知识付费强调的是"新"，必须与时俱进，否则你可能就被落下了。可是教育培训呢？强调的是结果，是有没有学会，有没有解决实际问题，教学内容是经过沉淀的，教案是要具备长期可验证价值的。教育培训要对结果负责。

如果我们细细地想想看，"90后"的第一批已经过了30岁，按理说也是公司的中层骨干了。都说21天养成一个习惯，如果从2000年开始算，他们接触线上可能都已经将近21年，线上的习惯早就养成了。

而如果往线上看，截至2020年年底，中国知名的音频分享平台喜马拉雅用户数破6亿了，月活超过7000万人，樊登读书的用户超过4000万人，得到App的用户超过3000万人。全中国爱学习的群体，有相当一部分在自己的生活中都是选择线上学习的。

3.2 做线上直播的5点疑虑

在线教育与直播培训适合企业吗？ 线上教育尤其是以直播引领的新时代，这些工具能不能帮助我们实现培训的既定目标，为业务赋能？

问题1 为什么会选线上？什么时候不选线下？

线下培训，首先应当考虑的是成本问题。一场2天的线下课，全国各个地区分公司、子公司的业务人员飞到一个城市，培训人数假设是50人，成本有哪些？

机票成本： 人均机票往返1000元，总成本就是50000元。

酒店成本： 住宿2天，按照2人住一个标准间来算，酒店平均价格为500元/间，酒店成本为500元/间·天 × 25间 × 2天 = 25000元。

餐饮成本： 200元/天·人 × 50人 × 2天 = 20000元。

差旅成本： 200元（机场打车往返）/人 × 50人 = 10000元。

在不计算讲师成本的前提下，单场线下课的总成本已经超过100000元。

可是，人力资源部门每次只能培训50人，择优选拔，如果想多培养一批人，怎么办？一次次的线下轮训，成本着实不低；所以，当直播开始兴起的时候，最适合的企业就是在全国有众多分公司、子公司的企业，毕竟直接线上沟通和培训，能省下不少差旅成本。

根据艾媒咨询发布的《2020年中国企业直播应用专题研究报告》，2020年中国受访企业直播用户对企业直播场景应用调研的数据显示，58.8%的企业直播用户通过企业直播进行在线视频培训，66.5%的企业直播用户通过企业直播进行营销推广，37.1%的企业直播用户来自在线教育和医疗领域。可见，培训直播已然成为企业直播应用的主要场景之一。

直播培训服务的特征如图3-2所示：

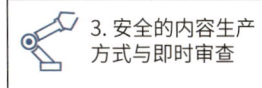

```
1. 全平台支持，学习方式灵活    2. 线上教学互动便捷    3. 安全的内容生产方式与即时审查
4. 有效的观看行为数据分析    5. 直播转录播有助于优质内容留存
```

图3-2 直播培训服务的特征

1. 全平台支持，学习方式灵活

直播的学习方式相对自由和灵活，在电脑客户端、浏览器客户端、移动应用等不同平台，学员都可以随时随地、灵活地进行学习。

2. 线上教学互动便捷

直播能够还原线下培训的教学和互动工具。在直播时，讲师可以引导学员积极参与互动分享，提升学员学习体验和活跃度；而学员也可以根据讲解内容提出问题，由讲师根据提问和解答来调整讲课思路，使培训更具有针对性和有效性。从而打造更加真实的课堂体验，增强学习氛围并营造沉浸式学习模式。讲师与学员持续互动交流，可以有效降低沟通障碍。

3. 安全的内容生产方式与即时审查

直播使培训便捷高效。通过直播，学员可以随时随地学习和分享丰富的内容。不同的培训方式和内容，如远程培训、视频会议、大咖分享、座谈会等都可以通过直播进行。由于有丰富的接口支持后台开发，直播可以根据用户需求来做深度定制。同时，直播系统有较强的加密和监测技术来保证培训内容的安全。

而且，在人工智能、大数据的语义分析时代，直播的合规性较线下更容易控制。

4．有效的观看行为数据分析

直播结束后，直播平台能够提供数据来量化培训效果。比如对互动交流区内容进行整合分析，或者对员工的参与度和活跃度进行统计分析。直播数据为讲师和学员提供参考以评估培训效果。

5．直播转录播有助于优质内容留存

对于无法看直播或者想重复学习的学员，培训可以录制视频留存，使学员通过回看的方式观看直播视频。而对于讲师，留存内容也有助于持续优化教学设计与体验，而不再是通过他人旁听的公开课形式进行优化。

问题2　我想尝试做线上、做直播，应该怎么做？是否要先调研学员需求？

随着互联网的出现，在线电商和移动社交把互联网普及到千家万户，线上教育也开始不断发展。然而，它需要解决的第一个问题不是需求，而是供给。对于电商来讲，搬到线上意味着产生新的收入，为什么不尝鲜？而对于不少专注于培训领域的职业讲师而言，能讲的内容就这么多，全放到线上，线下如何做？线上和线下是此消彼长的博弈关系。

怎么办？

只能说，历史的车轮滚滚向前，总会有人先踏出第一步，那个人，如果没成功，他的经验就成为后续专家的知识积累，如果成功了，他就成为汇聚了所有流量资源的IP大咖。

给你3秒，请讲出全中国讲历史最好的人是谁。

你的第一反应想的是谁？

易中天！

我们为什么记住了他而不是别人？是因为最早的时候，他的内容是通过电视视频传播的。但是他在线上讲的内容有妨碍他在线下后续讲课了吗？其实并没有。线上增加了讲师个人形象的曝光，而线下则更多地重构了基于实际授课对象后续需求的解答。

近年来，越来越多的专业人士开始加入在线教育的大军，有专注于文字问答的，也有专注于音频的，还有专注于视频的，有作为工作室开展的，从K12（学前教育至高中教育）到职业教育，不一而足。

回到供给侧，今天谁适合来做直播的主播？是培养没有直播经验，但有专业知识和经验的企业内部人员来学会做直播，还是请外部的网红和明星主播来做直播？

2016年，当年号称直播元年，Hi-Finance曾经遭遇过一次直播"滑铁卢"事件。Hi-Finance专门找经纪公司聘请了20多位在新浪微博粉丝二三十万的网络红人，花费几十万人民币，请她们来讲有关职场技巧、金融投资等专业知识。

最后的结果不说是惨不忍睹，也可以说是乏善可陈。让网络红人来讲专业内容，推送给职场从业人士看，大部分人反馈对内容不感兴趣，因为没有属于"自己"的干货。众多专业人士只喜欢听专业人士的讲解。哪怕在直播中专业人士的直播技巧不太成熟，口语词（嗯、啊、这个、那个等）有点多，眼神不够聚焦，但是只要有货真价实的内容和观点，还是会听他"原汁原味"的内容。

回想起来，当时Hi-Finance其实犯了一个巨大的错误，策划的时候美其名曰跨界结合，实际上是自己没有想清楚：究竟我们的直播是在为哪些用户、为他们的哪些需求提供怎样的产品和服务。

后来，痛定思痛，从2017年开始至今，我们决定进入真正值得研究的方向，即如何让各个行业里的专业人士学会做较成功的直播，他们可能来自金融行业、医药行业、零售行业、地产行业，或者是教培行业等。不要急，不要慌，每个行业的专家并不需要具备像网络红人一样的镜头表现力，也不需要具备像播音员那样非常性感的声音，只要有货真价实的内容，有观点，通过训练掌握面对镜头的方法，就可以把内容专业地呈现给所有受众。

而这个就需要我们务必清楚线下培训在数字化经济时代的定位，以及录播内容与直播工具可以如何赋能企业培训。

问题3　越来越多的企业人员参与到直播培训中，然后呢？

2019年2月，一家大型国有银行培训业务的负责人提道：2018年，全行总计做了198场直播，覆盖了100000人次，计划2019年做超过400场直播，覆盖300000人次。

可是，这些做直播的人从过去的专业内训师变成了各个业务条线的骨干和能手，虽然直播内容的专业性和案例的及时性得到了保证，但由于缺少直播方面的技巧和培训，学员的评分一直在4.4～4.5，和过去全行的4.7～4.8的评分相去甚远。

兼职讲师的评分低，怎么办？

这是因为还有一些问题没有得到回答：我要做什么直播？别人为什么会来看我的直播？

我给公司新员工培训，需要做直播吗？

我给其他业务部门同事分享经验，需要做直播吗？

我给潜在客户讲解，需要做直播吗？

我给合作伙伴培训，需要做直播吗？

针对新规和新政策的解读，需要做直播吗？

如果这些需求通过录播、线下讲解、发微信、打电话等方式就可以解决，为什么一定要做直播呢？直播是工具赋能，目的是助力业务。直播是去吃法式西餐时菜品底层的精致托盘和餐厅的精美装饰。但是，用户为什么来餐厅？是因为餐厅和托盘背后的故事，是因为精美的菜肴，是因为种种情感和目的因素进来的。

如果刻意一刀切，反而会让用户远离我们的直播间，也让我们远离了使用直播的初衷。当然，直播与混合学习效果的口碑就会出现分化。

对新员工的培训，我们需要让他们迅速产生对公司的认同感。开营直播与闭营结业展示时使用直播的形式，可以增强仪式感，如果不用真人直播形式，新员工很难产生公司认同感。

关于给其他业务部门同事分享经验，应思考为什么他们要来看直播，为什么这个需求不是通过文字、PPT或录播课就能解决的。这个场景的直播，就必须要有最新鲜的案例，时效性必须要强。比如：最近的一笔项目是如何谈成的？最近一台成功的手术是怎么做的？最近的发展趋势有哪些是需要紧跟的？

给潜在客户讲解产品，需要直播吗？我们经常看到，当企业在给客户做直播的时候，一般都是要请大咖来坐镇，同时再给出一些产品或服务的优惠。比如：今天直播间很荣幸地请到了北京协和医院的某位专家，请到了某中学的某位特级教师。正是由于这些大咖露面，用户才会愿意在这个时间进入直播间，来看你的内容。

给合作伙伴培训需要直播吗？为什么不能通过打电话解决？线下能不能解

决？如果能不用直播，我今天拍一个视频录播能不能解决？对于合作伙伴的培训，一般都是结合公司最新的产品与渠道政策、最新的玩法来一起讲解，同时辅助直播间的互动问答，也就是系统性地回答所有人的问题，同时让所有人都知道，保持信息对称，增强沟通效率。

而对新规章制度或者新政策的解读，就更需要直播了，因为这些文件要及时迅速地传达给公司全员或组合让相关业务部门的人员迅速研究，以调整公司的发展规划。

所以，直播内容的核心是"新"与"及时"，你要有新鲜的案例、新鲜的观点和新鲜的体验，并在这个时间点讲出来，在这个时间点统一思想、一致前行，在这个时间点做好相关人员的信息同步。毕竟，直播占用了对方特定的时间，而不是对方根据自己的时间安排来看的。正因为内容的输出方是直播的中心，所有人都围着主播和主讲嘉宾转，做直播的我们必须能够一开始就告诉别人，我们会发光！

问题4　我想清楚了直播培训的策划和定位，可是一到线上，还是会紧张，会不知所措，怎么办？

直播间的内容如何呈现？如何合理合适地讲解与互动？这是过去我们在和非常多的专业人士沟通与交流的过程中常常被问到的问题。我要讲多少？面对镜头，就这样干巴巴地讲，行吗？

对于专业人士，做线上直播的痛点和可能出现的硬伤是什么？

第一，完备性大于重要性。

这事我得跟学员全都讲清楚了，不能落下任何一种情况，否则就是不专业。但是，一场直播只有45～60分钟的时间，全部都要讲吗？不是，我们只需要讲

2～3个重点，让用户能对你的专业性窥见一斑，进而后续进行点对点的沟通。

第二，合规性大于趣味性。

直播必须得合规，这一点毫无疑问。可是，如果你的直播课到了最后，镜头另一头的用户全都走光了，直播的意义又何在？一定要知道，很多专业人士的判断和讲解是基于事实和数据这两个基础维度。但是更要注意的是，我们所参与的这场在线直播游戏，实际上是在用户情绪的第三维和梦想的第四维所展开的。

我今天可能讲得很兴奋，但镜头对面的用户可能看了30秒就走了。为什么？因为用户觉得"你今天没有找到我真正想要的东西，没有解决我的核心诉求，你只在讲你的辉煌经历，而我又无法复制和借鉴。我也不知道为什么要来继续听你的内容。你觉得你专业，没错，好像你是很专业，只是对不起，你没有领会我真正想要的东西。你离我太远了"。

这不就是专业人士一直以来的痛点："我这么牛，为什么受众不买账？！我给受众讲了多少遍了，这么简单的问题都不懂，还要我来讲？！"

但是，受众会反馈："你连这么简单的问题都给我讲不清楚，你还是专家，你还是这个行业资深大咖呢！谁信啊，反正我不信。"或者说："你可能真的很专业，但是不善于表达。如果不善于表达，那后续我们也没有继续沟通的必要了。"所以，直播的重点和任何行业都一样：回归用户本质的需求，回归用户来到你的直播间最原始的诉求，即你能给他哪些超出他预期的东西。

我们过去还有过一个很有意思的讨论：我们都在开直播，用户的时间是有限的，谁是直播的核心竞品？

《王者荣耀》[①]。

---

① 《王者荣耀》是腾讯推出的一款英雄竞技手游。——编者注

我们本质上都是在争夺用户的时间和注意力。我们靠什么和《王者荣耀》竞争？

差异化竞争！改变直播的时间点。受众什么时候玩手游或者刷抖音？早晨上班路上、中午吃饭、下午下班后、晚上睡前、周末无聊时。所以，这些时间段都不是适合做直播的时间段。

周一到周五，下午16：00—17：30，周一到周四，晚上19：30—21：00。这就是留给直播的时间段，这个安排同时可以平衡受众的时间预期。

问题5　我不熟悉直播的软件和硬件怎么办？

2000年，互联网兴起的时候，不少人认为这是教育资源的供给不再受限于电台频道数、电视频道数的时候了。人人都可以发帖，撰写教案和课件，都可以成为老师。可是，这个时候的在线教育由于设备硬件不足，无法支持高清的视频播放；由于网络带宽不够，无法支持实时直播与观看；由于基础设施尚未搭建完全，老师无法实时在线上与学员视频互动。

直到移动互联网的兴起，伴随着优酷、腾讯视频、爱奇艺和哔哩哔哩（英文名bilibili，以下简称B站）等视频网站的崛起，直播培训终于来到了一个新的十字路口。

搭建一个培训直播间，有3套常见的配置清单。

直播间的搭建注意要点如图3-3所示。

时至今日，随着直播软件和硬件的成熟度越来越高，假设线上直播场景中所有工具的功能都是可以实现的，关键是，工具给到之后，我们应该如何用好它们？

直播培训，如何解决更加本质的问题：让学员有更好的学习体验，让学员有更好的学习结果，这就是我们接下来要讨论的核心。

清单1：预算在10000元以内的基础配置

◎笔记本电脑：1台（独立声卡，可不接外部收音麦克风）

◎补光灯：1～2盏（参考价格：500元以内）

◎收音麦克风：1个（参考价格：500元以内）

◎外接摄像头：可直接用电脑自带的摄像头，或从外部采购高清便携式摄像头（参考价格：300元左右）

◎背景板（布）：略（用公司的墙或者其他素材做背景）

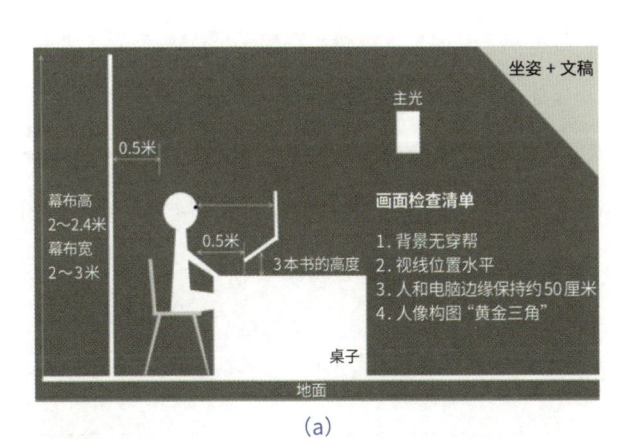

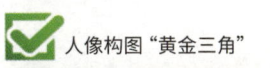

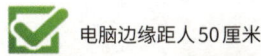

(a)

(b)

图3-3 直播间的搭建

清单2：预算在50000元以内的配置

◎ 台式机电脑：2～3台

◎ 摄像头：外接摄像头（参考价格：3000～6000元，淘宝直播款摄像头）

◎ 补光灯：2～4盏（参考价格：1500元/盏）

◎ 收音麦克风：专业收音小蜜蜂若干（参考价格：2500～3000元/个）

◎ 背景板（布）：长3米×高3米（参考价格：2000元以内）

清单3：预算在人民币200000元以内的配置

◎ 台式机电脑：3～4台

◎ 摄像头：4K高清摄像机（参考价格：30000～70000元，专业摄像款）

◎ 补光灯：2～4盏（参考价格：2000/盏）

◎ 收音麦克风：专业收音小蜜蜂若干（参考价格：2500～3000元/个）

◎ 主播提示电视：65～85寸屏幕，可手写（参考价格：5000～10000元）

◎ 提词器：1台（参考价格：3000～6000元）

◎ 背景板（布）：长3米×高3米（参考价格：2000元以内）

◎ 控台：2万～5万元

3.3 在线内容生产形式

在开始进入直播运营技巧与主播讲解技巧的内容之前，我们还需要知悉市场上常见的几种在线内容生产形式：

1. UGC

UGC（User Generated Content），用户自己生产内容，比如分享自己抚触宠物猫、遛狗、享受美食、健身等日常生活体验。从长视频平台（爱奇艺、优酷、腾讯视频、B 站）到短视频平台（抖音和快手），大量的内容都是用户自己上传自己希望分享的内容。用户没有强烈的变现动机，只是希望在平台上向他人分享自己的美好体验。

UGC 视频质量参差不齐并且商业化程度低。

2. PGC

PGC（Professionally Generated Content），也可称之为 PUGC（Professional User Generated Content）由专业玩家、制作团队和公司制作的内容，采用实景或绿幕拍摄，团队角色包括编导策划、脚本分镜、拍摄、剪辑和运营等。早期的互联网视频知识脱口秀《罗辑思维》的主讲人罗振宇，B 站上的一些专业"UP 主"[①]，都是 PGC 玩家。

PGC 视频质量整体较高，并且商业化程度依据团队定位而定。

3. OGC

OGC（Occupationally Generated Content）由具有一定知识和专业背景的行业人士生产内容，它和 PGC 的核心区别在于，这种形式是以内容为核心商业化载体，也就是内容必须要服务一个目的：变现。运营者无论是直接卖内容版权，还是通过内容流量吸引冠名商等广告赞助商，或者是期望音视频直播平台直接出资制作，只要有清晰的内容变现逻辑，就是 OGC 的定位。OGC 的存在和行业深耕，使得爆款内容的出现变得有章可循。此外，其视频质量及商业

---

① "UP 主"指在视频网站、论坛、flp 站点上传视频音频文件的人。——编者注

化程度整体较高。

UGC 玩家一般说:"我制作了多少内容,上传过多少视频,开过多少场直播。"

PGC 玩家一般说:"我们团队成员有多少,制作过多少优质内容。"

OGC 玩家一般说:"市场上有多少爆款内容是我们团队制造或'批量'制造出来的。"

随着直播越来越普及,用户一定会奔向优质内容的生产商,或者具有品牌的头部玩家。因为他们知道,在直播内容越来越多、挑选成本越来越高的现代社会,不会看到太差的东西,是 PGC 和 OGC 玩家能给予的。为用户节约了时间(Save time),而不是让用户单纯打发了时间(Kill time),才是用户持续关注你的内容的基石。

最后,问你这样的问题:做一场直播,是技巧重要,还是内容重要?是话术重要,还是你的产品与服务品质重要?

如果你没有答案,那么换一个问法:做一场直播,你认为你要提升的是直播技巧还是直播内容?你要提升的是直播话术还是产品质量与服务品质?

如果是第一次做直播课,大多数人都觉得技巧很重要,但是一旦这些技巧掌握之后,还是要回归内容,回归产品与服务。毕竟,直播的定位是工具赋能。我们不要忘记为什么要做一场直播,用户要的是有价值的内容、能让他学以致用的技能。内容为王,这一点永不过时。

让我们一起拥抱这个直播的时代!

第 4 章
直播如何赋能培训业务

教育培训和知识付费最大的区别,是前者要为结果负责。

4.1 培训直播的7种常见场景

历史学家张宏杰的《曾国藩的正面与侧面》一书中有提到，曾国藩缘何能持续打胜仗？是因为他一贯认为，精神的力量远大于身体的力量，行伍出身的莽夫虽有一时之勇，但是没有坚定不移的信仰。曾国藩要建立的是一支有信仰、有精神力量的军队。如何打造出这样的军队呢？除了"结硬寨、打呆仗"，曾国藩也十分重视"训话"的重要性。无论是在衡州练兵，还是对抗太平天国作战时，持续地输出文化的信仰，才能让一支临时组建的部队有着强大的战斗力。

同理，现在的企业越做越大，不断开疆拓土，但公司的战略、文化和价值观如何传递？靠每个季度开大会，岁末开年会？没错。但是，直播的出现，使得全公司自上而下的沟通，由过去按月为单位来计算的低频，提升至现在按周来计算的高频，只有持续地做好对内的培训工作，才能打造铁军。

在这个"直播+"的时代，"直播+培训"越来越多地参与到为业务赋能当中，产生了非常多的场景解决方案。企业直播培训的目的，核心是要达到既定结果，而不是单纯的知识输送。

问题是，到底有哪些可落地的场景是可以通过直播培训来完成的？直播作为底层技术服务和基础设施，又应如何参与到"直播+"的时代？

有关培训直播的常见场景，我们为你总结了培训直播的涟漪效应，如图4-1所示。

图4-1 培训直播的涟漪效应

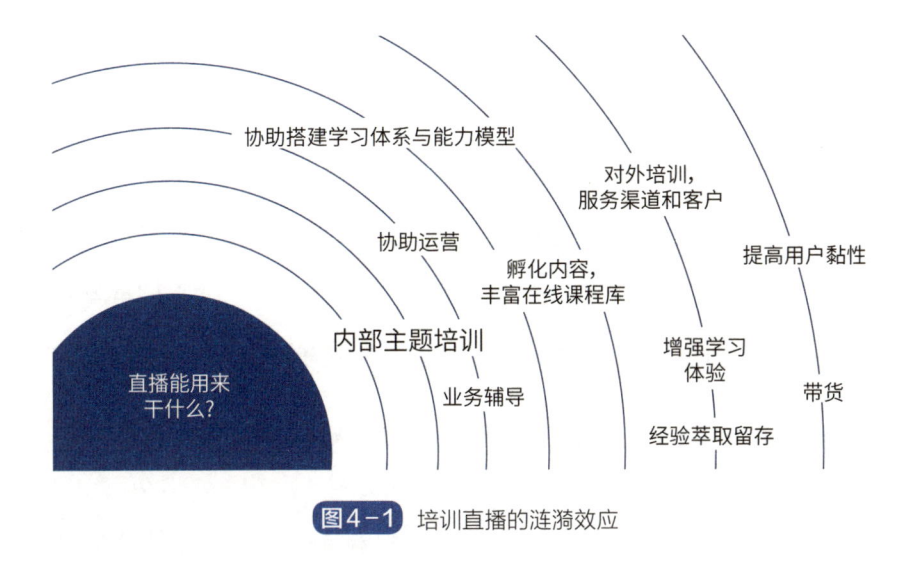

1. 内部主题培训

内部主题培训，可以分为以下4类：

（1）按照能力分为专业能力培训、通用能力与管理能力培训、文化与合规培训等。

（2）按照业务分为公司产品培训、业务培训、专项技能培训、行业案例与趋势分享、大咖讲座、党政培训等。

（3）按照人群分为新员工培训、全员培训、储备干部培训、高潜干部培训、新晋中层培训、中高管培训和高管培训等。

（4）按照目的分为统一思想培训、技能提升培训、信息拉平培训等。

2. 业务辅导

不少公司都有内训师，过去时刻都要准备出差对公司相关业务人员进行线下授课和辅导。直播的出现，使得他们可以在线上一次性地向全员呈现培训内容。那么，多出来的时间能做些什么？他们可以更好地将时间花在不同业务组群的辅导上，更加侧重于结果导向，通过小班直播课（10人以内），切实解决工作中的实际问题。

3. 孵化内容，丰富在线课程库

不少企业在使用了在线学习平台之后，苦于没有足够的内容支撑，选择利用直播的形式让专业人士讲解知识，从而将内容留存下来，一个部门每周一场1小时的直播，到年底就可以形成上百小时的在线内容库，补充全员在线学习需求普遍的短板。

4. 协助运营

面对越来越多的线上学习项目，如果学员只看录播课，一直会有人抱怨说，没有老师的督促，没有助教的提醒，无法完成所有的课程，没有弹幕和交流，也没有良好的学习体验。而直播培训的加入，使得学员的互动需求得以解决，实时问答需求也得以优化。

有朋友曾"抱怨"说："过去做线下，2～3天的课程做完了项目就结束了，就可以忙后续项目了，现在每个训练营都在线上，一做就是2～3周，太累了。但是，看到每个学员精心的打卡记录、一份份仔细完成的作业，相比于线下我们现在有了肉眼可见的听课过程，有了肉眼可见的学习成果。"

不过的确，当培训从线下转到线上，除了做内容，它需要的更多是运营。而直播课的加入，则让每个学习项目的多样性得以显著提升，可以是录播课加直播课，也可以是2～3场直播课，还可以是线下1天集中授课加1～2场直播与线上录播课。直播的出现和互动体验，为企业培训增加了新的工具与选择。

同时，直播具有数据分析功能，如：本场直播有多少学员观看，看了多长时间，没看的是否有看回放，考试考了多少次，正确率如何等，这些学员行为数据对于企业评估一个人的学习力和专业力，是非常有帮助的。

5. 经验萃取留存（数字化内训师）

每个企业人员中都有内部专家和老法师[1]，如果这些人突然离开公司，也就带走了相关的工作经验。对于这个岗位，公司的经验留存就得重新从零开始。利用直播，让这些资深业务人员来给大家上课，也是不断留存他们先进经验给公司后人的快速便捷方式。

6. 协助搭建学习体系与能力模型

过去在搭建学习体系和能力模型的时候，常常是先由专业的咨询机构访谈学员，做好调研，出具相关的报告。然而不少企业反馈，这些能力模型虽然专业，但是和企业的实际需求相去甚远，主要是咨询机构不懂行业。矛盾点就在于，企业内部的专业人士不懂学习体系和能力模型的搭建，而不少咨询机构对行业的认识是不够清晰的。问题怎么解决？

首先，如果你问一个学员："你想学什么，你觉得什么能力重要？"大概率他是没有办法系统性回答的，因为没有落脚点。

Hi-Finance 在2014—2015年刚开始创业的时候，希望从学员视角出发，调研学员对什么主题感兴趣。我们将受访者分成了4组：金融从业者、律师、企业主和学生，每组5～10人，每次访谈2～3小时，前前后后用了2周的时间。

我们本以为，通过调研，能够找到所有学员的"公因子需求"，结果是：定点狙击的预期反馈却像散弹枪一样，十分出乎意料：

首先，学生群体的需求十分简单明确，全都在想着求职和考证。

其次，企业主的诉求也十分明确，没时间也不会看，除非你帮我增加收益或者寻找新的赚钱门道。

再次，金融从业者可以分为银行、基金和保险等，需求极其分散，有想了解

---

[1] 老法师是上海的俗语，指经验丰富的人或是精通某一行的人。——编者注

投行并购的，也有想了解股票投资、票据和信贷的，还有想了解互联网金融和个人投资理财的。

最后，对于律师而言，所有人一直在询问讲师会是谁，会讲哪些东西，这些不明确，他们没办法说自己真正想要什么。

结果，最终的访谈什么结果都没有，因为每个人的需求都不同。有了这一段经历，后来我们做了反思："很多时候，用户不知道自己要什么，但是要知道，用户很清楚自己不想要什么。"

所以，先给学员一套初步的体系，哪怕不完善，利用直播先快速搭建第一套内容库。这样，后续的能力模型才有逐步优化的可能。这就是互联网行业常说的"小步快跑、不断迭代"的思路。

怎么迭代？很简单，也是利用直播去协助补足内部缺乏的知识模块，再不断优化。

7. 对外培训，服务渠道和客户

过去，有一个企业和我们讲，我们的业务做得好的核心逻辑之一是"培训做得好"，但这个培训是对客户做的，每周定期邀请他们来我们企业参观，然后讲解专业知识，树立了我们的专业品牌。

这个场景就非常有意思，培训不仅是对内的，更是对外的。对内打造铁军，对外打造公司品牌形象，获得无形的竞争力与客户黏性。企业通过直播可以建立"周末大讲坛"等不同的主题活动，面向客户讲解相关的行业知识，面向代理商、经销商等渠道与合作伙伴讲解最新产品和政策，这样既锁定了用户的时间，同时增强了用户的信任感和黏性，最终实现了内容赋能业务的目标。

总结，以上7种直播场景都在为企业带来切实的好处：对内提升了学习体验，提高了学员黏性，对外则可以达到赋能渠道实现带货和提升业务的目的。

4.2 培训直播的标准策划与运营流程

1. 培训直播标准策划

图4-2为保利威企业培训直播SOP。

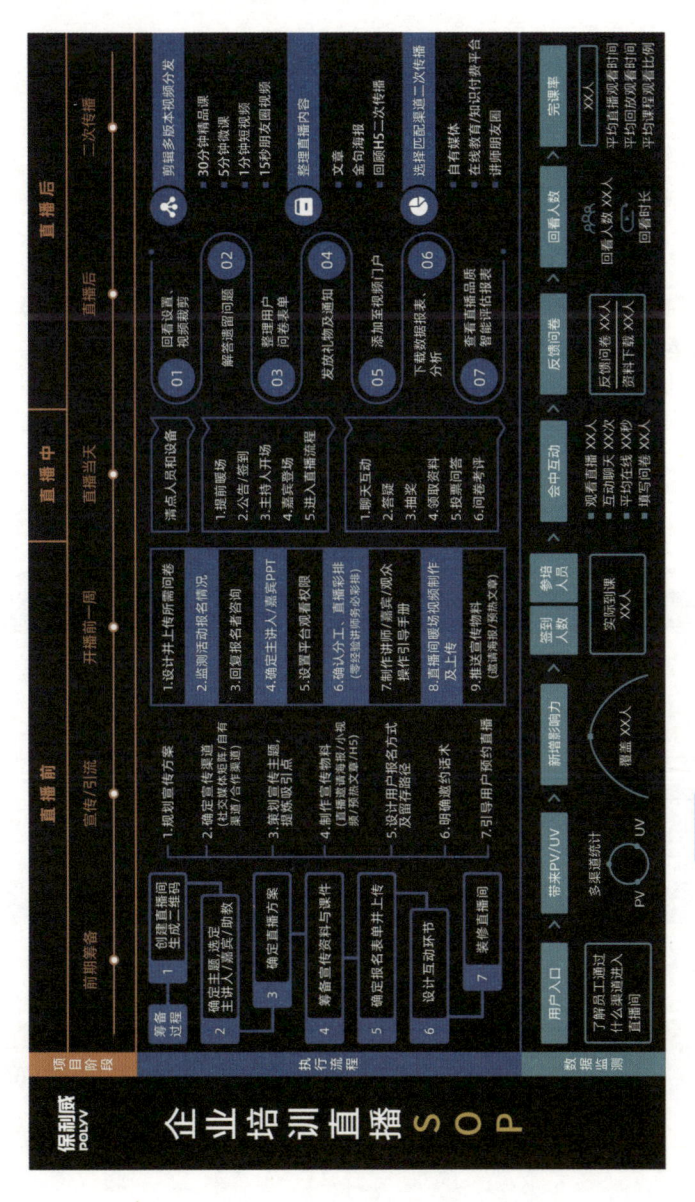

图4-2 保利威企业培训直播SOP（标准作业程序）

做直播培训应注意以下两点：

（1）直播网络的稳定性。Hi-Finance曾有一次给一家外资机构做直播培训，对方最终选择在12:00—13:30进行。可是，由于这家机构13:00准点上班。当到了下午上班点的时候，网络的流畅性就迅速地下降。所以，做直播培训的时候，一方面是保证网络的稳定，另一方面也要保证同时间段内，没有其他人与直播培训"争抢"网络带宽。

（2）常见的企业内部直播培训时间为周一至周五16:00—17:30以及19:30-21:00。如果是业务部门主办，则时间应根据相关业务部门的需求进行调整，比如房地产公司会选择上午7:30—9:00培训。

2．培训直播运营流程

做培训直播应对照Hi-Finance企业培训直播讲师检查清单（见表4-1）确认直播内容的准确及全面。

表4-1 讲师直播检查清单

1. 主题选择			
培训的核心目的			
学员画像			
学员痛点与需求			
讲师计划主题			
主讲人名称		主讲人介绍	
主持人		直播预计时长	
2. 主讲内容			
开场代入	代入案例（个人故事、主题相关案例或经历）		
寻找矛盾发问	制造冲突，代入案例与主题之间的关系，为什么"今天"来"讲这个"主题？为什么今天"学员"要"听这个"主题？		
新知/新观点	今天你讲解的内容，有哪些别人不知道的新知？有哪些别人不知道的新观点？		
个人介绍	你是谁？为什么是你来讲这个主题？		

续表

2. 主讲内容	
讲解时间安排	流程安排介绍，给自己控制速度
第1部分	问题 + 自问自答的回答与描述 + 总结
第2部分	问题 + 自问自答的回答与描述 + 总结
第3部分	问题 + 自问自答的回答与描述 + 总结
总结	回顾小结
3. 互动设计	
激励机制	有无明确的现场互动激励机制？手卡？红包？奖励？
开场互动	
在50%时间处控场	
结尾问题互动	

4.3 线上学习训练营：如何利用直播保证学习效果

Hi-Finance 业务发展至今，总结过以下几句话：

- 体系，让学习有方向
- 内容，让学习有深度
- 运营，让学习有结果
- 技术，让学习有效率

培训的目的是为结果负责，如果单纯让老师来讲一个直播，很多人都会问："我如何保证线上的学习效果？毕竟，教育培训不是知识付费，教育培训是要对结果负责的。"

如何做到对结果负责，而不是单纯的一场直播培训就期望解决所有问题，这就是项目制学习（Project-based Learning，简称 PBL）所解决的问题。

1. 项目制学习概述

项目制学习兴起于美国，在美国的众多学校和企业培训中被广泛使用。其中非常知名的案例之一就是美国萨米特中学。在校长黛安娜·塔文纳（Diane Tavenner）的带领下，这所学校不挑生源、免学费，报名后系统随机录取。进入学校后，众多中学课本的内容可以在网上各个平台择优学习。而老师的存在则是答疑解惑，协助学生一起将学到的知识用来解决一个个项目问题。在萨米特中学，项目制学习是每个学生一天学习的"主菜"（Main Course），而不仅仅是匹配教学大纲的"甜品"（Desert）。以实际问题为主轴，学习的内容要致力于解决实际问题，将"教学"的逻辑从"老师先教，学生再学"变成了"学生先学，老师再因材施教"，从而更好地培养了学生的资料查阅、批判思考、信息审查、数据汇总分析等各项综合技能。最终，萨米特中学取得的成果是，毕业生100%达到4年制大学的录取标准（全美平均数据约为40%），毕业生的大学毕业率是全国平均水平的两倍。比尔·盖茨更是为塔文纳的书《准备》[①]写下了赞誉之词："它已经指导了数千名学生成功毕业，我们不能只教孩子考大学需要什么，而是要教他们过好生活需要什么。"

2. 国内项目制学习

而在国内，项目制学习的应用还有另外一层数据原因。曾经有一组数据，是网易数读爬取了2018年10月23日至2019年10月21日期间，B站"演讲—公开课"分区下"系列视频"的分集数、首集末集弹幕数。结果是什么？北京大学的《变态心理学》课程，第一节总共有8000条弹幕，课程一共22节，最后一节课的弹幕数仅为109，据此推断"B站用户完播率"（计算方法为最后一节视

[①] 塔文纳在《准备》一书中分享了自己创办萨米特中学的艰难历程，这本书也因其独特的创新教育理念被摆上了比尔·盖茨的书桌。——编者注

频中的弹幕数/第一节视频中的弹幕数）约为1.36%。

即使像极受学员欢迎的中国政法大学教授罗翔的厚大法考内容，总集数为58集，"B站用户完播率"也仅为3.55%。可是，还有一些内容的完播率可以达到96.32%（中国政法大学刑事诉讼法学博士左宁老师的《主观考题破译刑诉法》）。为什么？因为只有8节课。

我们发现，线上的视频数量越多，总时长越长，用户的完播率就越低。所以，线上培训的单次时长，本身不建议超过2个小时。因为这个时长无论对于老师，还是学员都是挑战。对于录播课，线上的用户行为是每个视频8~15分钟，但是他能接受的就是一门小课有6~8个视频，加总起来45~90分钟为一个学习周期。换言之，这就是直播的时间界限。直播的时长不要太短，30分钟以内的直播用户觉得没有实际内容，但是也不要太长，超过2小时用户就会感到压力较大，无法持续学习。

在这个时候，我们就会发现教育培训和知识付费之间的本质区别。知识付费是今天就是把知识传递给你，你自己去学吧！学不学得会我不管，但是，教育培训是要为结果负责的，而为结果负责，也就意味着当学员经过项目制学习，应该能完成一些肉眼可见的改变。

以我们常常做的训练营为例，比如《财务造假识别和报表分析》，这个训练营我们过去在线下做过多次，口碑不错，通过教学设计，我们又将其"数字化"，实现了线上学习。有数据显示，这门课线上内容总时长203分钟，有18个课时，学员学习的完播率只有0.82%，和前文提到的B站的数字相差无几。

但是，经过项目制学习，200多人在一个群里，用一种可以形成心理暗示的语言"我会按时完成任务的，坚持！""加油！"等打卡，在学习社群内形成一种学习氛围，形成一种自己有团队融合的感觉，再匹配老师在群里的专业直播答疑。整个课程的完播率和课后作业的完成率都得到了显著上升（见图4-3）。

图4-3 Hi-Finance 3天项目制特训营案例

3．线上培训提升学习效果

所有的线上录播课，都值得用"训练营学习＋直播答疑"的方法重做一遍！择优选拔，专业学习，讲师答疑，将经验归纳成册，就是训练营能带给学员的实际学习效果。

在线下，一个老师能回答几个问题？5~8个已经很多了，毕竟时间有限。但是在线上，每个学员的问题都可以得到回答。

我们常常问自己一个问题：如何让线上培训更像教育？

后来我们发现，要想在线上把教育做好，要先"还原"线下场景。假设今天你去商学院读MBA（工商管理硕士），会有多少人服务你？

第一种角色，教授（授课与答疑）。

第二种角色，助教（作业发放、收取与部分答疑）。

第三种角色，班主任/辅导员（运营）。

这些角色，线上的配备是否全都齐全？并没有，这也就要求线上训练营有这些角色。第一种角色，传统的课程，讲师可以通过在线录播课、录播转直播或者纯直播来实现授课；第二种角色，过去的助教答疑是固定时间节点老师在线下等着学员来问，实现答疑，对于线上，助教答疑完全可以通过微信一对一或者直播答疑的方式进行；第三种角色，传统的线下有辅导员或班主任，而在线上就是班主任和课程运营小助手，负责订立学习规则并和学员沟通交作业、打卡分享等教学事宜（见表4-2）。

表4-2 线上培训中讲师、助教与班主任的权责分工

角色	权责分工
导师	提供线上录播课程 线上直播课程授课 直播课程 & 线上互动 作业点评 & 答疑（直播/录播）
班主任	"班级"社区整体运营管理 学员打卡点评 开营仪式 & 结营仪式 负责引导社群内氛围
社群助手	负责引导社群内氛围 学员学习数据整理 学习任务预告 学员学习任务督促完成 学员打卡任务整理 学员作业收集 学员反馈收集（开营前/结营后的问卷调查统计）

训练营中的直播赋能包括：

（1）开营直播，面向全体学员，目的是统一思想，让其知道这次培训的重要性。

（2）答疑直播，统一解惑，实现学员问题和讲师时间性价比之间的平衡。

为什么当讲师或助教以"主播"身份和直播形式加入一个录播的训练营，效果就会显著提升？

想象一下，线上录播课的学习就是自己去跑步，没人监督，没人给你鼓掌、加油和支持，完课率就很低。但是，如果我组了一个健身群、跑步群，每天和各位群友约定去晨跑或者夜跑，哪怕这个群里没有任何教练，即共学训练营的老师不在，大家的积极性比自己单独去跑步会提升多少？还以《财务造假识别与报表分析》训练营为例，看课率能达到28.78%，而完课率可以从0.82%上升至11.07%。如果有老师或者教练坐镇答疑，效果又会怎样？完课率从11.07%迅速上升至33.9%，看课率可以达到92.37%。这个数据就非常有意思了，这时的用户平均学习时间也能达到131分钟，通过群内直播答疑，讲师和助教能实际解决问题75个。后续，这些问题结集成册，就可以形成知识图谱或者可视化的能力图谱。

这些经验文件，通过一期一期的训练营学习和迭代，就成了日后可以深耕的岗位技能模型与体系模型手册，将内容进行二次开发，价值连城。

在这个场景的直播中，用户今天进入直播间就不是一时冲动，也不会在发现内容不符合预期后就快速离开。在这个直播培训的场景中，学员有着更加合理的预期，老师也能针对学员的问题更加有的放矢地给出反馈。所以，我们发现这样类型的直播，学员平均观看时长可以达到40分钟（总时长平均约为1小时）。相比正常淘宝直播的用户平均停留时长3~5分钟，私域流量直播用户平均停留时长8~10分钟，项目训练营中的直播，由于兼顾了答疑属性和学员与老师沟通的属性，这个时长轻松达到40分钟。这是非常显著的数据提升。当然，这个数据提升还是我们纯个人端招生的学员所实现的完播率。如果是企业内部，辅之以激励机制、惩罚机制和相应的监管机制，完播率达到90%，甚至95%，也不再十分困难。培训项目的线上训练营学习路径图如图4-4所示。

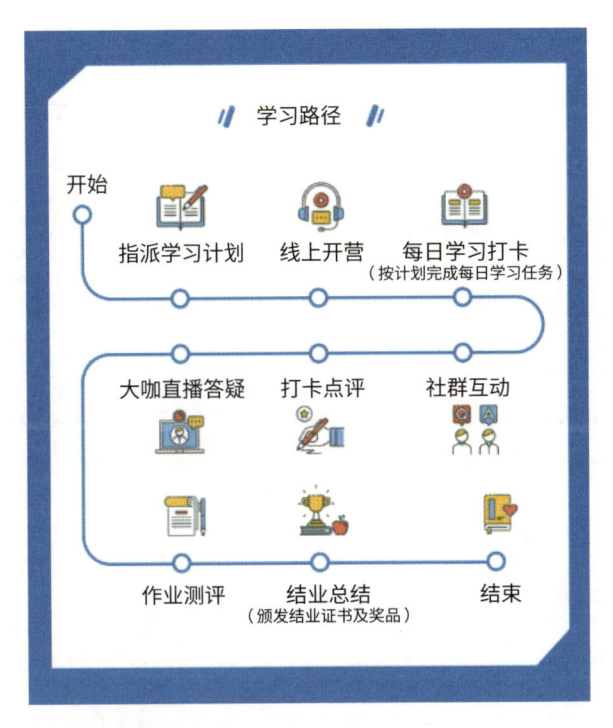

图4-4 培训项目的线上训练营学习路径图

注：大咖是指某领域的成功者。

4．项目制训练营的三种类型

第一种：短期突击训练营。

【学习周期】3～7天

【运营要素】

· 开营直播：1次

· 录播课程学习：4天

- 录播学习常规时长：1～3小时

- 打卡次数：5次

- 小作业：1份

- 导师/重点学员1对1作业点评：1次（点评人数根据具体训练营而异）

- 结业证书：1份

第二种：常规专项训练营。

【学习周期】14天/21天

【运营要素】

- 开营直播：1次

- 录播课程学习：10天/15天

- 录播学习常规时长：3～8小时（最长不要超过10小时）

- 答疑直播：1次/2次

- 打卡次数：10次/15次

- 大作业：1份

- 导师/重点学员1对1作业点评：1次（点评人数根据具体训练营而异）

- 结业证书：1份

第三种：中长期年度精品训练营。

【学习周期】30天/60天/90天

【运营要素】

- 开营直播：1次

- 线下课程：可配合1次

- 录播课程学习：20天/40天/60天

- 总录播学习时长：10个小时以上（每天学习建议不超过30分钟）

- 答疑直播：双周1次

- 打卡次数：每周3～5次

- 大作业：1～2份

- 导师/重点学员1对1作业点评：1～2次（点评人数根据具体训练营而异）

- 结业证书：1份

- 特色证书：最佳学员奖、活跃学员奖、创新思维奖等

- 获奖学员小礼物：60天及90天训练营可考虑

越长期的训练营，越需要策划，目标就是做成年度精品项目。同时，由于项目周期较长，这类训练营项目在执行时，一般会拆分成"线上＋线下"混学的模式，并且拆分成2～5组常规专项训练营。同时，匹配行动学习和阶段性成果展示进行落地。图4-5所示为Hi-Finance的"训练营＋直播"的运营步骤示例。

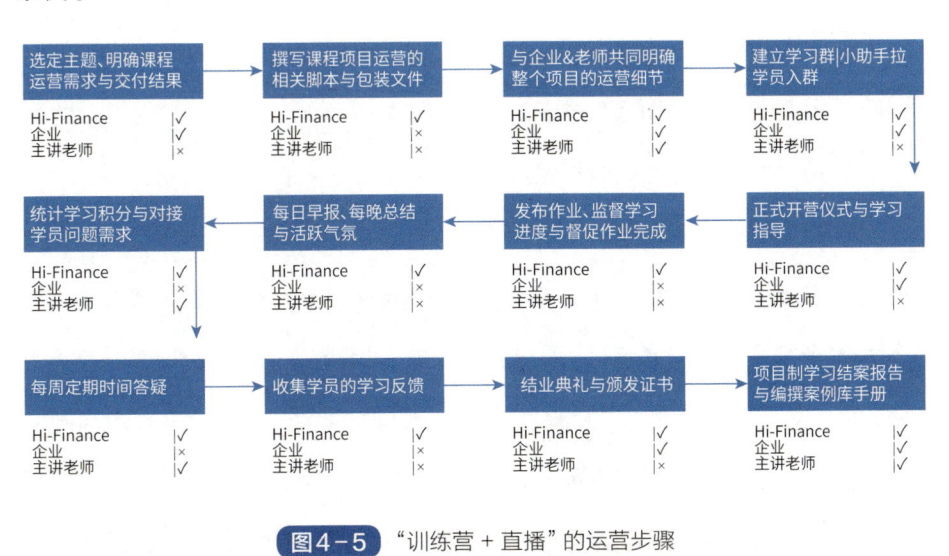

步骤	Hi-Finance	企业	主讲老师
选定主题、明确课程运营需求与交付结果	√	√	×
撰写课程项目运营的相关脚本与包装文件	√	×	×
与企业&老师共同明确整个项目的运营细节	√	√	√
建立学习群|小助手拉学员入群	√	√	×
统计学习积分与对接学员问题需求	√	×	√
每日早报、每晚总结与活跃气氛	√	×	×
发布作业、监督学习进度与督促作业完成	√	×	×
正式开营仪式与学习指导	√	√	×
每周定期时间答疑	√	×	√
收集学员的学习反馈	√	×	×
结业典礼与颁发证书	√	×	×
项目制学习结案报告与编撰案例库手册	√	√	√

图4-5 "训练营＋直播"的运营步骤

5．"训练营+直播"的八个注意事项

（1）参训人数。训练营人数建议在100人左右，与纯直播课期望的参与人数多多益善不同，"训练营+直播"的模式，目的是为了确保学员学到并学会，每一个学员的问题能够及时被助教和运营人员解决，人数不宜超过200人。而且，有了人数限定之后，就可以在企业内部做"抢"课，确保训练营的学员都是自己主动想报名的，进而保证后续学习社群的活跃度。如果企业人数实在过多，可以多做几期，或者做"优中选优"的专项训练营，也可以对训练营主题进行拆分。

（2）作业交付。课程完成之后务必要确保学员参加考核或者交付作业，作业是训练营过程中必不可少的一环。在实操过程中，如果运营者认为每个人都交作业压力比较大，可以通过分组的形式，让学员以小组为单位交作业。

（3）直播频次。训练营中的直播频次：1周训练营对应1次直播；2周训练营对应2~3次直播；3周训练营对应3~4次直播。

（4）结营直播。结营一般不做直播。

（5）数据成果。每次训练营在结营之后，应该明确数据成果，例如：总参训人数、总学习时长、课程总点击次数；总打卡量、打卡名单、打卡精华数、每天最早打卡与最晚打卡名单；每天作业完成量、小测或习题完成率；解决实际问题数。

（6）积分机制。明确考核激励，制定积分体系：学员每天打卡、每天的学习效果需要有个评判标准，可以设置的常见奖项有首席知识官和知识大使等。

（7）内容沉淀。沉淀优秀作业、学习笔记、学习心得、脑图或者相关素材。

（8）共学机制。邀请前一期训练营积极分子参与下一期同主题的训练营，

成为助教，作为过来人共同促进社群学习。

6．提升企业内部学员参与度的八个方法

（1）直播时间选择：尽量选在非工作时间或非业务繁忙时间，比如晚上19：30—21：00之间。

（2）直播时长：单次直播在1～1.5小时。

（3）直播当天，群里多次通知预热。

（4）直播内容要提前做调研，一方面让老师讲课有针对性，另一方面让学员加深参与感。

（5）对观看时长进行排名，做排行榜，等直播结束后奖励前10名。

（6）直播开始前15～20分钟开启直播间，测试好直播工具，让学员提前进入，确保直播间没有问题，主持人提前做互动增加学员参与度。

（7）小助手：与学习进度落后的同学一对一电话或微信交流，询问学习痛点，鼓励督促学习。

（8）奖品礼物：准备小奖品或者小礼物，进行实物激励。

4.4 海量内容：借助直播迅速搭建公司在线课程库

随着在线学习平台的大幅普及，培训管理和运营的专业人员最常见的问题就是：学什么呢？线上内容从哪里来？无外乎内部孵化或者从外部采购。于是问题来了，究竟是内部孵化合适，还是从外部采购合适？

支持从外部采购的观点包括：

第一种，外部内容的供应方是专业的在线教育内容生产方，术业有专攻。

第二种，不少外部机构品牌知名度高，内容经过大量企业验证，有质量保证。

第三种，企业内部的时间精力有限，短时间做不出来，外部机构配合度高，能高效匹配需求。

这一点也不假。可是，业务部门的人员却又常说：外部机构的内容有些时候只适用于专业基础技能、管理与职场通用技能，与公司实际的文化能力、业务实际还是会有一些距离。所以，内容还是需要内部孵化。

然后，培训运营人员就开始对接业务部门的领导，期望业务部门和人力资源部门一起共建内容。然而，会出现什么情况呢？

第一种情况，你问业务人员是否有空多带新人？他会说自己忙于做业务，或一直在出差，没时间，让新人自学就行。

第二种情况，你让他组织现场培训，他说周末想休息，还抱怨"就不能让业务人员安生一会儿"。

第三种情况，等他有空了，你让他来录制课程，结果在录制现场，他反馈说面对镜头太紧张，实在讲不出来，内容还需要再打磨，让你找再专业的人去讲，他做不了。

怎么办？

2020年，有一家企业为了满足行业监管和公司领导内生内容的强制要求，做了非常多的专业内容与客户教育相关的视频，总生产量200多小时，在行业内名列前茅。这家企业是怎么做到的？

很简单，他们定了200多个不同岗位计划要讲的主题（公司有10个岗位，一个岗位主题为20~30个），然后让每个业务人员认领，给部门新人和业务骨干做直播。不是专门刻意录制，而是通过直播的方法来减轻专业人士进入摄影棚的紧张感和恐惧感。对于很多没有受过线上讲课训练的专业人士来说，内容通过直播讲出来和通过录播讲出来感觉就是不大一样。业务人员利用直播这种相对轻松活泼的交流方式向他认识和熟悉的同事以及客户分享，讲完以后由公司再统一做后期剪辑，就可以了。

毕竟，只要是直播内容，无论是"真"直播还是"假"直播，"一切皆可后期"。脸大怎么办？通过后期调整画面比例啊！

直播过程中太磕巴怎么办？把磕巴处的声音剪掉但是保留视频就行了啊！

转场中间断了一两次，怎么办？用PPT全屏的方式垫片就可以了！

一切问题皆可通过后期工具解决！

实际中，如何落地制作视频呢？下面我们提供三种沟通方式。

构图1：一个标准的直播转录播视频后期处理展示效果，如图4-6所示。

左图为专家对着手机讲课的直播视频，右图是匹配了PPT之后的后期剪辑视频，调整了人像与PPT的比例，加上视频背景、品牌标识和字幕，整个内容就显得十分专业。

构图2：直播录制版式，如图4-7所示。

构图3：站立式录播/直播样式，如图4-8所示。

专业的直播工具均有直播中直接录制的功能。这时只需注意PPT的排版

图4-6　一个标准的直播转录播视频后期处理展示效果

企业直播 / 直播实战驱动数字化升级 /

和模板，不要让人脸挡住 PPT 即可直接通过直播录制。

　　这些都是非常典型的场景，是通过直播来制作专业的在线内容的方式与方法。

图 4-7　Hi-Finance 直播录制板式

图 4-8　保利威站立式直播 / 录制样式

62

无论如何，直播的出现，使得过去做专业线上内容的门槛变得越来越低，也能解决不少企业的实际痛点需求。

4.5 经验萃取：搭建岗位知识体系，借力直播做好经验萃取与留存

前文有提到，一些企业短期内通过直播积累了大量的学习内容。接下来的问题就是，公司领导和业务部门是否会欣赏这样的做法？是否会认为这是一个好的项目？

毕竟，不少学员也会有问题：要参加的<u>全都是视频直播培训</u>，是一个个碎片化内容，感觉没有学习方向，这个时候怎么办？

这就涉及利用直播孵化内部内容中的另一个要点：岗位知识体系搭建。可以参考下述3个图谱。

<u>首先，可以参考知识体系图谱1——国企、央企大监督人才技能体系图谱</u>，如图4-9所示。

比如，要做企业内部的大监督板块培训体系，涉及范畴包括党政文化、合规风控、内核稽查和商业道德伦理的建设。整个知识体系可以分为9大板块：监督体系基础、监督核心能力、公司业务能力、监督沟通能力、监督效能评价能力与执行能力、紧跟市场的大监督思路、监管智能数据分析与效能评价、搭建监督人才队伍和公司文化与道德建设。

过去的培训体系建设怎么做？一场一场的线下课，请公司内部或者外部的专业老师来讲。可是，学员在学完这些碎片化的内容之后，无法获得一个整体的框架感。

企业直播 / 直播实战驱动数字化升级

Hi-Management技能图谱之 大监督体系

监督体系基础
- 明确公司监督制度、原则与目标
- 明确公司监督部门监督职责、规章与层级架构
- 明确公司与部门监督体系、规章与实际工作流程与重要性
- 熟悉监督基础知识体系与重要性

监督核心能力
- 党政文化的思想政治监督建设
- 部门条线的监督约束制度建设与评判分析与专项督查
- 参与业务条线的监督专项督查
- 监督工具和方法的使用
- 反腐败、渎职等侦查
- 对自己、对公司、对客户负责的责任

监督沟通能力
- 向上监督信息报送沟通能力
- 与业务部门的监督沟通能力
- 文字沟通能力
  - 跨部门的沟通能力（人力/党办/合规风控/纪检等）
  - 监督与同类像它器模型
  - 定期指标告预警能力
- 与外部监督机构（舆论/群众监督等）的磨合能力

监督数据分析与效能评价
- 基于总公司/营业部的数据分析，明确分析维度与颗粒度
- 基于各业务/产品条线的数据分析，明确分析维度与颗粒度
- 基于业务产品线的监督数据分析
- 公司关键业务步骤的监督数据分析（招聘、招投标、产品引入、渠道合作等）
- 推进公司业务数字化转型进度、梳理监督重点
- 集中监控应用户数据泄露、梳理网络安全监督埋点

搭建监督人才队伍
- 明确监督人员的培训技能图谱
- 机构内部监督案例成果撰写、总结与更新
- 监督队伍考核机制
- 监督队伍激励机制

公司文化与道德建设
- 各条线监督人员需要掌握的业务技能
- 各条线监督人员需要掌握的产品技能

公司业务能力

监督效能评价与执行能力
- 熟悉监督评价标准
- 监督效能评价（内部与外部）
- 监督机制的定期更新与长效管理
- 建立公司内部监督机制的SOP

紧跟市场的大监督思路
- 紧跟监会与协会发的大监管与文化建设的能力
- 不断吸取创新的监督工具与方法经验
- 学习其他行业的监督体系建设
- 监督失败案例分析与案例汇总
- 学习明确企业的监督体系基础

自上而下
平级
自下而上

Hi-Finance

图4-9 国企、央企大监督人才技能体系图谱

64

所以，新的做法出现了。首先搭建一个岗位技能体系，然后根据具体的实际岗位需求进行调整。这其中的一级分类是根据核心技能模块进行，二级分类则是根据一门门具体的课进行。

搭建体系之后，才能做第二步：内容分层，可以是两个级别的"初级和中级"，也可以是三个级别的"初级 — 中级 — 高级"。

然后，确定主题。明确在初级阶段，学员需要学的10～20个主题，中级阶段要学的10～20个主题。明确之后，进而邀请内部或外部的专业老师，按照每一个主题45分钟的讲述时长，通过直播进行授课和内容留存。如果想进一步保证质量，力求精品，便可以加入线下辅导或者线下工作坊的经验萃取，从而整理出全面的岗位技能知识体系图谱和相应课程内容（案例如图4-10所示）。

同时，为了保证各个线上直播讲师的内容产生质量，可以采用标准化的雷达图评分表进行评分，不断优化，如图4-11所示。

其次，可以参考知识体系图谱2——营业部总经理/分支机构业务负责人技能体系图谱，如图4-12所示。

传统的分支机构业务负责人培训都是在线下完成，将各个中层人士汇聚到酒店进行封闭式的集中培训。然而，在2020年疫情的影响下，线下没法做，可是业务负责人的提拔工作与培养工作却依然需要开展，怎么办？Hi-Finance联合部分企业培训中心与大型企业，率先整理出营业部总经理/分支机构业务负责人/业务部门管理者岗位的技能图谱，并不断优化。

最后，参考知识体系图谱3——职场新人（校招与社招）技能体系图谱，如图4-13所示。

2019—2020年，Hi-Management基于上百家的企业调研与服务经验，正式搭建出刚入企业的职场新人通用技能体系图谱，力图帮助企业快速协助新

Hi-Management_XX行业大监督体系_岗位知识技能图谱（初级）

序号	课程模块	课程主题	内容制作分工 XX企业	内容制作分工 Hi-Management
1	监督体系基础	《制度、原则与目标：证券公司监督工作基础》	√	
2		《公司监督部门的层级与职责概述》	√	
3		《监督部门的监督工作流程》	√	
4	监督核心能力	《项目巡查基础知识》	√	
5		《专项监管基础知识》	√	
6		《如何使用各个监督工具》	√	
7		《责任心与自控力：对公司、客户和自己负责的案例分析》	√	
8	公司业务能力	《各条线业务人员必知的业务技能》	√	√
9		《各条线业务人员必知的产品技能》	√	√
10		《内部监管的财报核心关注要点》	√	
11	监督效能评价能力与执行能力	《监督评价标准基础》	√	
12		《如何进行监督效能评价》	√	
13	监督沟通能力	《如何加强向上沟通的监督信息报送能力》	√	
14		《如何加强与业务部门的监督沟通能力》	√	
15		《如何撰写一份优秀的监督与问责备忘录》	√	
16		《如何撰写一份优秀的定期例会报告》	√	
17		《金融机构公文写作基础与入门》		√
18		《如何撰写一份重点突出的工作总结》		√
19		《九型人格》		√
20		《全脑优势》		√

Hi-Management_XX行业大监督体系_岗位知识技能图谱（中级）

序号	课程模块	课程主题	内容制作分工 XX企业	内容制作分工 Hi-Management
1	监督核心能力	《如何做好党政文化的思想政治监督建设》	√	
2		《如何做好部门条线的监督约束制度建设与评判分析》	√	
3		《如何做好反腐败和渎职等行为的侦查监察工作》	√	
4	监督沟通能力	《如何有效地进行跨不同条线监督部门的沟通》	√	
5		《如何与外部监督机构有效融合》	√	
6		《舆论监督与群众监督，借力外部力量，有效融合监督制度》	√	
7		《高效能沟通，来自关键对话的启示》		√
8	监督效能评价能力与执行能力	《如何建立长效的内部监督机制》	√	
9		《如何建立标准的内部监督机制并不断优化》	√	
10	紧跟市场的大监督思路	《如何紧跟证监会的大监督体系准则与文化建设准则》	√	
11		《同行业监督体系建设的优秀案例研究》	√	√
12		《异业监督体系建设的优秀案例研究》	√	√
13		《风险管理失败案例研究》	√	
14		《从瑞幸咖啡和原油宝等风险事件来看金融市场中的风险防范》	√	
15		《从〈大空头〉看金融机构风险防范》	√	
16	监督智能数据分析与效能评价	《如何做好基于总公司/营业部的监督数据分析》	√	
17		《如何做好基于各业务/产品条线的监督数据分析》	√	
18		《如何做好公司关键业务步骤的监督数据分析》	√	
19		《推进公司业务数字化转型进程，梳理监督埋点》	√	
20		《金融市场大数据和机器学习》		√
21		《金融机构大数据治理与智能风控应用》		√
22		《数据分析在大监督体系中的应用》	√	

图4-10 Hi-Management 大监督体系图谱

第 4 章 / 直播如何赋能培训业务 /

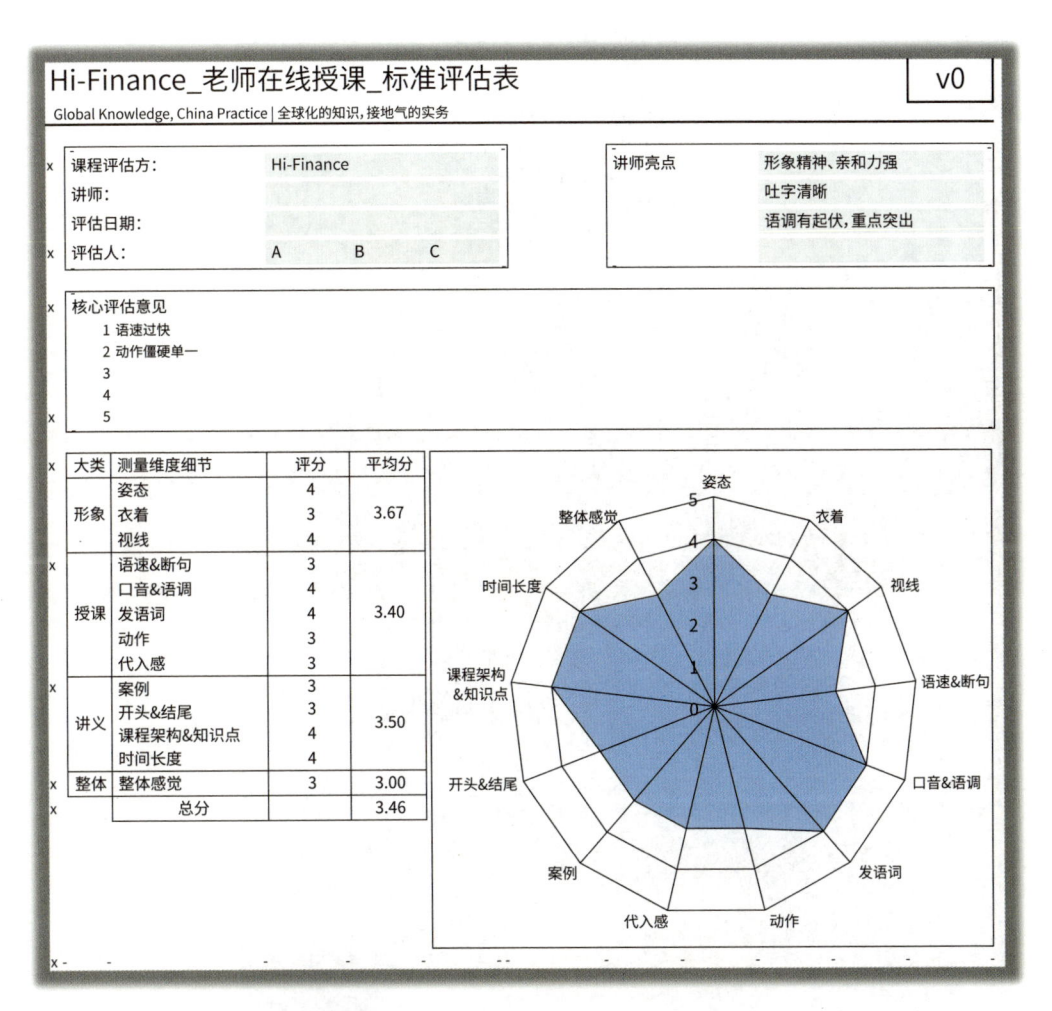

Hi-Finance_老师在线授课_标准评估表 v0
Global Knowledge, China Practice | 全球化的知识, 接地气的实务

课程评估方:	Hi-Finance		讲师亮点	形象精神、亲和力强
讲师:				吐字清晰
评估日期:				语调有起伏, 重点突出
评估人:	A B C			

核心评估意见
1 语速过快
2 动作僵硬单一
3
4
5

大类	测量维度细节	评分	平均分
形象	姿态	4	3.67
	衣着	3	
	视线	4	
授课	语速&断句	3	3.40
	口音&语调	4	
	发语词	4	
	动作	3	
	代入感	3	
讲义	案例	3	3.50
	开头&结尾	3	
	课程架构&知识点	4	
	时间长度	4	
整体	整体感觉	3	3.00
	总分		3.46

图 4-11 Hi-Finance 线上直播师评分雷达图

人适应环境, 迅速养成良好的工作习惯, 懂得职场必备思维与工作态度。Hi-Management 将通用能力的培养模型拆分为 10 大能力: 角色力、自驱力、执行力、沟通力、共情力、复原力、思考力、学习力、规划力和数字化思维力。

图4-12 Hi-Management 营业部总经理／分支机构业务负责人技能体系图谱

第4章 / 直播如何赋能培训业务

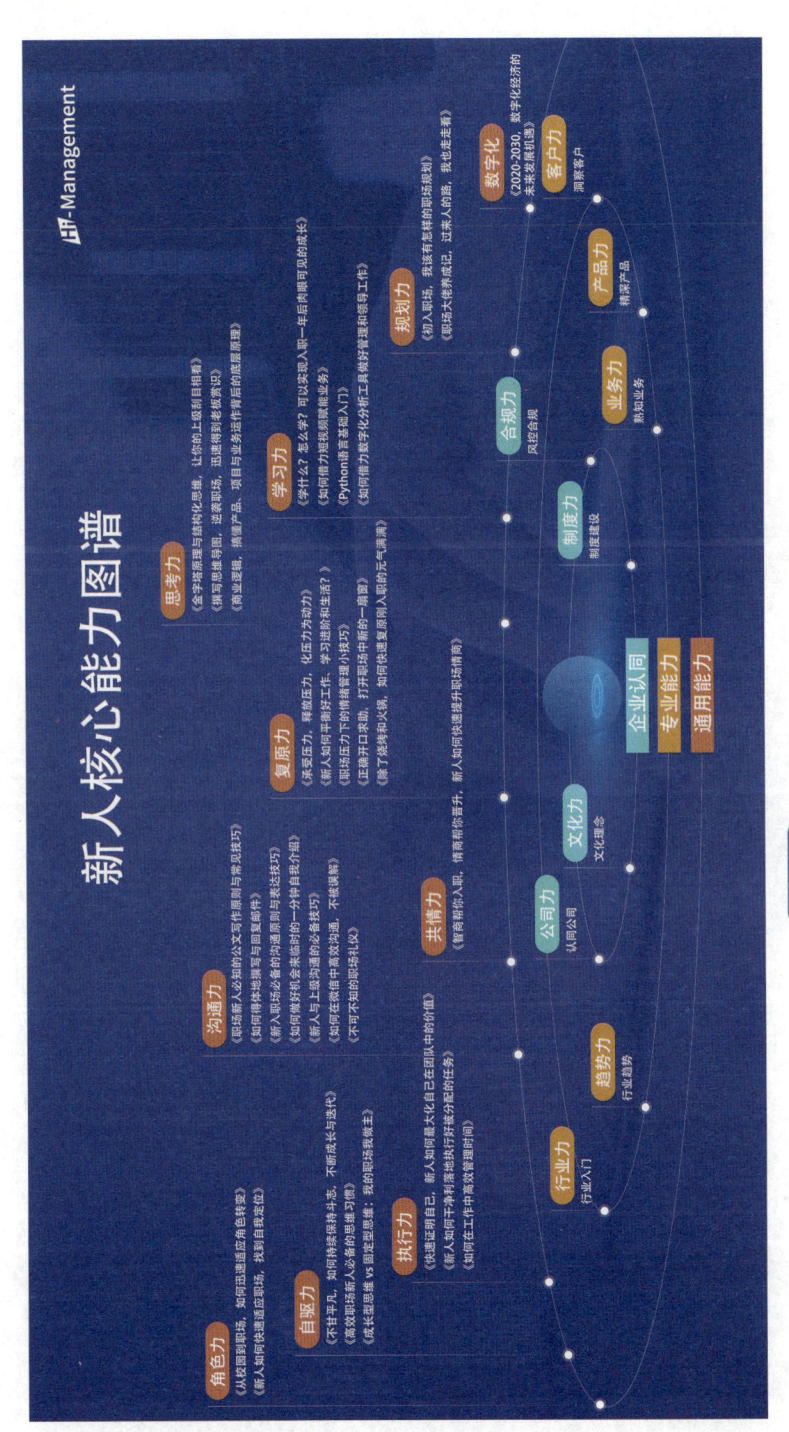

图4-13 职场新人通用技能体系图谱

第5章
如何讲好一节直播课

教育的目的不是让人获取知识，而是让人知道怎么去生活。

——理查德·波列斯拉夫斯基，《演技六讲》

5.1 深挖用户需求，策划直播课程主题

常常有人说：直播不就是邀请对方来看吗，为什么还需要进行策划，对主题进行设计？策划到底有多重要？

之所以先来讲策划，是因为在直播宣传的过程中，最常见的一个问题就是：直播课宣传出去之后，运营者总是担心报名人数不多。很多讲师或直播分享者常常自己认为这次的主题很好，学员就应该来听、来看，不来看就是他们的损失，潜台词是"自认为这个主题对学员肯定很有用"。可是同时，讲师们又怕摸不清学员的思想，要是学员不来怎么办？如果学员听了不喜欢怎么办？

换位思考想一想，如果是我们自己当学员，在看直播之前的决策流程是什么？这个内容主题是不是适合我？这个提纲是不是能解决我切实的问题？我如果自己去问其他的专家是不是也能搞懂，是不是一定要去听直播才能知道？

怎么解决？这就需要所有直播讲师在策划内容的时候遵循"3W法则"，如图5-1所示。

图5-1 Hi-Finance 的直播策划3W法则

5.1.1 学员是谁？

1．优化直播主题

在这里，你可能会疑惑，为什么还需要"你是谁／你想要什么"这个问题，不是应该关注学员吗？

这里就要说到另一个常见的要点了，是内容重要，还是市场重要？是伯乐常有，还是千里马常有？

来看3个主题：你认为你在看到这些标题后会想点进去看直播吗？

第1个，《在线讲师直播授课技能提升》。

第2个，《企业融资，创业者实操专场》。

第3个，《基金入门》。

你的答案很可能是：不看。

为什么？因为你不知道老师会讲什么，也不知道你能学到什么。这就是学员／受众／观众（正在读这本书的"你"）实际的想法。没有课程内容的既往口碑，学员也不知道老师是谁，学员慌，你也慌。

根据3W法则，修改后的主题是什么？

第1个，《专业人士借力直播，如何成为线上明星主播？》。

第2个，《如何拿下2000万A轮融资？》或者《如何快速拿到第一笔融资》。

第3个，《掌握这5步，基金定投不再难》或者《7步法！教你快速选出适合你的优质基金》。

这些主题，它们都有一个共同的特点，那就是视角的切换。从"我们"的视角切换成"学员"的视角，从所谓的"专业"的思维切换成"学员兴趣"的思维。

那么，这个方法具体如何落地？

教你一个很好用的技巧：直播课程主题修改的3步法。

第1步，写出你/讲师/专家打算讲的主题。

第2步，思考这个主题的受众的痛点是什么。

第3步，根据痛点，重新构建需求场景，改写主题。

> **案例——《企业融资，创业者实操专场》直播主题修改**

第1步，原主题《企业融资，创业者实操专场》。

第2步，思考，学员想听这个内容吗？不！学员根本没有办法提前知道你要讲什么！企业融资，是通过债权融资拿银行贷款，还是通过股权融资去找投资机构，又或者是寻求政府补贴等。同时，"创业者实操专场"的主题名称也不是很具象，因为如果是股权融资，天使轮、A轮、B轮、C轮的经验和需求也不同，是面向CEO还是CFO来讲内容也不同。

怎么办？

学员其实想知道的是这个主题解决了他的什么痛点？他为什么要融资？融资适不适合他？他在什么场合会需要这个主题知识？

第3步，重新改写后的主题《如何拿到第一笔融资》，就是针对没有融资经验的企业家和CEO，他们会想知道从0到1的融资过程。或者主题改为《如何拿下2000万A轮融资？》，只针对股权投资的A轮人群。目的性越明确，受众就越容易聚焦在是否对这个主题感兴趣的判断决策上，而不是所有人全都是看了以后，也不知道具体内容是什么，然后选择再想想，再想想的结果就是再也不看。

2. 缩减参加学习训练营的名额

在这里，相信你又会思考，如果主题这么具象，参加的人不够怎么办？大家不感兴趣怎么办？

首先，企业内部的每一场直播都是由公司组织的，针对的内容就应该和公司所在行业相关，全都是普世内容，知识便不具有价值。聚焦，找到核心要点，是直播主题策划的核心。

其次，我们的思考是：直播课是讲完就结束了吗？很多时候我们给予了直播运营同等的关注。与其让公司全员参与，不如创造一个100～200人的学习训练营，学员会有一种被选中的身份感，这个内容不是谁都能听的，是要在培训部门的学习项目中"抢"名额的。

3．拆分内容逻辑

在直播内容讲解的过程中，我们还发现一个非常现实的现象，那就是：无论你的内容有多专业，一定会有人不满意，如果内容特别侧重于概念和基础内容介绍，虽然新员工可能受益匪浅，不断记笔记。但是在公司有一定工作年限的老员工就会反馈："讲了半天都讲不到重点，浪费时间，能不能讲些案例和实操的东西？"但是，一旦内容开始侧重于案例解读，老员工是听得津津有味，新员工呢？可能完全跟不上！因为他们对专业名词不熟悉，对术语不熟悉，对项目不熟悉，说到底是对行业不熟悉。

问题又来了，怎么办？怎么协调？最简单的方法就是拆分内容逻辑，该入门的归入门，该进阶的归进阶，该实操的归实操。毕竟一场直播就45分钟到1小时，什么都想讲，最后就变成什么都讲不深、讲不透。线下课1天的内容通常花费6小时，去除休息时间、互动板块和一些"无关痛痒的语言"，也能转变成2～3小时的线上课，从中挑选符合场景进而展开深讲的1个小时，也是完全可行的。

所以，利用3W法则，不断拆分学员画像和学员需求，这才是核心。

通过这个方法，各个专业人士设计出了非常多学员感兴趣的直播主题，比如：

《房价不断走高，我是否应该现在入局？》（讲解二手房买卖的交易知识）；

《职场新人如何正确"开口求救"，解决职场难题》（职场新人在刚进公司面临工作难题的时候，由于不敢开口、不会开口，不知道问题如何得以解决，此内容希望帮助他们更好地度过这个孤独的场景）；

《从专业走向管理，新晋中层必知的3大认知转变》。

4．正确判断学员画像

完成了内容逻辑的拆分，我们还需要知道的是：如何正确判断我们的学员画像，找出适合直播的主题。核心落地点在于一定要找到"同类用户的同类需求"。

什么意思？如何理解"具有同类需求的用户画像"？

比如，我今天面向的受众是"所有白领"，这是不是一个好的用户画像？

并不是。

为什么这么说？原因在于，在一个公司，技术人员的思维、财务人员的思维和销售人员的思维都是完全不同的。讲师讲的逻辑是相同的，但是案例只能是选择一种来细讲。可是，学员一定会说："我的场景是独特的，和你讲的不一样。"如果大部分学员都有这样的想法和观点，那么直播一开始的定位可能就出现了问题。

比如，一门直播课的主题是《团队沟通的常见问题解决方案》，我们会发现学员的诉求和面对的场景是非常个性化的，技术人员的沟通痛点是觉得业务部门不懂技术"瞎反馈"，业务部门反而觉得技术部门不懂业务"瞎指挥"，销售人员的沟通痛点是他们认为自己对外拜访客户已经很辛苦了，如果在内部还不被重视，心态会失衡。可以看出，哪怕是一个简单的"沟通主题"，也会出现千差万别的学员画像和需求。

这就需要我们每次在直播之前，必须要明确具体的学员画像，而且在设计主题的时候，尽可能地面向具有同类画像的人群来进行设计。这样才可能实现来听直播课程的学员给予优质的反馈，而且直播讲师在备课的时候也能够更加有的放矢。

5.1.2 学员想要什么？

学员想要什么？学员想要的是不要浪费他们的时间，想要的是能迅速落地的执行方案，想要的是拿来即用的"独家秘籍"。在这里，常见的学员需求整理如图5-2所示。

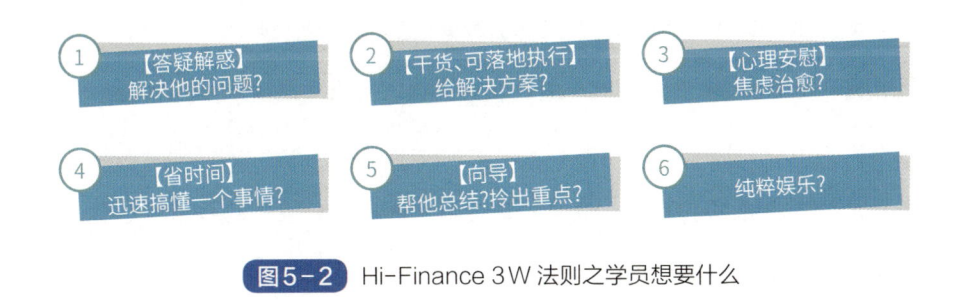

图5-2 Hi-Finance 3W法则之学员想要什么

（1）答疑解惑，解决他的问题。

（2）提供干货、可落地执行，给解决方案。

（3）心理安慰，焦虑治愈。

（4）省时间，迅速搞懂一个事情。

（5）向导总结，帮他总结、拎出重点。

（6）打发时间放松，纯粹娱乐。

案例 —— 大型国有银行的培训项目

2019年4月，Hi-Finance在某家大型国有银行执行一个培训项目。因为银行的直播培训平台不断投入使用，2018年的直播量已经达到了上千次，但是直播的整体水平一直被大家反馈不如线下好。所以，培训的目的是教会银行内部的专业人士去讲好在线课程。课程中，一位做过直播的专业人士，也是IT（信息技术）部门的一个业务负责人说道："老师，我在做了几次直播之后，感觉特别沮丧和委屈。"

回问："怎么了？"

他说："我在直播的时候，就发现了问题，今天的受众是银行的分行和支行的行长们，我作为IT产品技术总监给他们赋能，开发了很多产品和功能，比如生物人脸识别的功能，我给行长们每人一个平板，通过这个平板他们可以了解很多用户的实际需求。可是，我每次给他们讲的时候，发现这些行长在线上的互动性极差，根本不关注我讲了什么，就像没有看过我的直播一样。然后在直播结束之后，该出现的问题依然出现，几次的直播课感觉就是白做。怎么办？"

回问："你是怎么讲的？可以演示一下。"

他说："你看，我们今天讲这些技术和功能的时候，总归我得讲：①这个技术的定义是什么？②我们为什么要开发生物人脸识别这个功能？③这些功能背后的相关参数是什么，你如何用好它？"

问题来了，这样讲，对吗？在线上直播讲解的时候，这样做直播合适吗？

这是典型的"理工男"直播讲法。因为讲解形式过于直来直去，不考虑直播镜头那一头的用户的观看感受。

如果使用3W法则进行修改，会是什么样的？

用户是谁？

是银行行长、大堂经理以及一线的业务人员。

他们想要什么？

请注意，是他们想要什么，而不是我们想表达什么，他们肯定是想要更多的业务，更好地服务客户。

怎么讲？

"各位好，欢迎来到某银行的在线直播间，我是来自技术部门的某某，今天，我带给各位的内容是'生物人脸识别功能如何助力大堂业务'。不知道你有没有碰到过这么一个场景，当某天一位客户走入我行大门的时候，你看着他其貌不扬，没有及时提供服务，但是后来才发现他是一位大客户，他是想来我行享受优质的服务，购买一些适合的理财产品，结果因为你的疏忽把这个业务机会给错失了。我常常收到咱们银行的支行行长或者大堂经理的需求，咨询能不能有什么技术工具来赋能。

所以，基于这个需求，我们开发了生物人脸识别功能，帮助各位服务好客户。大家应该知道，你的手上有一个平板，当任何一位客户走入我们目前试点的银行网点大门的一刹那，这个平板通过人脸识别，就会告诉你这个客户是谁，他在我行目前是哪个等级的客户，他在我行已经购买了哪些产品，你今天可以怎样更好地服务他？"

想象一下，如果这么讲直播，是不是大堂经理和分支行行长不但不会总是分心，反而他们可能还会在课程上说："老师，我最近碰到这么一个情形，您看这个技术上好像目前还没能解决我的问题，您是不是可以帮我们优化一下技术工具？"

将产品特点与用户痛点结合去描绘产品使用场景，是屡试不爽的直播策划技巧。当直播课的策划和设计，从这个角度出发，也许会得到不一样的反馈：所有人看直播的眼神，会从过去的玩手机、把视频当音频听，变成他们会在心里突然想：诶？好像有点意思，我再继续听你说说看。

这个转变的背后，其实说明我们真正挖掘到了学员想要却没有表达出来的要点。

5.1.3 我们如何做到？

做到分为很多，后续的内容皆为做到满足学员需求的落地方法。但是，首先要考虑的是，当主题策划做好之后，就要具体确定直播课的标题。

如何设置吸引人的直播标题？你需要做到的包括：

（1）大原则：简单、清晰、明确、易懂。

（2）课程标题＝主题＋对象需求，明确讲给谁，主题是最终学员听完能获得什么，解决了什么痛点，要让学员看完主题以后，就知道自己要不要来听，比如《商务谈判中的价格谈判7大技巧》《如何与技术团队进行高效沟通》等。

你不要做的包括：

（1）字数不要超过20个字，常见的课程海报，一行最多容纳8个字。

（2）不要过度学术化，也不要过度娱乐化。

（3）不要耸人听闻！比如：《再不学会这几招，你的生活会错过一个时代！》，学员心里会想：我已经错过了好几个时代了，也不差这一个。

（4）不要不知所云，比如：《会计学》，学员心里会想：到底要我听什么？

（5）不要我是天下第一，比如：《学会这几招，股市赚钱不再难！》，学员心里会想：这个标题同时还有逻辑悖论的存在，赚钱不再难，你怎么不去按你的方法赚钱而是来这里上课挣钱，这不科学。

切记：主题不吸引人，无法勾起用户的兴趣，学员看了海报或者其他宣传资料之后，是根本不会点进来的。

> **案例 —— 某大型互联网公司起标题方法**
>
> 在某大型互联网公司，直播的主题一般是由专业人士先来写内容，然后在宣传发布之前，由公司互联网一代的"90后"同事重新根据内容来起标题，这样的效果反而收获颇丰。那么，怎么判断是自己写标题，还是让"90后"来协助？回答这个问题，如若你能答出自己的标题提出的问题就自己写，答不上来就请"90后"协助。

5.2 借鉴编剧思维，构造直播课程框架

一场优质的直播课，对于学员来讲，是像读一部小说，不忍心翻到最后一页知晓结果，还是像看一部电影，其实很多时候结果已知，只不过还是会享受其中那未知的过程？

我们来拆解一门直播课的常见时间分配与内容框架逻辑。

5.2.1 直播课时间分配

1. 设置适宜的语速

如果直播内容脚本为 Word 文档逐字稿，语速一般为每分钟240~260字。整体语速可以偏慢一些，因为用户不一定跟得上直播间的快语速，但是，底线是不要低于每分钟200字的速度。

如果你选用 PPT 演示文档，语速应为1.5~2.0分钟/页。

【小技巧】如何测试自己的语速？

测试方法1：找一个你熟悉的 Word 版文字稿，正常状态下念10分钟，看你一共念了多少字，除以10，就测出了你的实际语速。

测试方法2：找一个你熟悉的 PPT，正常状态下讲10分钟，同时用手机进

行录音，把音频文件用科大讯飞或者手机自带的音频转文字功能，将其转成文字，统计一下字数，除以10，就测出来了你的实际语速。

2．设置一门直播课的合理文档字数或PPT页数

一堂完整的线上直播课的时长为45～60分钟，那么一门直播课的Word字数/PPT合理页数是多少？

Word文档逐字稿应以240～260字/页的语速讲解，一门课的逐字稿字数约为12000字（建议最多不超过15000字）。

PPT应按照1.5～2.0分钟/页的速度讲解，一门课的完整PPT页数为30～40页（建议最多不超过45页）。

常见问题（Q&A）的课程应包含12～15个Q&A（每个问题3～5分钟）。

对于一堂直播课，在以下两个选项中进行选择：

（1）准备的PPT页数过多，结果内容没讲完。

（2）怕PPT页数准备过少，时间没到，但内容已经讲完了。

你会选哪个？

我们的建议是，对于单人主讲的直播课，宁可稍微多准备一点，也不要为一场1小时的直播只准备12～15页的PPT，认为自己每页PPT能讲4～5分钟。4分钟的语速通常是1000字，相当于讲师直接对着一页PPT，讲了一篇超过高考作文字数要求的内容，压力是很大的。稍微多准备3～5页，是应急用的，也就是说，如果你在直播的时候，讲得亢奋了，速度比较快，那配合上这3～5页，用8～10分钟的时间就能差不多完成直播课的基础时长。如果讲得比较慢，那么这3～5页，可以迅速地在1～2分钟内带过，也不影响大局。

所以，对于直播PPT的内容建议是，比你预计的内容多准备10%～15%的内容素材，以备不时之需。

3．常见的课程讲解逻辑

常见的直播课程设计框架逻辑如图5-3所示，首先关注图5-3（a）课程主题介绍，需注意的要点包括：

（1）核心目的：迅速吸引用户的注意力。

（2）方法："代入"+"矛盾"，需要一个30秒到1分钟的代入案例，然后，创造一个和该主题相关的矛盾，即"灵魂之问"（为什么是现在来讲这个主题，为什么我们今天要关注这个要点等），微观代入着手，宏观矛盾拔高。

（3）参照 Hi-Finance 常用的7大开场方法（具体见后文）：

(a) 标题/课程主题　　(b) 老师介绍

(c) 课程大纲/目录/框架　　(d) 标题+内容主体

(e) 执行清单　　(f) 最后一页

图5-3　常见的直播课程设计框架逻辑

①拆题；②个人故事（i-story）；③基于数据的对比；④历史趋势／宏观大势；⑤痛点发问；⑥案例与新知；⑦寻找与常识认知不一样的点。

图5-3（b）讲解中需要注意的要点包括：

（1）介绍讲师自己。

（2）体现"讲师"与主题的关系。

图5-3（c）讲解中需要注意的要点包括：

（1）大纲／框架：给学员一个听课和学习的方向，指明学员都会学到什么东西，达到共情目的。

（2）逻辑需清晰，不建议草率地一带而过，需要向学员明确学习目的。

图5-3（d）讲解中需要注意的要点：

（1）正文开始的第一章／第一节标题，以本章节主题展开。

（2）结合实际案例分析开始课程主体部分。

图5-3（e）讲解中需要注意的要点：本次直播课程总结／课程内容的梳理。

图5-3（f）讲解中需要注意的要点：结尾／致谢／Q&A。

5.2.2 内容框架逻辑

每个小章／节的时长为10～15分钟，用每章／节的标题来进行拆分。

按照1.5～2.0分钟／页PPT的讲解速度，每一章／节主体内容为5～6页PPT。

假设PPT页数为30页，除去开头3页和结尾2页，中间主体部分余下25页，可以分为3～5个模块的内容，例如：P4～P11为模块一，P12～P19为模块二，P20～P27为模块三。

假设PPT页数为45页，除去开头3页和结尾2页，中间主体部分余下40页，可以分为6~8个模块的内容。

具体分章/节可视情况而定。

模块一的内容需求：要明确指出用户想要的是什么（引起用户听下去的欲望），以及你的解决方案，也就是模块一的内容中，要包含一份直播主题内容的"整体执行流程图"，即能够直接给出解决问题的方法（图5-4）。

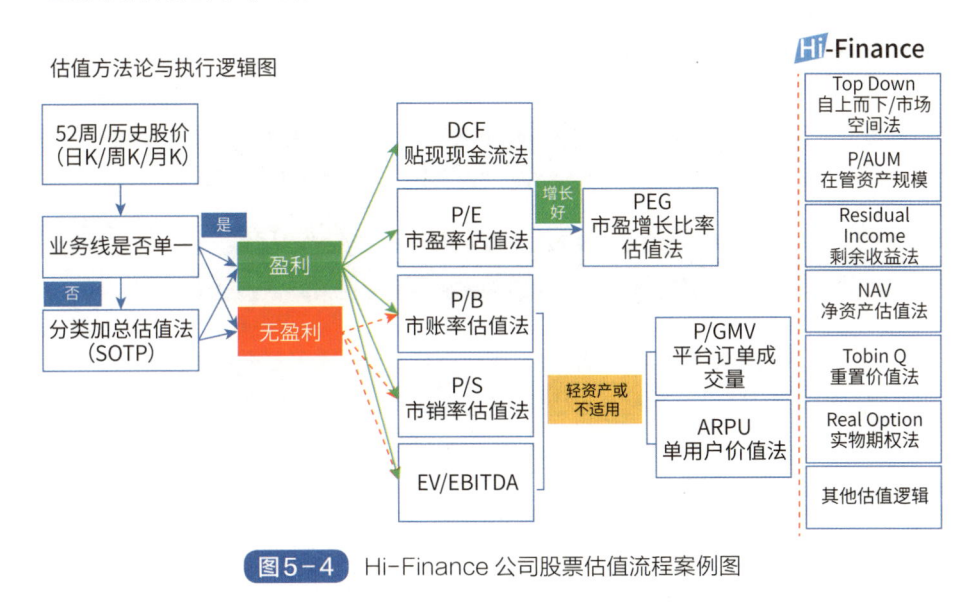

图5-4 Hi-Finance 公司股票估值流程案例图

执行流程图的好处在于，让学员能迅速知道如何落地实操。比如，给一家公司估值，判断它值多少钱，我们可以这样操作：

（1）判断它是不是上市公司，如果是，看当前股价和市值，如果不是，这里就不考虑。

（2）判断它的业务线是否单一，如果不单一，则把所有业务线梳理出来，然后变成一个个的单一业务估值逻辑（因为大部分估值方法都是基于单一业务估值的）。

（3）判断它是否盈利，如果盈利，则用后续的各个方法（贴现现金流、市盈率、市账率、市销率和 EV/EBITDA[①]）；如果公司不盈利，也给出可以使用的估值方法。

（4）如果出现了不适用的情形，则再往后看。

这样的执行流程图给了学员极大的便利性，帮助他们能针对具体实际案例进行操作执行（图5-5）。

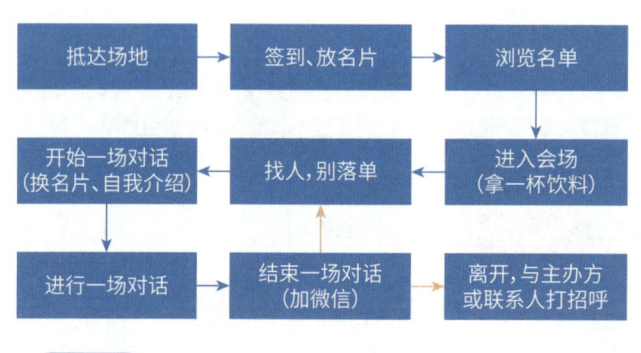

图5-5 Hi-Management《如何玩转社交酒会与活动》

先给大框架，然后给每一步的执行落地细节。

所以，在任何一场直播课程中，有一张类似的流程图用于梳理总结，对学员在直播间的获得感和饱腹感都大有帮助。

接下来，进入直播课主体内容的常见框架逻辑，总体来说，框架可以分为3种："总—分—总"结构、递进式结构和平行式结构。

1."总—分—总"结构

直播课主体的常见框架逻辑1为"总—分—总"结构，如图5-6所示。

"总—分—总"结构的适用范围：

[①] 一种被广泛使用的公司估值指标，又称企业价值倍数。——编者注

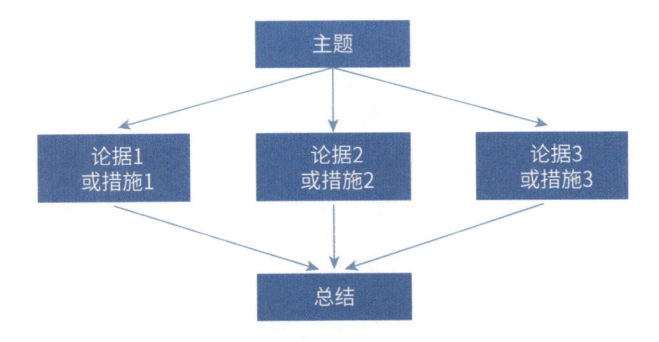

```
         主题
    ↙    ↓    ↘
论据1    论据2    论据3
或措施1  或措施2  或措施3
    ↘    ↓    ↙
         总结
```

图5-6 直播课主体的常见框架逻辑1:"总—分—总"结构

（1）几乎任何主题（主题分享/讲座/演讲/产品发布会/内部述职等）。

（2）发现一个问题，然后提出解决问题的方法。

"总—分—总"结构的优点：

（1）便于学员做笔记，以及记住相关要点。

（2）一点被否定，其余各点仍具有说服力。

（3）如果是提出解决方案/执行路径的直播，这种方法对学员极为有效。

"总—分—总"结构的缺点：

（1）由于各个点之间是平行关系，缺乏强有力的联系，听众容易走神。

（2）对一些学员而言有拖沓之嫌。

案例——直播课"总—分—总"结构内容

"大家好，欢迎来到我们的直播间，今天我们来讲的话题是《如何走上财富自由之路》。

"接下来，老王想问你，你的财富积累方式有多少种？

【开场代入】

"老王告诉你，四种。

"第一种，我们靠工资，工作时间变'996''007'，靠不断升职加薪，努力获得更多的年终奖，从而获得更多收入。

"第二种，靠佣金收入，比如我们给朋友介绍一个项目，给朋友介绍一个关系，等等。

"第三种，我们可以把自己变成一个专家，对外收基于知识的咨询费，以专业能力在市场上赚钱。

"第四种，我们可以去寻找投资的'睡后收入'（被动收入，不需花费太多时间和精力照看，就可以自动获得的收入），让钱自己生钱。

"前三种的方法叫作体力劳动。那么有没有一种方法，我不用工作还有收益？新冠肺炎疫情肆虐的时候，我身边有个朋友，他根本不用工作，因为他在深圳是老拆迁户，收入来源就是房租收入。对我们来讲，有没有其他财富增值的方式呢？今天，我就来帮大家仔细地梳理一下我们这四种理财方式和收入增加的方式，看看究竟哪一种能够帮助我们走向财富自由之路。"

《如何走上财富自由之路》的课程框架如图5-7所示。

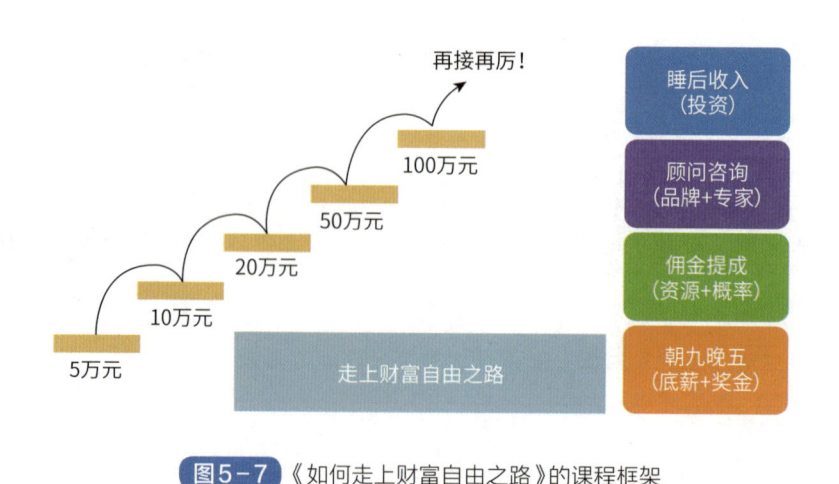

图5-7 《如何走上财富自由之路》的课程框架

2. 递进式结构

直播课主体的常见框架逻辑2为递进式结构，如图5-8所示。

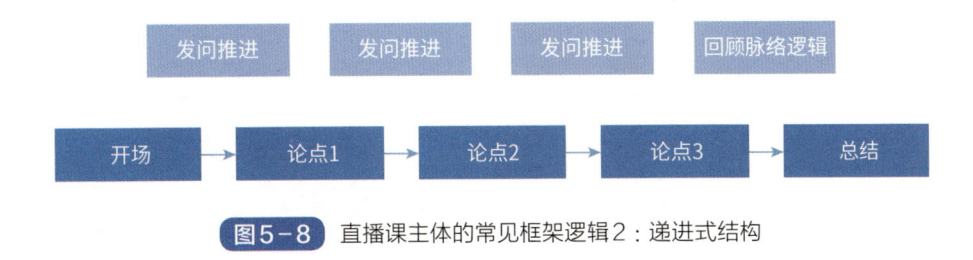

```
发问推进        发问推进        发问推进        回顾脉络逻辑

开场  →  论点1  →  论点2  →  论点3  →  总结
```

图5-8 直播课主体的常见框架逻辑2：递进式结构

"递进式"结构的适用范围：

（1）讲师对这个主题很熟悉，有自己的逻辑体系和新知，不一定在直播中讲过，但是有着多年的从业经验和心得。

（2）结论可能是大家常见的，但是讲师有独特的视角，可以给学员不一样的认知。

"递进式"结构的优点：

（1）证明每一个层次的直播内容和讲师所讲的结论的必然走向（没有第二条路可走）。

（2）对那些对讲师或者对这个主题有抗拒心理的学员尤为有效。

"递进式"结构的缺点：

（1）如果中间出现了逻辑断层或者逻辑不清晰，学员对"情况"或"说明"有异议，该论证会立马失去说服力。

（2）学员在听到最后的"所以"结论或总结时，可能已经忘了先前的部分论据案例。

案例 —— 直播课"递进式"结构内容

"大家好,欢迎大家来到我们的直播间,今天我们来讲的话题是《如何走上财富自由之路》。

"【开场代入】首先,我想先问大家一个问题:过去二三十年,在中国,我们是如何走上财富自由之路的?我问问各位,怎么走上财富自由之路?如果今天给你100万,你买什么?买房啊!如果你有500万呢?还是买房啊!如果有1000万呢?照样是买房啊!如果是5000万呢?还可以买点海外房产!

"不知道大家是不是都这么想,为什么?因为在过去二三十年,在中国走上财富自由之路,最好的方法就是买房。

"【转场发问,为什么是现在?!】可是现在问题来了,站在今天的时间节点,2021年1月1日,还是买房吗?从2021年所开启的20年代开始,房产还是不是我们最优的资产?我们思考一下:今天房产投资真正帮我们带来的价值是什么?是单纯的投资收入吗?其实我们一直的房产投资逻辑叫作保值增值。

"【转场发问】为什么说是保值增值呢?这就要说到我国过去二三十年的通货膨胀水平。来看图5-9中的一组数据,1978年,中国的广义货币M2余额为

·2020年4月,中国广义货币M2余额208.09万亿元
·1978年,M2余额1134.5亿元
·1978—2020年:年复合增长率,约20%

208.09万亿元

1134.5亿元

图5-9 递进式结构中的对比分析1

1134.5亿元。可是到了2020年4月，这个数值涨到了208.09万亿元。我们看图5-9，大饼外左下角的这个小点就是1978年的数值，而这个大饼就是2020年，是不是非常惊人。在42年间，货币发行量的年均复合增长率达到20%。虽然这和实际的通货膨胀之间还稍微有点区别，但是大体趋势不变。换言之，如果今天你的资产没有按照每年20%的速度往上增值，对不起，你的资产实际是在贬值！

"【案例代入】这种贬值我们可以拿两个案例来说明。第一个案例，曾经有一位记者是普利策奖的获得者，叫刘相成。1978年，他作为美国联合通讯社的代表来北京当驻华记者。据他说，当时，一个700多平方米的北京四合院才两三万美元，大约20万元人民币。如果，我们将20万元人民币存入银行定期，按照银行正常定期存款利率，好，40年后，差不多变成了本金的5倍，金额增值到了96万元。但是要注意，如果今天你按正常的货币的增长量20%，40年过后它应该值3.22亿元，而恰好，这还真是最近我们说的北京四合院这么一个大小的房产的价值：3亿元。

"所以问题来了，如果我们今天只把资金存为定期，显然它是没有办法跟上相应的货币创造的增长的，也就意味着我们的财富价值是明升实贬的。如果这么讲不好理解，我们再来看图5-10中的一组数据。1976年，我们拥有100元，能买250千克猪肉，而到了2019年，我们的100元，差不多只能买1.4千克猪肉。

"【转场发问】说白了，我们为什么要关心通货膨胀？是因为它代表的是我们的购买力。我们今天只有买卖房产，投资房产，才能维持我们的购买力。除此之外，还有哪些办法能够让我们维系购买力，进而走上财富自由之路？

"【给模块结论】在这里，老王给你一张足球图，如图5-11所示，了解足球图里的相关知识，就是我们走上新型财富自由的前提，包括后卫的角色：财税、法律、医学、子女教育；中场的角色：金融、职场技能、商业思维以及宏观经济；前锋的角色：个人品牌与理财投资；最后的守门员角色，那就是保险。"

在直播课程中，一层一层地往后推进，这就是递进式的逻辑。它的框架性相比三段论的切割，可能不是那么清晰。但是，这种逻辑的讲法，会让学员在听课中满是惊喜："哦？老师原来对于这个点是这么理解的，原来你往后是这么

· 1976年，100元人民币，差不多能买250千克猪肉
· 2019年，100元人民币，差不多能买1.4千克猪肉

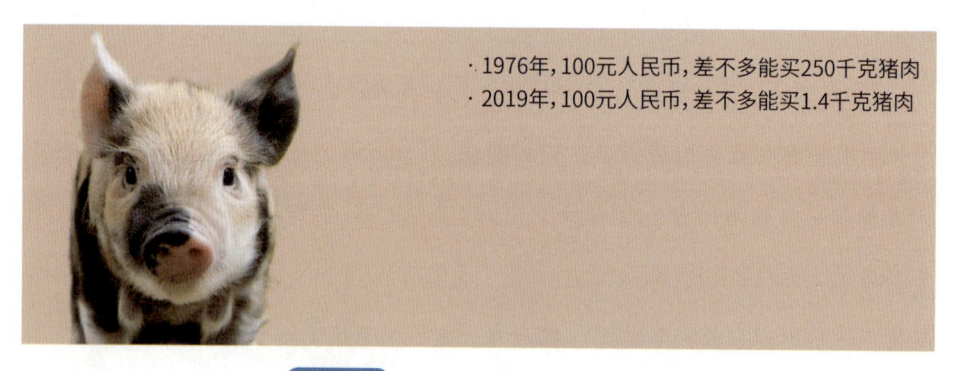

图5-10 递进式结构中的对比分析2

图5-11 Hi-Finance中产阶级家庭知识图谱之足球图

推进的，有意思，有意思。"

所以，在直播课的内容框架中，如果能持续以递进式的逻辑从大框架上展开，同时也在小模块中代入，学员一定会对直播课程上瘾的！

3．平行式结构

直播课主体的常见框架逻辑3为平行式结构。

当你面对一个被临时布置的主题，准备时间不一定能够，或者针对要直播的主题，实在不知道要讲什么，内容改了很多遍还是改不出满意的，怎么办？用"平行式结构"。这种方法是一种非常好用的"百搭式"讲法。怎么讲？就是罗列与这个主题相关的3～5个内容模块，然后对每个模块进行展开讲解。

5.2.3 4种场景的落地搭建

上述内容是直播课主体内容的常见框架逻辑，可是，如果我们将直播课的框架结构，按照内容场景来进行分类，如何落地执行？其实，大多内容可以分为以下4种场景：

场景1：知识/技能类，讲解特定的行业或岗位知识、专项技能提升等。

场景2：树立思维/业务落地/项目启动类，利用直播来统一思想，协同目标。

场景3：公司业务与产品介绍类。

场景4：案例分享类。

1．知识/技能类直播

知识/技能类直播的核心在于，一定要为用户带来他不知道的知识和技巧，从而可以更好地帮助用户完成工作与提高生活品质。

学员首先关注的，是讲师你究竟有多厉害，然而，当学员一旦认同了讲师以后，他的思考就是，讲师你为什么这么厉害，然后，既然你这么厉害，如果我向你好好学习，我是否能像你一样厉害，你能不能带我一起提升？

所以，在这个场景的直播内容中，务必要给学员一个执行路径图，一个可落地的方案，让学员后续能够自行练习。

最怕的场景就是，今天学员听完直播，给到的反馈是："这个老师很厉害，但是我其实感受到的只有差距没有希望，听完以后感到更绝望了……"

通常，这类主题的主讲人都是在行业内有相当工作经验、有自己心得的专业人士，但直播课程的核心在于，讲师要带领学员也能沿着讲师给出的思路和路径实现学员自己的理想和目标。

案例 ——《高效能沟通：不可不知的酒桌礼仪》直播

如图5-12（a）所示，开场致辞或感谢应当简短！

"各位同学，大家好，欢迎来到×××组织的在线直播课程。

"今天，我们来讲的话题是……"

如图5-12（b）所示，开场铺垫应该代入与推进。

(a)　　　　　　　　(b)　　　　　　　　(c)

图5-12　Hi-Management《高效能沟通：不可不知的酒桌礼仪》课程案例1

第 5 章 / 如何讲好一节直播课 /

"说到这个话题,你的第一反应是什么?"【1~2 分钟讲解一个能有代入感的案例。】

提出接下来的推进问题。

如图 5-12(c)所示,介绍讲师、主题相关专业。

"我是谁?为什么今天我来讲这个话题?我和今天的这个主题是如何相关的?"

如图 5-13(a)所示,课程框架 3 段论:

"我们今天的课程大纲如下……"

"我期望为大家解决如下问题……"

"我在从业的过程中,有发现一些常见问题与痛点难点,也会帮大家总结。"

如图 5-13(b)所示,给出主体内容的总结:

图 5-13 Hi-Management《高效能沟通:不可不知的酒桌礼仪》课程案例 2

常见的约酒契机：罗列好，分好类，给出适用和不适用的场合以及语言。

如图5-13（c）所示，给出主体内容的方法。

如何坐座位：给出可执行的方法论，在酒桌上如何寻找自己的位置。

中场主体内容见图5-14（a），场景内容推进。

不断寻找案例、推进问题，一定要给答案与操作方法：

（1）流程介绍：比如敬酒/讲祝酒词的流程是什么。

（2）流程中会碰到的问题：比如敬酒/讲祝酒词过程中常常碰到的问题是什么。

（3）在这个流程中主讲人的案例：在敬酒中/讲祝酒词中，主讲人是如何解决语言匮乏问题的（潜台词，学员也可以这样学习试试看）。

如图5-14（b）所示，结尾处一定要给出总结。

(a)

(b)

(c)

图5-14　Hi-Management《高效能沟通：不可不知的酒桌礼仪》课程案例3

"用1~2分钟的时间，回顾今天讲解的要点。"

如图5-14（c）所示，感谢与Q&A。

互动时间开始。

2. 树立思维/业务落地/项目启动类直播

树立思维/业务落地/项目启动类直播，核心在于统一思想，树立全员整齐划一的思维，像公司要开拓新业务、业务转型，或者有不同的部门项目要落地和启动，常常都是采用这类的内容框架结构。

在框架结构的设计中，必须要注意的是，每一个人对于直播讲师要讲的主题都是有自己的认同的。如果不尝试与学员进行情感认同，无论讲师讲什么，他们都听不进去，后续无法落地实施。所以，必须要打中学员的痛点，让他们知道讲师非常懂他们，这也是顺利开展业务的基石。

对于这样的直播，其实不少学员都会是老员工、老同事，他们过去也听过各式各样的介绍。为什么有些时候我们会感觉效果并不尽如人意呢？就是因为讲师没有做好共情。

这个时候，要解决的核心问题是：直播讲师今天为什么要来做这场直播？学员今天为什么要来看这个直播？他们为什么要做直播间讲师规划出的项目？这个事情和他们的工作与生活有什么关系？

案例——《证券经纪业务财富管理转型学习方案》直播

直播时间：2019年7月25日

直播背景：中部某大型国有券商要持续深化经纪业务的财富管理转型，由于这个主题过去已经有讲师讲过很多次，且跨越10多年，券商不少资深同事都有

企业直播 / 直播实战驱动数字化升级 /

自己的认知，所以需要全员重新统一思想，整装再出发！这次的启动项目全部是通过线上课程的形式完成，学习项目的开营采用了直播的方式。由于该券商体量较大，全国几百位业务人员分散在数十个城市与地区，为了树立全员转型的思维，Hi-Finance与券商人力资源部的专业老师探讨了详细方案之后，后续执行了《证券经纪业务财富管理转型学习方案》的直播课程讲解（图5-15和图5-16）。

图5-15 Hi-Finance《证券经纪业务财富管理转型学习方案》直播课程案例1

如图5-16（a）所示，开场破题应简短！

"×××的各位专业投顾，大家好，欢迎来到×××证券×××人力资源部组织的在线直播。"

如图5-16（b）所示，介绍主讲人，树立专业性。

"我是本次直播的主讲人×××（讲师在金融行业的从业经验与这个主题之间的关系）。"

如图5-16（c）所示，通过案例素材寻找认同。

第5章 / 如何讲好一节直播课 /

(a)　　　　　　　　　　　　　　(b)

(c)　　　　　　　　　　　　　　(d)

(e)　　　　　　　　　　　　　　(f)

图5-16　Hi-Finance《证券经纪业务财富管理转型学习方案》直播课程案例2

"说到这个主题,你是不是觉得我们这次讲的又是老生常谈?为什么这么说?因为我去网页上搜索了咱们今天的主题……结果发现居然有几十页的文章介绍与相关素材……为什么有这么多……"

如图5-16(d)所示,讲述历史趋势代入认同。

"其实，我相信在咱们直播间，有非常多资深的业务人员，从业时间超过10年以上，毕竟这个主题在过去20年，已经走过了3轮的市场热潮。"

如图5-16（e）所示，痛点发问。

"所以，为什么是现在？为什么在2019年7月25日下午4点的这个时间点，我们要来讲这个主题？这次和过去有什么不同？"

请注意：这是核心的问题，之前的铺垫就是为了这里的转场，因为对方只有认为你确实懂他，认同了讲师的专业性或者讲师与他们之间的纽带之后，后面才会听下去。

如图5-16（f）所示，课程大纲正式展开。

开始讲解，讲师是如何理解这个主题的，讲师带来的解决方案又是什么（图5-17）。

主体第1部分：【转型的本质是为客户】| 从应对竞争转向高品质客户服务

为什么要转型？是因为有竞争吗？［图5-17(a)、图5-17(b)］

没错，竞争是存在的，但我们更是为了客户。［图5-17(c)］

主体第2部分：【为客户，这事靠谱吗？转型能成功吗？】| 国外经验参考

"为客户"这个点没有错，但是靠谱吗？这次的转型能成功吗？国外有相关成功经验吗？［图5-17(d)］

国外的经验不一定适用，国内的经验有吗？［图5-17(e)、图5-17(f)］

主体第3部分：【既然都有成功案例，那我来试试吧】| 需要怎样的技能储备

既然都有成功案例，那我来试试吧？我该怎么做呢？［图5-18(a)、图5-18(b)］

主体第4部分：【学习解决方案】| 具体的落地方案呈现［图5-18(c)、图5-18(d)］

第 5 章 / 如何讲好一节直播课 /

(a)　　　　　　　　　　　　(b)

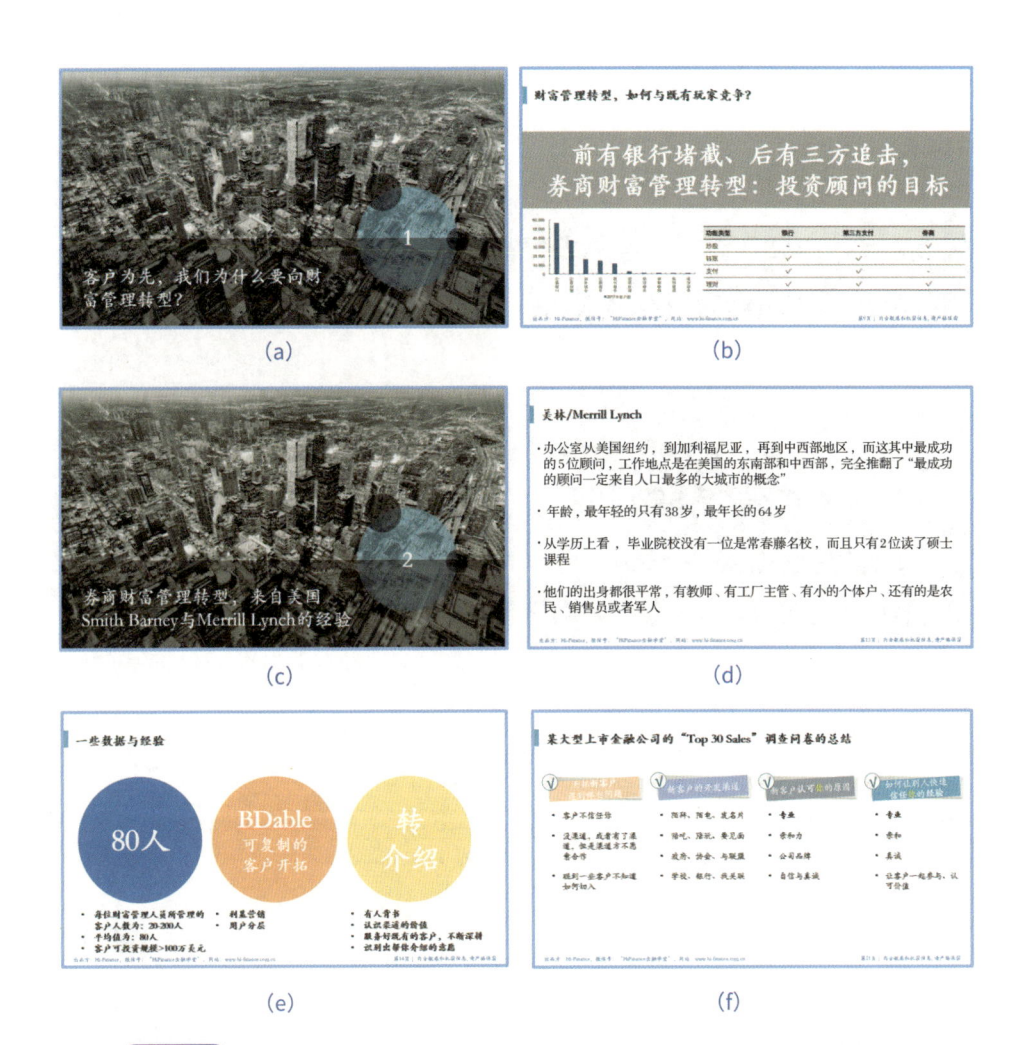

(c)　　　　　　　　　　　　(d)

(e)　　　　　　　　　　　　(f)

图 5-17 Hi-Finance《证券经纪业务财富管理转型学习方案》直播课程案例 3

主体第 5 部分：【学习方案执行】| 如何学习课程的具体细节 [图 5-18(d)、图 5-18(e)、图 5-18(f)]

图5-18 Hi-Finance《证券经纪业务财富管理转型学习方案》直播课程案例4

3. 公司业务与产品介绍类直播

公司业务与产品介绍类直播属于对内进行公司业务与产品介绍的直播，不应变成一页一页念PPT的形式，而是要讲到公司服务和产品面向的用户/客户的痛点与产品使用场景，才能代入情感，进而再给出相关的产品和方案。

案例——产品直播

直播时间：2020年7月（业务总监）

直播框架：

"【热场】各位好，欢迎来到我们的直播间，我是今天的主讲人×××。今天想来给各位介绍一下我们的产品到底是什么。

"【痛点发问1】不知道你是不是碰到过这样的场景：你在微信上和另一个人换名片，对方给你发了一张图，你会怎么办？

"选项A：无所谓，结果一不小心微信清理，图看不到了，还没来得及备注。

"选项B：将名片图片先存下来，然后再在此个人信息的备注中上传，同时还需要记忆这个人的公司名和头衔，修改备注。

"不知道这是不是你现在的流程和操作方法，我们过去做业务也常常碰到这样的场景。

"但是不要紧，我们今天给各位带来的名片功能，就可以解决这个难题，具体怎么用呢……

"【痛点发问2】不知道你是不是还碰到过这样的场景：你在你的朋友圈发了你刚做的成功案例，但是不知道有多少潜在客户点进来看……不要紧，我们今天给你带来的×××功能，就可以……具体怎么用呢……

"好的，刚才这两点其实是我们的第一大业务线……

"接下来我们讲第二大业务线……"

这样的讲述方法，不管是公司新人，还是合作伙伴，都能快速向他人复述。为什么今天这个需求需要直播？有一个经典场景：一旦学员听了直播，记住了直播中所描述的细节和场景，接下来他就会根据他的理解重新讲给他的受众（客户和合作伙伴）。

4. 案例分享类

在公司做案例分享类直播，和第一类即知识与技能类直播的逻辑基本一致，只不过会更加侧重于这个案例对于用户的价值。这类主题的内容框架的核心是：面对这个需求和实际情况，如何解决问题，讲师的做法是这样，学员呢？是不是也可以和讲师一样？案例分享类直播的四大要素如图5-19所示。

1	2	3	4
案例背景	我做到了什么 我是如何做到的	我的故事是这样 你如何也一样做到	总结

图5-19 Hi-Finance 案例分享类直播四大要素

案例——《如何构建自己的人脉关系网》直播

第一步，如图5-20（a）所示，第1页PPT要开场破题，内容简短！

"各位观众朋友们，大家好，欢迎来到本期的在线直播，我是Hi-Management的讲师×××（过去我在职场社交的经验与这个主题之间的关系）。"

第二步，如图5-20（b）、图5-20（c）、图5-20（d）所示，第2～4页PPT要通过案例素材寻找认同。

"我们都说人脉重要，要建立尽可能多的人脉关系，大家先来看下我的人脉关系是如何建立的，包括纸质名片、领英中的好友数量、微信好友数量等。"

第三步，如图5-20（e）所示，第5页PPT讲述第一种做法。

"执行路径1：4个1的必备人脉圈，1个医生、1个警察、1个老师、1个律师；4个1的业务人脉圈（认清楚你对谁有价值，谁对你有帮助）。"

第四步，如图5-20（f）所示，第6页PPT讲述如何扩大人脉，给出案例与

第5章 / 如何讲好一节直播课 /

(a)　　　　　　　　　　　　(b)

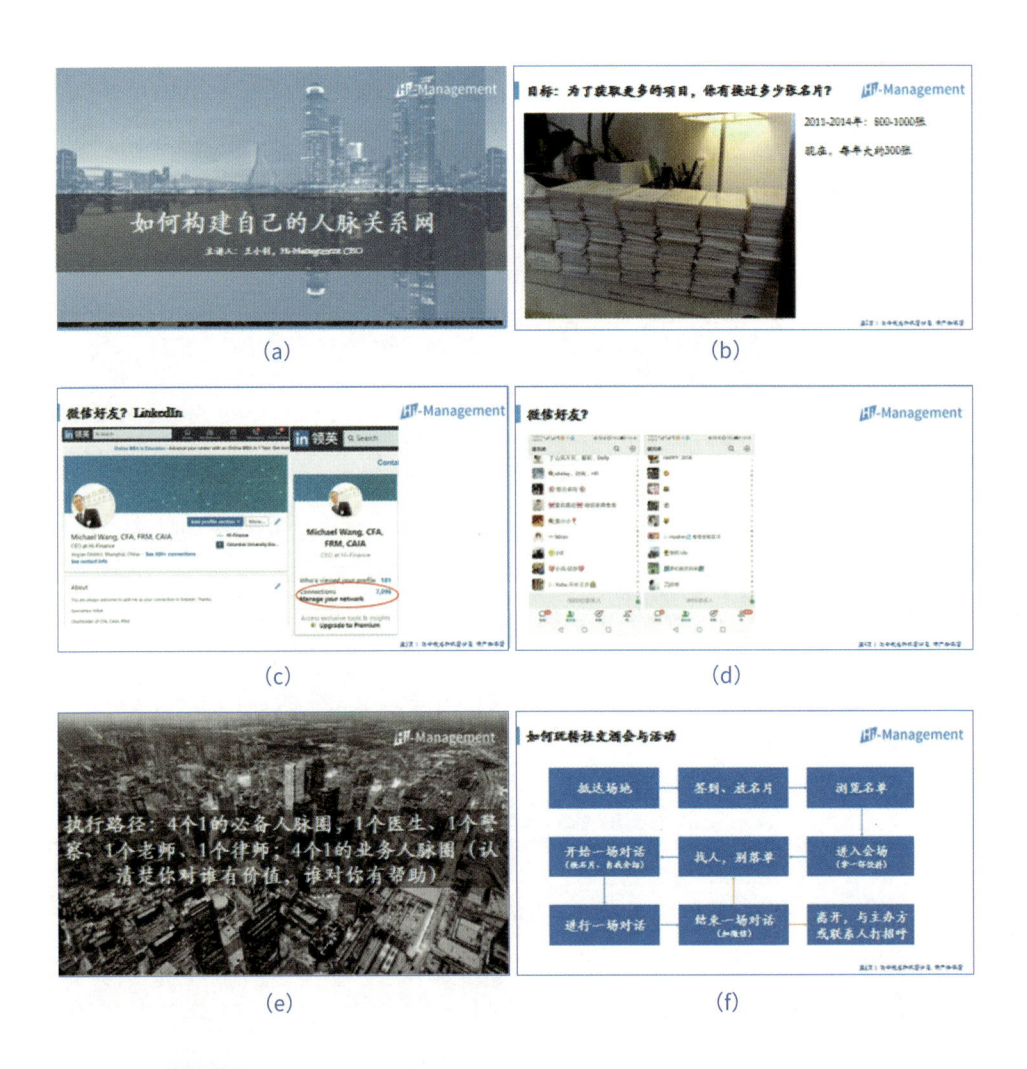

(c)　　　　　　　　　　　　(d)

(e)　　　　　　　　　　　　(f)

图5-20 Hi-Management《如何构建自己的人脉关系网》直播案例1

执行路径图（具体可见图5-21、图5-22）。

第五步，第7～9页PPT讲师应该展开讲解，介绍自己的经验，自己是如何做到的（见图5-23）。

第六步，我的故事是这样，你如何也一样做到？

105

如何开始一场对话 Hi-Management

✓ **拿出你的名片**
- 在中国,不用握手
- (不要刻意地)瞄一下对方的姓名牌

✓ **说出你的姓名(与工作),然后发问**
一边换名片,一边用一句话介绍你自己:
- "您好,我是Michael,请问您是?"
- "您好,我是Michael,我们主要做金融在线教育,请问您是?/能换一张您的名片吗?"

图5-21　Hi-Management《如何构建自己的人脉关系网》直播案例之"如何开始一场对话"

如何进行一场对话 Hi-Management

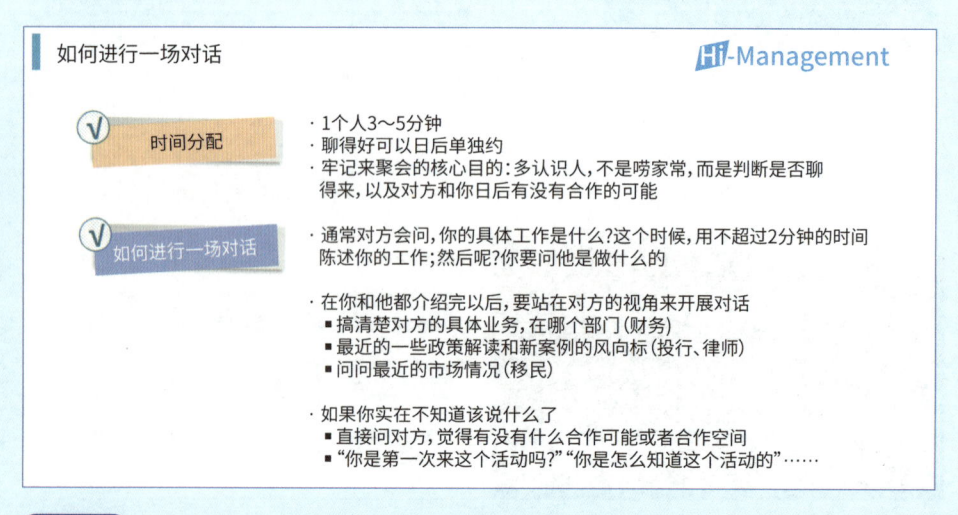

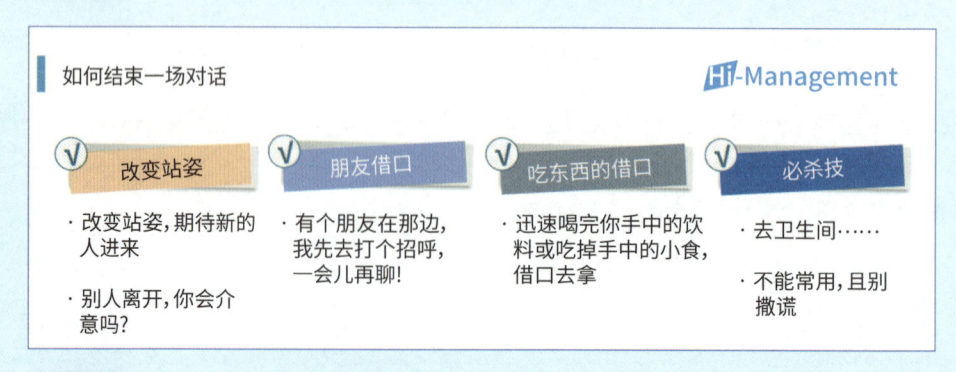

✓ **时间分配**
- 1个人3~5分钟
- 聊得好可以日后单独约
- 牢记来聚会的核心目的:多认识人,不是唠家常,而是判断是否聊得来,以及对方和你日后有没有合作的可能

✓ **如何进行一场对话**
- 通常对方会问,你的具体工作是什么?这个时候,用不超过2分钟的时间陈述你的工作;然后呢?你要问他是做什么的
- 在你和他都介绍完以后,要站在对方的视角来开展对话
  - 搞清楚对方的具体业务,在哪个部门(财务)
  - 最近的一些政策解读和新案例的风向标(投行、律师)
  - 问问最近的市场情况(移民)
- 如果你实在不知道该说什么了
  - 直接问对方,觉得有没有什么合作可能或者合作空间
  - "你是第一次来这个活动吗?""你是怎么知道这个活动的"……

图5-22　Hi-Management《如何构建自己的人脉关系网》直播案例之"如何进行一场对话"

如何结束一场对话 Hi-Management

✓ **改变站姿**
- 改变站姿,期待新的人进来
- 别人离开,你会介意吗?

✓ **朋友借口**
- 有个朋友在那边,我先去打个招呼,一会儿再聊!

✓ **吃东西的借口**
- 迅速喝完你手中的饮料或吃掉手中的小食,借口去拿

✓ **必杀技**
- 去卫生间……
- 不能常用,且别撒谎

图5-23　Hi-Management《如何构建自己的人脉关系网》直播案例之"如何结束一场对话"

第七步,给一个可执行的总结清单。

以Hi-Management《如何构建自己的人脉关系网》为例,可制定下述行动计划表。

1. 标签、爆款优势与关键人脉节点(见表5-1)

表5-1 标签、爆款优势与关键人脉节点

你的个人标签 (请写下最核心的三个)		你的关键人脉节点	
你的爆款优势			

2. "必备"人脉关系网:4个1(见表5-2)

表5-2 "必备"人脉关系网

1个医生	
1个律师	
1个警察	
1个老师	

3. 人脉关系网检查清单

(1)微信群。

A. 有几个和工作专业相关的群。

B. 有几个和你兴趣相关的群。

C. 有多少个以学习为主题的群。

(2)领英等。

4. 你认为擅长打造个人影响力的营地

(1)微信公众号、视频号、知乎、豆瓣等在线文字社区(自己写或投稿给一些大号）。

（2）传统杂志、书籍等实体出版物。

（3）抖音、快手等短视频平台。

（4）B站等年轻化视频平台。

（5）腾讯视频、爱奇艺、优酷等传统视频平台。

（6）喜马拉雅、蜻蜓FM等音频平台。

（7）大型论坛演讲。

（8）小型沙龙分享。

（9）培训上课等作为老师的身份出现。

（10）音乐、美术、舞蹈、跑步、健身、足球等达人身份和垂直细分市场的圈子。

（11）其他。

针对上述四个场景的特点，将线上直播课程的常见内容场景框架总结为图5-24。

开场自我介绍与主题代入（大于3分钟但不要超过5分钟）	知识技能类	核心要点1 10~15分钟	核心要点2 10~15分钟	核心要点3 10~15分钟	结尾总结（2~3分钟）与Q&A（5~10分钟）
	思维树立类	行业痛点与发展趋势 3~5分钟	解决方案为什么是现在 15~20分钟	如何做好落地执行 10~15分钟	
	产品介绍类	产品背景痛点需求 3~5分钟	解决方案为什么是我们 15~20分钟	我们的优势与成功案例 10~15分钟	
	案例分享类	案例背景 3~5分钟	解决方案为什么是我 15~20分钟	你如何像我一样 10~15分钟	

图5-24 线上直播课程的常见内容场景框架

5.3 不紧张不出错，直播前的热场技巧

通常，每次直播课程的讲述时间是45～60分钟。

开场热场，无论你准备的是Word版文字稿还是PPT，核心始终有两个：

第一，代入认同，与学员构建共情，让他们知道我们懂他们想听的内容，懂他们来参加直播背后的知识痛点。

第二，创造矛盾，让学员对我们的内容有后续的期待。

但是，开场切记不要讲学员听起来是常规的普通内容！如果讲了2～3分钟，学员一听，感觉这东西他都懂，他立马就是"身在曹营心在汉"了。

开场的其他注意事项：

（1）如果有主持人，那么开场的"感谢主持人、感谢各位学员"不要超过15秒。

（2）不要讲"荤段子"，或者低俗的段子。

（3）在经验不足的时候，不要一开场就尝试大范围互动，学员对主讲人还没有足够的认知，互动十分容易使场面陷入尴尬。

（4）不要太啰唆，迟迟不切入主题。

（5）不要随便吹牛，也不要总说一定会带给学员"独一无二的视角"之类的话，以免造成后续期望落差。

（6）不要过度谦虚，否则会被质疑专业性。

开场的核心，就是专业稳重、落落大方，建立学员的认同感，同时创造学员持续愿意听我们讲解的内容的代入感。

当然，对于正式场合（如官方）的直播课，可能会没有热场的环节，需要讲师直接切入主题。针对这个场景，按照既定的直播脚本来操作和执行即可。比

如：这次直播课是嵌入部门会或者总结大会中，首先是公司领导或者部门领导发言，然后讲师或专家再来讲解。这种场景就直接进入开场环节即可。

如果是非官方直播课，建议讲师提前2～3分钟进入直播间，给所有人一个缓冲。因为不是每个人都会准点进入直播间，终归有早进入的或者晚进入的。同时，对于参与运营的同事，也可以提早发现可能存在的潜在问题。针对早进入的用户，可以进行一些简单的互动，比如：

（1）扣[①]1、扣666（已经进入直播间的各位学员和朋友，如果你能听见我的声音，看见我的画面，帮我们在留言区扣个"1"或者扣个"666"，让我知道今天的直播你已经准备好了，我们的直播马上就要开始了，我们再来检测一下相关的声音和图像画面是否正常）。

（2）明确福利，告诉学员今天带给他们的课程内容的价值都有哪些。

（3）明确你为什么要今天来讲这个主题，为什么是你来讲解这个主题，讲一些个人故事（i-story），代入你理解的学员的痛点。

5.4 迅速锁定观众注意力，直播开场的3大基础方法与4大进阶技巧

正确的开场有7大标准，分别是3大基础方法和4大进阶技巧。

5.4.1 3大基础方法

3大基础方法适用性广泛，就是不管是什么主题都可以使用，而4大进阶技巧相应地需要讲师经过练习才可以更好地使用，因为这些技巧与讲师在直播中

[①] 网络用语，尤其是在网络直播中流行的非正式语言，意思是在对话框中输入。——编者注

的语言语气、镜头前的整体状态以及对内容熟悉程度都有很大的关联度（见表5-3）。

表5-3 Hi-Finance线上直播课的7大标准开场方法汇总

分类	开场方法	定义	适用场景	优势
3大开场基础方法	拆题法	将直播主题中的核心关键词提取出来，进行"发问—回答"推进讲解节奏	百搭方法，尤其适用于直播前大脑一片空白的新手直播人士	快速上手可用，不容易出错和忘词
	个人故事（i-story）法	寻找这个主题与我个人的关系，我的经验中有哪些是可以拿出来分享的	全场景可用，但很多时候用于对外营销和对新人，对内培训要根据实际情况判断，否则会被说矫情	容易引起认同，可以快速代入，好准备，易上手，不用大篇幅背稿即可直播
	基于数据的对比法	开场通过罗列两组有对比冲突的数据或图表，来揭示主题	对内常用，迅速找到问题点，对外容易让观众找不到落脚点	对于有共同语言和认知的内部同事，观众觉得你思维缜密，直击主题
4大开场进阶技巧	历史趋势法	从这个主题的历史发展中寻找宏观大势	能问出"为什么是现在（why now）来直播"的主题课程	格局很高、立意很大
	痛点发问法	这个直播主题的常见痛点有哪些，罗列出来，讲出来	当你觉得你的资历或内容不一定能一上来把控全场，直接从观众的"痛点"视角考虑切入	应用好可迅速代入共情
	案例与新知	开场直接用一个案例或者你最近对这个主题的新思考	所有场景皆适用，但是案例选取的好坏直接决定了直播的留存率	开场不拖沓，直接切入主题
	寻找与常识认知不同的点	思考学员在一般情况下看到你这个主题之后会想到的东西，然后反其道而行之给反转	外表光鲜，实际很骨感的行业、岗位与场景，强调"反差萌"	利用人们猎奇的兴趣点吸引学员注意力

1．拆题法

开场基础方法1之"拆题法"：挑出主题中的核心关键词，进行阐述或发问，然后开场。

> **案例——读懂《穷查理宝典》，搞懂价值投资成功背后的逻辑**

面向人群：金融机构中的专业投资人士

逻辑：先拆"宝典"，再拆"查理"，大概250字，1分钟的开场破题吸引注意力

"你好，欢迎来到我们Hi-Finance的直播间，我是老王。本期直播，我们要讲的内容是'读懂《穷查理宝典》，搞懂价值投资成功背后的逻辑'。说到《穷查理宝典》，看到这5个字相信你可能会好奇，你可能会问这个宝典到底是什么呢？我们都知道江湖上有驾考宝典、考研宝典，甚至还有葵花宝典，分别是驾驶、考研和武学上的绝学。而我们今天讲的宝典，确实是投资领域的扛鼎之作。为什么这么讲呢？因为宝典前面还有两个字'查理'。那么，查理是谁呢？这里的查理是查理·芒格的简称，他是全球最著名的投资人沃伦·巴菲特的好友，是……"

我们可以看到，拆题法的核心是"关键词发问"，是找到今天标题里的核心关键词，对其进行发问，对其进行阐释，对其进行解读，然后再往前推进。

当用"拆题法"的时候，核心是找到关键词，然后顺着关键词，引申我们能讲的脉络，直接展开。用主题关键词开场的优势在于，用户是因为对这个主题感兴趣才来观看直播的，他们会对这个主题有认知。这样的开场方法，让我们能跟对方产生一种"即使我们不认识，但他依然觉得我懂他"的感觉，比如和IT部门沟通不顺畅的公司同事，这些相应的画像和痛点已经被明确出来了，观众

一定都是带有这些画像特征的，他期望听到你懂他的开场白，这就使得我们在接下来的分享过程中，锁住他的注意力，问题不大。

另外，这样开场相对不容易出错，能够减少现场的尴尬情形，让我们讲后续内容的时候不再紧张。

简而言之，拆题法是屡试不爽的最基础方法，是不知道如何做直播开场的时候能用的方法，是我们第一次直播时脑子可能一片空白的时候可以帮助我们救场的方法。

2. 个人故事（i-story）法

开场基础方法2之"个人故事（i-story）法"：利用我们自己与主题相关的亲身经历，来构建与直播观众的共情，个人故事的核心是今天这个主题一定跟"我"是相关的。

案例——柴静"讲雾霾"

如果说到"讲雾霾"，你印象最深刻的人是谁？是柴静！

柴静有多少年没有出现在大众面前了？但是你还记得她，这是一个非常有意思的事情，因为凡是看过她的《穹顶之下》视频的人都记忆犹新，为什么？那可是一个将近3个小时的长视频，但是你看完了吗？看完了！很神奇吧？！

她是怎么开场的？用自己的孩子，一下就把观众带入了视频场景。她的开场语言简写如下："2013年的北京，连续25天雾霾……当时我怀孕了，女儿却被诊断为良性肿瘤，出生之后就要做手术……再之后，我只敢在空气好的时候带她出门。可是，2014年全年的北京，污染天数为175天，这意味着一年当中有一半的时间，我不得不把她像囚徒一样关在家里面。如果雾霾天不过去，我无法让她出去玩……她总有一天会问我,'妈妈,你为什么要把我关起来,外面到底是什么?它会伤害我吗?'。这一年当中我做的所有的事情就是为了回答将来她会问我的问题,雾霾是什么?它从哪里来?我们怎么办?"

注意,短短的个人故事语言,你有没有跟着思考?有!我们希望自己的子女未来也是这样吗?不希望!这就是柴静的版本,一个语言功底极强的个人故事开场法。这种方法做得好,能迅速拉近我们和学员之间的关系和距离。

个人故事法里核心的一点是什么?我们需要让学员走到我们的场景里,然后我们的故事在他的场景里也能浮现出来。换言之,他在自己的脑海中能复述我们的故事,这才叫感同身受。

利用个人故事法讲好直播课程,我们总结一下关键点:

(1)如果是面对新入职的员工,建议你一定要讲你在刚入职公司的时候碰到过的问题或者你的心路历程,可以迅速拉近和"95后"/"00后"之间的关系。

(2)如果是面对其他部门进行业务讲解,建议你一定讲一下你在操作这个业务时曾经遇到的问题或困境,你是如何克服的,他们能不能根据你的经验来模仿前进,少走弯路。

(3)如果是面对全员讲解公司文化,建议你要准备你与这个行业的故事、你与公司的故事、你与你的岗位的故事、你与你的客户/合作伙伴/对接部门的故事,见微知著,增强认同。

3. 基于数据的对比法

开场基础方法3之"基于数据的对比法":通常在公司内部使用,如果用在对外直播,一定要注意对比的张力。

> **案例 —— 全球最大的出行平台之一的创始人**

"各位好,我是×××。我们来看一组数据,1938年纽约市总共发出了12187张出租车牌照,一张牌照大概10美元。而到了2015年,纽约的出租车牌照数量上升了多少?仅仅上升到了13000。近80年,出租车牌照的数量变化不大,涨的是什么?一张牌照的价格从10美元上涨到了84万美元,而最高点达到过130万美元。出租车的总体数量不够。如果一个新司机想自己开出租为生,他拿不到执照怎么办?要获得许可。但是获得许可又要通过出租车公司,只有这样才可以成为一个出租车司机。所以你看,牌照价格上涨、人口上涨、交通路况愈加复杂,再加上出租车的数辆没有显著增加,我们会发现出行难变成了纽约市民当前老大难的问题。这就是我创立OPQ的原因。"

你觉得怎么样?是不是觉得差了一点?但如果换一个场景呢?

> **案例 ——《从萌猪生活拉新200万看优质活动策划的必备要点》直播**

面向人群:公司内部市场部、产品部与技术部的同事

"各位好,欢迎来到×××的直播间,很高兴今天有机会和各位分享'萌猪生活'这个市场活动的一些经验。先给各位分享几个数字。2018年,我们拿出了5000万元的现金红包,最终带来了70万的用户;可是到了2019年,我们策划了这个'萌猪生活'的市场活动,还是5000万元的现金红包,最终却带来了200万的用户。诶?我相信你可能发现了,为什么我们的红包金额一样,预算一样,但是最终获取的用户数却是不同的。这就是今天我想给各位分享的核心内容……我的主题分享会基于以下几个点:奖励机制对用户更明确,同时采用了基于互联网的在线竞争机制,让活动更加有趣等。"

可以看出，"基于数据的对比法"的应用场景在公司和部门内部的直播中更常用，它就是来debug（排除故障）的，是来拆问题的。不管是分公司业务数据和总公司全员平均业务数据相比，还是单独部门的业务和整个公司的业务数据相比，或者是这个季度和上个季度相比，这个季度和去年同季度相比，这些都是"基于数据的对比法"。

个人故事法的核心是：对方在你的故事中看到了自己的身影。而"基于数据的对比法"是公司内部的直播开场最常用的方法，开宗明义，不讲无关内容。

如果直播课开始对外了，或者你想加入一些感情色彩，还有一点是必须要注意的，这就是"对比的张力"。举例来说，如果今天你问一个用户以下问题：

今天，你是怎么理财的？

选项A，把钱放入银行定期。

选项B，买余额宝。

这就叫没有张力，因为两者的收益相差太少了，年化收益率一个为1%多一点，一个2%～3%，没什么区别。

什么叫作有张力？我们可以看以下案例。

案例——张力对比分析

"我们如何评判一个项目值不值得投？我们首先来看一个场景。假如你面前有两个项目：项目A，一个工业企业，这个公司有90%的可能性实现每年10%的增长，连续3年；项目B，一个互联网企业，每年只有10%的可能性，但是一旦实现，它会连续3年实现每年300%的收益。我想问：如果你有1000万元，你自己会选择投哪个项目？"（图5-25）

第5章 / 如何讲好一节直播课

	给你两个项目,你如何判断?	
工业企业	投资vs赌博	互联网企业
·90%的可能性 ·实现连续3年每年10%的增长	VS	·10%的可能性 ·实现连续3年每年300%的收益率

图 5-25 基于数据的对比法开场案例分析之对比张力

"好的,这个问题有点难,我们换一下问法。假设这笔钱是你自己的,是你通过辛苦工作,积攒了10年才攒的1000万元,你投哪家公司?投传统的工业企业吧,非常稳。可是,如果这笔钱是你今天从外面募集来的,或者你所任职的公司有10亿元资金,你可以管理1亿元,这1000万元你投哪个?是不是倾向于互联网?

"如果这1000万元是我们自己的钱,我们倾向于左边安全的项目;如果这笔钱属于基金公司,你反而会有点想投右边收益高的,所以我们自己做投资和机构做投资之间常常具有分歧。所以,今天的直播,我们从这个案例开始,帮助大家来评判到底什么叫作资金的来源和性质决定了资金的策略。"

以上是常规开场方法的3大基础方法,接下来,来看4大进阶技巧。

5.4.2 4大进阶技巧

1. 历史趋势法

"历史趋势法"也可以称之为"宏观大势法":寻找历史趋势中,变与不变的都是什么，形成对比，又或者，直接给出当前的政策趋势、大方针与方向。

> **案例 ——《金融科技如何改变我们的生活》**

面向人群：金融科技企业从业人员，职场白领

"各位好，欢迎来到今天的线上直播间，我是老王。今天想跟各位聊聊，金融科技到底能如何改变我们的生活和工作。

"我想先问各位一个问题：你们觉得金融科技，FinTech（Finance + Technology，金融＋科技）这个名词，到底是金融重要，还是科技重要？

"如果大家没有这个概念的话，我再换一个说法。我们说金融，按我自己的观点，每一个金融需求都来自非常细微的场景。今天我的资金，我赚的钱，我想保证它的安全，谁来满足？银行出现了，保障我的资金安全。今天我可能想要养儿防老，我可能怕得什么样的疾病，于是，保险公司出现了。今天，我可能要做海外的国际贸易，于是信用证业务出现了，每一个金融需求都是基于场景。

"所以，今天，我们站在2020年某月某日，你有存款的需求吗？有的！

"10年前，大家有存款的需求吗？有的！

"100年前，1920年用户有资金安全的需求吗？也是有的！

"1000年前，1020年北宋的时候，用户有资金安全的需求吗？也有！

"但问题是，1020年有互联网吗？没有啊！

"100年前有互联网吗？没有！

"10年前有互联网吗？诶？！有了！

"所以，在我看来，金融需求是历史长河中内核的本质，而技术是帮助它形成科技的翅膀。所以今天我们的内容会分成，金融的需求、金融的本质是什么，以及科技是如何赋能这个需求的。"

当你开场这么讲的时候，用户一定会觉得你的认知比较深刻！

讲师如果能从历史趋势出发，就可以高屋建瓴，用户会感受到讲师的专业魅力。

曾经有一次，我们在《数字金融》主题的直播课中，还使用过它的变体。

案例——《数字金融，金融行业未来的新10年？》

面向人群：金融机构从业人员

"各位好，欢迎来到今天的线上直播间，我是老王。今天想跟各位聊聊，数字金融的本质究竟是什么。其实，数字金融在我看来只是一个名词，一个定义。

"在2010年的时候，它叫作互联网金融，到了2013年、2014年，变成了金融科技，到了2020年，大家都开始说数字金融了。那么问题来了，互联网金融、金融科技和数字金融，到底有什么异同？

"你觉得互联网金融是'互联网'占主力，还是'金融'占主力？是不是互联网？！因为当时的年代是互联网，尤其是移动互联网大发展的时代。可是当我们说金融科技的时候，其实金融和科技孰优孰劣就好像难分伯仲了。现在，我们再讲到数字金融，其实就很清楚了，我们要回归'金融'的本质，金融业务当以金融为核心，'数字'这个定语是一个修饰词，是一个赋能的词汇，是一个技术结合的方向。所以对于数字金融该如何理解，我们接下来就会从金融的本质、数字化是什么、金融与技术和数字化的结合这3个方面来给你分析。"

不知道你有没有感受到异曲同工之妙。这种历史趋势法，不是直接通过讲政策，或者领导发言，用权威来压你的观众，强制他们观看。而是引发他们的思考，让他们和你的思路保持同步。寓教于乐，教学相长。

2. 痛点发问法

"痛点发问法"：寻找到用户痛点，直接发问，排比式的问题格式，对语言要求比较高，不能读稿，而是用语言的抑扬顿挫来吸引用户注意力。

案例——《新晋中层如何提升自己的管理能力》

面向人群：企业新晋中层

"各位好，欢迎来到线上直播间，我是老王，本期我们直播的主题叫作《新晋中层如何提升自己的管理能力》。在工作中，我们经常会遇到各式各样的问题，不知道你是不是碰到过这样的情形：

你出去谈客户，一谈一个有，你的下属出去谈客户，一谈一个没。

为什么你今天做的方案用户非常认可，但是你的下属做出的方案，用户觉得是垃圾，抱怨'这什么玩意儿？'。

为什么你觉得你的创造力无限，你的想法很能从用户的痛点着手，但是你的下属却没有办法跟得上你的节奏？

为什么我自己是业务的一把好手，结果让我管理团队之后，却带不出优秀的下属？

为什么我本身有足够的项目统筹管理能力，却还被老板说战略管理能力不行或团队协作意识不强？

为什么我部门的员工生产力这么差？

为什么我的组织没有创造力？

为什么我总能吸引新的客户，但团队却无法有效保存现有的客户？

为什么我的员工没有工作热忱？

"如果你有这样的痛点，那么今天就让我来为你解决问题。所以，今天咱们直播所讲的内容，就是想系统性回答以上你可能会面临的所有问题。"

对于"痛点发问法",它非常强调开始的状态和感觉。我们给直播观众体验的那个状态点对了,那么在接下来的几分钟、十几分钟甚至几十分钟,用户都会跟着讲师的语言往前推进。

这个方法,对于讲师的语言能力要求比较高,直播中讲师无法直接照读上面的逐字稿,如何高效地领会这些内容,其实不如说是懂得了用户的需求和痛点,再将其用自己的语言进行阐述。这就是"针对痛点的发问法"。

案例——小白理财入门难?

面向人群:职场白领、月光族

"各位好,欢迎来到今天的线上直播,我是老王,今天跟各位聊聊,投资理财究竟怎么才能做好。

"在投资理财中,我们经常会遇到各式各样的问题,不知道你是不是碰到过这样的情形:

为什么我一买,它就跌,我一卖,它就涨?我们什么时候买卖才是最优的?

为什么每次吃饭,他们在饭桌上说的股票,他们都说自己买了好多,赚了好多钱,但是我跟踪了2~3周,发现其实都在亏钱?

市场上的金融产品多如牛毛,我应该如何选择适合我的产品?

买房、买车牌、买理财产品,究竟哪个更适合我?

"今天,老王希望给各位系统性回答以上所有的问题。

"好的,老王是谁?我……"

3. 案例与新知

"案例与新知"：开场直接给案例，给新观点和认知，简单直接，用PPT准备一张图，直接讲解即可。

"各位好，欢迎来到今天的在线直播间，我是老王，我想跟大家分享一下有关'如何提升直播技巧'的主题。首先我想给大家展示一张图（图5-26），这是常见的4类直播场景的用户平均在线时长，这张图想说明的是什么呢？"

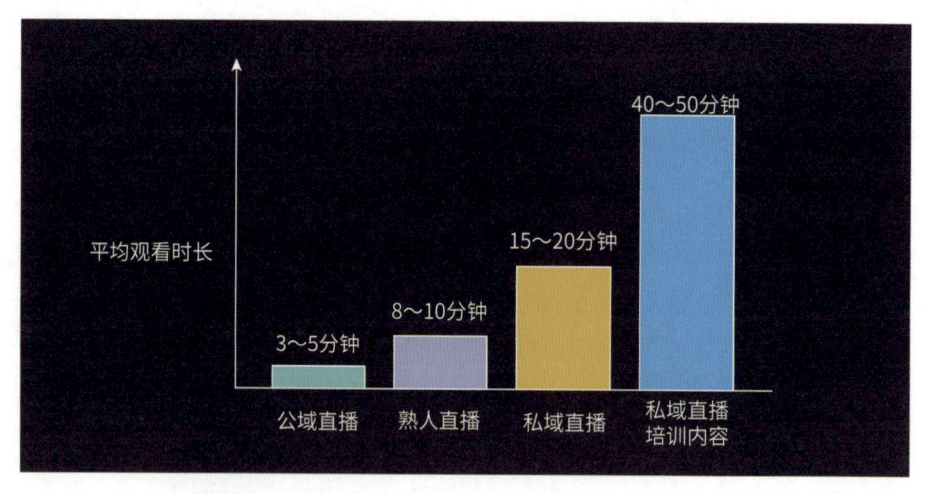

图5-26 不同直播平台的用户平均观看时长（2020年数据）
（数据来源：Hi-Finance 统计）

这种方法十分简单直接，用直播观众不知道的新鲜知识抓住用户的注意力，迅速让他进入你的直播情景。这种方法的逻辑在于，很多时候，讲师常常喜欢"藏着""掖着"，核心的内容和本质不讲，其他内容冗长拖沓，到最后才画龙点睛。但是，用户停留在直播间的时间其实并不像线下，可以半天或者一天。如果讲师迟迟讲不到他感兴趣的，或者能吸引他留下来的，他就走了。

所以，在这个时候，拿"宇宙大爆炸"来比喻，我们的讲解不是通过不断分析各式各样的原因和要素，然后给出最后"宇宙大爆炸"的画面，而是要一开场就直接炸给用户，你看，"宇宙大爆炸"了。但是，接下来我要讲的是它所带来的各式各样你不知道的新生事物，吸引着用户往前走。"案例与新知"不侧重于宏观的结论，而是侧重于微观的画面，不是侧重于铺垫后的高潮，而是思考如果一开场就高潮，然后还能怎么抓住观众的注意力。

4. 寻找与常识认知不同的点

"寻找与常识认知不同的点"：寻找"反差萌"。

案例——如何明确客户画像与需求

面向人群：销售人员

"对于客户画像，今天我想用春节回家如何找相亲对象的案例向各位分享。过去我们在找对象的时候都说，春节一定要多相亲，然后找的男方家庭最好是家境殷实的，如果能找一个公司高管，衣食无忧，挺好的。但是我发现了什么？大老板或者公司高管，通常都是大年二十九或者大年三十才回去，如果一个人提前半个月就回家，那你相亲的时候要小心啊。所以，对于我们销售也是一样，如果一个大老板总是能即时回复你的消息，可能那不是真正的决策人，因为那些人都很忙的，我们千万不要把时间花在错误的人身上。不要让一个单子的拖延，影响了你的整个销售节奏。"

这就是典型的"寻找与常识认知不一样的点"。

案例——针对不同的行业特点，打破错误认知

面向人群：公司新人

"各位好，今天很高兴来跟大家聊一聊金融的本质。我相信，一说到金融，你的认知常常是这样的，这个人是骗子，或者是做银行理财的。但是我告诉你，

其实不是的！……"

"今天跟大家聊一聊互联网的本质，一说到互联网，大家以为是我们'码农[①]'，每日去网上拿爬虫抓数据的，但其实我告诉你，不是的！……"

"大家好，今天我们来聊一聊销售的本质，一说到销售，你的第一反应是什么？对我避而远之，千万别找我，感觉好像我今天一定要掏空你的钱，但其实不是的。你有没有想过，如果销售不存在，客户还买东西吗？买的。但是，客户如何买对呢？这就是我们能为客户带来的价值。毕竟，如果客户只通过我们买一次，我们也赚不到钱，所以，销售的长期价值在于，通过满足客户需求，从而实现自己的专业价值……"

所以，这都是寻找与常识认识不一样的点。

总结一下，以上讲解和阐述的各式各样的方法，其实最终都指向了同一个点：开场如何吸引对方的注意力，并以对方能听懂、对方感兴趣的方法来推进。

对于直播，通常第一页的主题页为破题页，用上述7大方法来破题。紧接着讲师进入自我介绍的部分，然后讲解今天带给学员的内容框架，进而开始进入要分享的主题。

【小技巧】"死得快"的开场法

（1）太过高调："吹嘘自己是全国第一、某个领域第一、某个行业第一，总之，我最厉害，我最棒，网络流行语'不作死就不会死'说的就是这类人。"/"我在这个领域敢这么说，还没有问倒我的问题，也期望今天有人能问出来。"/"你

[①] 编码的农民，是高学历、高收的IT精英的自嘲说法，他们通常对编程、设计、开发有着熟练的技巧。——编者注

看看你们这些人，今天让我来给你们讲，相信应该是过去业务做得不行的吧，有很多地方需要提升吧"。

（2）太过谦虚："不好意思，今天讲的这个话题，我也不敢确定我是不是专家，或者能给大家足够的经验，可能有些地方没有准备好。"要谦虚，等讲完了再谦虚！别一上来灭了自己的士气和威风！／"今天我太荣幸了，能有机会来×××大集团交流，给这么优秀的一个团队讲课，我三生有幸，十分激动！"

（3）照本宣科："今天我们要讲的主题是IPO，IPO就是首次公开发行，具体包括5个步骤，第一个步骤，材料准备和与企业的沟通，其中，我们先看第一条。"

（4）暖场时间过长：半个小时／一个小时还没有进入正题，尽是闲聊。

（5）随意翻页：颠三倒四地来回翻页，其实是没有准备好的表现。

【小技巧】其他常见开场方法范例

范例一："最近，我看到一个消息（案例／新知开场）／我碰到了一个事情（i-story），基于此我有一个发现……有意思的是，我发现这个场景很常见，所以今天我分享给你，当然我希望给你带来的内容还有……好的，那我是谁呢？……接下来，我们正式进入第一个主题……"

范例二："各位好，今天我们来讲的主题是……一说到这个主题，不知道你的第一反应是什么，如果是我，我是……可是，当我在这个岗位工作了这么长时间／研究这个主题这么长时间以后，我发现，其实……所以，今天我来给各位分享的主题是……我的演讲将由以下几个部分组成，第一，我将……第二，我将……好的，我们首先……"

范例三："各位好，最近我碰到这么一个问题，它让我思考了很久……我终于有了一个结论，而从这个结论出发，我发现，如何为用户创造价值／'帮助他人，成就自我'才是我们一切工作的核心，所以今天，我想借着这个案例来讲一讲，我们应该如何以用户为中心来构建工作原则。"

最后总结一下，7大开场方法的注意要点见表5-4。

表5-4　Hi-Finance直播开场7大方法注意要点总结

分类	开场方法	注意要点
3大开场基础方法	拆题法	屡试不爽，直播没思路、时间紧的时候的最佳方法 中规中矩，不求有功但求无过的方法 直播入门时，应当最先训练的撰写逐字稿和文案的开场方法
	个人故事（i-story）法	一定要让你的故事走进他人的场景，让学员在他们的场景里能浮现出你描绘的故事，而不是尝试走入他人的场景去描述你的故事，学员会"出戏" 相比于描绘你的成功故事给用户带来的冲击，讲述你的"悲惨遭遇"会更容易引起共情 切忌把自己的经历描述成独一无二的，学员觉得无法复制或借鉴
	基于数据的对比法	一定要注意对比的张力，不要对比"冲突"不大的数据 对内常用，对外看情况
4大开场进阶技巧	历史趋势法	尝试寻找历史中"变"与"不变"的事物 将主题置于大历史的环境下，体现宏大的沧桑感 使用得当可极具个人魅力与色彩，学员会认为你的思维认知很深刻
	痛点发问法	对讲师的语言能力要求比较高 如若使用，需要刻意训练语言功底，"流畅舒服＋抑扬顿挫"
	案例与新知	理工科式的开场 没有铺垫，没有"留白"，直接就事论事，简单直接
	寻找与常识认知不同的点	偏"戏谑"的开场方式，自我调侃为主 正式官方场合不太常用

5.5 持续留住观众，直播中场推进的方法指南

"如果你总能让你的观众猜到你接下来要讲什么，还没有张口，你就已经失去观众了。你要做的就是：反转、反转，还是反转。"

为什么用户要听你讲？为什么用户不是自己在直播前或者直播后找讲师要来PPT，然后自己看PPT？或者，用户这次听完你的直播以后，发现你讲述的内容，自己看PPT也能看得懂，看了一次之后，认为自己后续无须再来参加线上直播了。

这就需要掌握以下5大中场推进技巧，来不断地吸引学员前进。

1. 无法预期的确定性结论与可预期的不确定旅程

中场推进核心逻辑的第一点是，无法预期的确定性结论（Unexpected Certainty）与可预期的不确定旅程（Expected Uncertainty）。

好看的剧，是猜中了开头却没有猜中结尾，更好看的剧，是过程中的转折，你一个都猜不到。

如果去看《肖申克的救赎》，我们肯定知道，主人公最后会越狱成功（确定性结论），但是我们在看电影的时候，依然会预计到他会经历很多艰难困苦，最终才能实现成功。只是，我们在看电影之前，并不知道具体的坎坷都会有哪些（不确定旅程）。

如果去看《魔戒》，我们也肯定知道，最后魔戒会被毁灭，魔戒远征队一定成功（确定性结论），不可能说魔戒最后还是活了下来，继续3部曲，这不科学，你的内心届时肯定也是崩溃的。我们在看电影的时候，依然会预计到远征队在毁灭魔戒的道路上，会经历很多磨砺苦楚，还可能会有团队成员牺牲。但是，凭借毅力和精神力量，团队最终会完成任务。只是，你在看电影之前，你不知

道具体的困难会有哪些，具体谁牺牲了（不确定旅程）。

所以，直播授课也是一样，不要一开始就给出结论，因为学员一看到结论，可能就会反馈："呦，原来就讲这个啊，我懂啊！"然后离开了直播间。

这个时候，就需要你先用问题代入，然后用案例展开，最后再给结论，无论是大结论还是小结论。虽然学员会提前知道一些你可能要讲的要点，但是，他们的反馈反而会变成"你这么理解，有点意思，我再继续听一听你还有没有其他的货"。学员永远更关心的是"你"的思维逻辑，"你"的个人见解，"你"的阐述方式与"你"是不是与他们能有共情！直播课堂毕竟和线下的交流不同，这就需要线上内容要比线下更聚焦到"人"的本身。

先案例，再总结；

先微观，再宏观；

先表象，再本质；

先细节，再升华；

先发问，再回答。

这就是直播中场推进的第一大核心逻辑。

2. MECE 法则

中场推进核心逻辑的第二点是，相互独立，穷尽一切（Mutually Exclusive，Collectively Exhaustive，简称 MECE）法则。

如果我们在直播间对着下面这页 PPT 和学员讲（见图 5-27），"我接下来要讲解以下 9 个知识点，1、2、3、4、5……"学员肯定疯了，因为一定知道我是在念 PPT。

那该怎么讲？用 MECE 法则，将它整理为以下事项（见图 5-28）：

重要性与全面性，我们选择哪个？我们非常容易选择全面性，因为这样能

第 5 章 / 如何讲好一节直播课 /

☑ MECE法则　☑ 新知/新解读/总结时光机　☑ 通感的形象策略

☑ 故事的思路与策略　☑ 代入感　☑ 认同感

☑ 如何讲解案例　☑ 个人观点要鲜明　☑ 媒体与营销的思路

图 5-27　直播中场推进的核心逻辑之 MECE（错误范例）

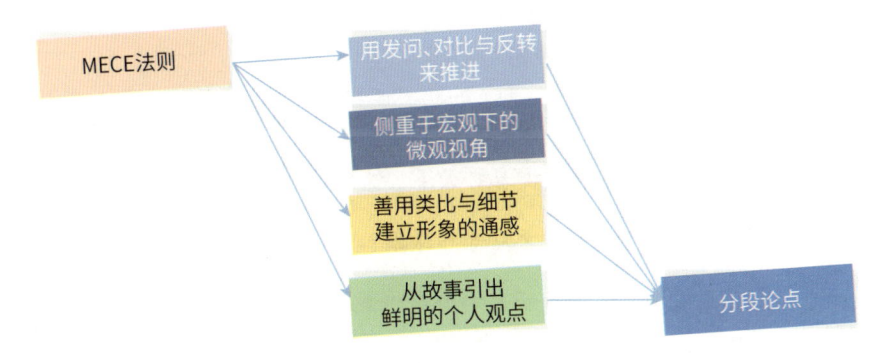

MECE法则 →
- 用发问、对比与反转来推进
- 侧重于宏观下的微观视角
- 善用类比与细节建立形象的通感
- 从故事引出鲜明的个人观点

→ 分段论点

图 5-28　直播中场推进的核心逻辑之 MECE（正确范例）

凸显我们的专业。可是，学员要的是什么？是听专属于你的逻辑与见解！

所以，一定要重视"重要性"，而做到的方法就是分类。

这就是 MECE 的核心：层次分明，罗列要点，归纳分组，逻辑递进。

内容撰写中常说的中场推进 3 段论，就是这个逻辑，一个总述，接下来 1、2、3……个要点，最后加一个总结。

其他的 MECE 法则在直播内容中的具体应用场景：

（1）公司发展历史：用 MECE 法则拆分不同的发展阶段。

（2）产品迭代历史：早先产品的形态，后来优化过哪些，现在为什么是这样

129

的，未来打算怎么迭代。

（3）**法律法规新政**：用MECE法则拆分法律法规出台前的阶段，起草出台过程中的阶段和正式出台后的执行阶段。

简单总结就是："前—中—后""以前—现在—未来""昨天—今天—明天"等。这些技巧看起来并不难，但是，讲师在准备每一页PPT和直播稿子的过程中，往往易忽略以下关键点，即"要思考、要用心、要对自己对内容负责"。

案例——优秀直播内容分析

曾经听过一个非常棒的30分钟内容，是一个企业的人力资源负责人的分享，全程没有互动，没有热场，纯凭内容打天下，她的设计是这样的：

作为一家企业，如何做好人才培养和激励？

作为一家金融机构，如何做好人才培养和激励？

①中后台人才培养面临的问题。

②我们对于中后台人才培养的解决方案。

③一线业务人员培养面临的问题。

④我们对于一线业务人员培养的解决方案。

作为一家国有金融机构，如何做好人才培养和激励？

①国有体制和市场体制的相同与不同点对比。

②如何兼顾平衡，有机结合。

其实可以看到，这个内容并不复杂，用了3个小问题开场。但是这3个问题彼此独立，侧重点不同，同时也是具有迭代特征的要素，每一个问题的答案引发下一个问题的思考，让直播间的观众听得津津有味。

3. 对比发问

中场推进核心逻辑的第三点是，对比发问，做一个导游。

当 MECE 法则拆好了段落之后，讲师就开始进入一个个小主题讲解了。但是，在这个时候，不能干讲，要寻找案例，对比发问，像导游一样不断带着学员往前走。

案例——价值投资 vs 成长性投资

"【开场代入】各位好，欢迎来到我们线上的直播间，今天我想给各位分享的话题是价值投资和成长性投资。

"我想先问大家一个问题，今天你面前有两家公司，一个是格力，一个是京东，你会投谁？我跟大家说，如果你只能买一家公司，你有100万元的现金你买谁？我们说资本市场上没有一定的对错，你就说你的真实想法就行。

"想买京东？你是看好时间管理做得好的刘强东把所有的时间都花在公司上吗？如果你倾向于京东，是因为在电商领域，增长是一切，京东从各个维度，从电商、物流、金融、产业链、布局上看，都没问题，我认为它非常有意思。

"但是，投格力的人就错了吗？我们会发现格力的市盈率过去常年稳定在市场低位，投资格力也会元气满满啊！

"所以在今天这个市场上，我们会非常简单地概括，格力是非常典型的价值投资人的标的，京东是非常典型的成长投资人的标的。当年在2015年，我们一直在讨论一个话题，亚马逊真正被高估了吗？结果这个话题讨论完以后，亚马逊的股价涨了3倍，说高估的人没有亏钱，说低估的人也赚到钱了，大家皆大欢喜。

"所以，价值性投资和成长性投资，我们应该如何来判断？"

（点评：在讲解各式各样的主题时，我们应该把内容置于一个场景，然后问学员一个对比的问题，让学员跟着问题的思路进行思考。学员一旦开始思考，接下来讲师才能不断阐述理念，只有这个时候，学员才能真正听进去。否则讲师一直跟学员说结论，京东就是成长性投资者，成长性投资者一般的特点是什么，这叫单方面的传输。

直播间的讲授，是要将一个点尽可能成功地埋在用户的脑海里，让他持续地记住讲师的专业性，这个时候，引发思考，让学员认为你是在以他能听懂的语言进行沟通，才是核心。）

【中场推进】（对比发问）"为什么有不少朋友会看好京东呢？我们怎么评判增长性投资的好坏呢？我问大家一个问题：为什么京东做成了物流，但是顺丰做电商却失败了？

"注意，今天我们说到京东的时候，想想你们为什么在京东上买东西？你如果用京东，第一反应是什么？快！在京东上买东西是因为它到货快！

"但是顺丰呢？顺丰是国内最大的物流公司之一。2015年，它投资了10亿元要进军电商行业，叫作顺丰黑店，结果惨败。"

（点评：先发问，把大家的兴趣点调动起来，然后平铺直叙这两家公司是谁，缓冲一下，如果持续不断地在高位拍打学员，学员最后就被拍死了，因为太疲，学员的注意力也需要休息，需要经历山峰到山谷，再到下一个大山峰和山谷，所以，对比发问以后，一定要做铺垫。）

"为什么？结论很简单，因为根据我的研究和观察，我发现京东做物流的核心是服务'同一个用户'的价值，我在京东上买货，物流是为我送货的，自然提高我的复购率。

"但顺丰做电商，电商对于顺丰来说叫衍生业务，叫非核心业务，例如我今天在顺丰上下了订单，然后我再在这上面买个东西，我寄这封信的时候你再帮我把我买的东西寄给我，这种事情不普遍。对同一个用户价值的深耕，决定了我们对一个公司靠谱不靠谱的价值判断。

"（继续对比发问）可是，我们看到，某某也是对同一个用户的深耕，今天他要做乐视电视，要做平板电脑，要做汽车，于是问题来了，为什么像京东、美团这样做生态的公司成功了，但是某某的公司没成功呢？

"核心原因就在于深耕是对'同一个用户'的深耕，而失败者做的只是对'同一类人群用户'的深耕。

"乐视的网络用户，你们觉得收入水平大概是多少？乐视手机的用户收入水平大概是多少？乐视平板和电视的用户收入水平是多少？乐视汽车的用户收入是多少？最后虽说是做一个用户的深耕，但本质上各个业务实体服务的客户是完全不同的。

"所以我们对同一个用户的深耕还有第二层的理解，叫作对同一个用户的深耕，而不单纯是对同一类用户的深耕。"

（点评：注意措辞，对比发问都是先论据再论点，先现象再结论，先细节再升华，先微观再宏观，因为这样观众听完以后会觉得有道理！如果我们一上来说"你知道吗？好的公司一定要判断它是不是为同一个用户服务"，观众的第一反应一定是"这都是什么啊，你这个结论没有任何意义"，这就是在讲述过程中，在中场推进的过程中一定要注意的对比发问的语言描述。）

4．突出细节

中场推进核心逻辑的第四点是，突出细节，重视宏观下的微观视角，善用类比。

当学员进入直播间的时候，他们其实并不记得今天的主讲人是谁，只能记得他对这个主题感兴趣，想听一听。

线上的最大魅力在于，破除了权威，只要你讲得好，用户就会认可。但是，最大的问题也在于线上难以像线下一样，主播无法和每一个用户有充分的眼神交流，主播也没有办法和线下一样，和几个学员做同一个互动。

所以这个时候，就必须从一个微观视角出发。曾经有一句很有哲理的话："在这个互联网的黑洞，只有爆品，才能在这无尽的黑暗中激起那一点点灯光的涟漪。"在直播这个线上的黑洞呢？也是如此，要讲所有的点，就叫在一个细节形成一根针，"扎"进用户的心智之中，才能让他们感受到"痛"（点），然后觉得你讲得挺有意思，值得他花时间。

线下课，一坐就是半天或者一天，用户不会轻易离开。看电影，虽然也是视频文件，但依然是在线下的封闭场景中，大多数人不会提前离场。但线上的内容则不是，为什么现在用户的行为习惯是不断地向短视频涌入？大家说用户的注意力只有15秒、30秒，最多不超过1分钟，但是深度好文、B站上的好内容为什么却都需要我们花15～25分钟甚至更多的时间来阅读或者观看呢？就是因为我们的线上内容，没有被切分为各个1～3分钟的"短片"。**当我们把一个个的知识点模块化、框架化、"像乐高一样积木化"之后，通过寻找转场来进行无缝拼接，最后才能在直播间给用户带来一种"纯干货、饱腹感强"的学习体验。**

怎么理解"突出细节，重视宏观下的微观视角，善用类比"？

英国社会学家赫伯特·斯宾塞（Herbert Spencer）曾说："要懂得为读者节省脑力，同时人的大脑天生就比较容易记住生动的画面，能形象就尽量不要抽象，以此来体现画面感。"

"善用类比"要求的是，讲到用户可能会没有概念的数字，你要用其他有效的阐述方法，让他有概念。在生理脑、情感脑和思维脑（图5-29）之中，我们要善于寻找和用户的共情，也就是扩大我的直播内容和用户知识的重合度。重合的越多，用户就越容易对你的内容产生认同。否则，就是你觉得用户不懂你，用户也觉得你不懂他的心。

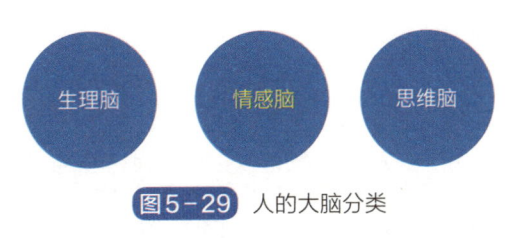

图5-29 人的大脑分类

案例1："香飘飘奶茶每年卖出10亿杯"，可以类比为"杯子排起来可绕赤道7圈"。

案例2："天猫2020年'双11'的交易量为：前11天为3723亿元人民币，最后截至2020年11月11日晚23∶59∶59，成交额达到4982亿元人民币。"

如何类比？

"这个数值怎么理解呢？海南省2019年的GDP（国内生产总值）是5308.94亿元，天猫一天，海南一年。如果是按照阿里巴巴淘宝与天猫2019年的交易额之和来看呢？7.053万亿元，这个值怎么理解？山东省2019年GDP全国排名第三，为7.10675万亿元，阿里巴巴的线上成交金额即将达到全国第三大省份的经济体量，而这还仅仅是阿里巴巴商业体的一个业务线。阿里巴巴还包括阿里云、钉钉、阿里娱乐等。"

这样讲完以后，是不是感觉阿里巴巴的产业很庞大？

而对于微观的细节，想象一下那些经典电影，《我不是药神》是基于谁来创作的，是基于一个非常微小的人物，这个人物可能一开始是"卖假药"的（注：

135

现实生活中，人物原型没有卖过假药）。它是基于一个人做的一件非常微小的事情，然后不断地抽丝剥茧，来揭示他做的抉择是多么伟大。

所以，如果我们今天要讲解"对当前宏观经济的一些看法和对未来趋势的一些解读"，我们上来就说："大家知道吗，中国的GDP已经实现了多少的增长。"

这样讲肯定不行！那要怎么讲？

"今天想来讲一下我对宏观经济的一些看法。大家觉得在过去10年，中国的华东、华南、西北、华北，哪个区域增长最快？哪个区域增长最慢？

"增长最慢的是哪儿？东北，过去10年整个东三省的增速都是负的。那哪个地方增速最快？华南和西南。东三省里又有一个非常有代表性的省份——辽宁，黑龙江、吉林、辽宁其实挑哪个都可以，因为哪个都很有代表性。吉林说'我没有特色'，黑龙江说'我离中部太远，经济无法发展'，辽宁说'我的扇贝都已经游来游去好几趟了'。

"对比来看，四川和重庆在过去两年地区生产总值的增速是非常迅猛的，所以当我们来分析宏观经济的时候，我今天就想从重庆和辽宁这两地之间的对比分析。GDP的含义是什么？投资＋进出口＋政府支出＋消费，接下来，我给大家展示一张两者对比的表格，来看看究竟它背后代表的是什么，我们如何理解GDP。进而，从这个角度出发，我们来看一个好的城市的政策治理，一个开放的经济体，一个未来的增长趋势应该是怎么构成的。"

这样讲解就是典型的"突出细节，重视宏观下的微观视角，善用类比"，用户听起来非常舒服。

5．新知、新观点和总结

中场推进核心逻辑的第五点是，新知、新观点和总结，每一页PPT的检查清单。

（1）新知：要给学员讲述他在听课之前不知道的，他在正常生活和工作中很少接触到但又对他有帮助的知识或技能，这样他听起来才会感觉很有意思，包括数据新知、案例新知等。

大家常常问，怎么找投资人，怎么融资？Hi-Finance 2016年融资的时候，投资人50%是天使轮投资人跟投，30%是校友介绍的，10%是学员介绍的，10%是客户和合作伙伴。

（2）新观点：已有内容新的解读，核心是给出学员你自己的思考，让学员感觉到你思考问题的深度。

（3）总结：将你有的知识总结出来给学员，为每一个小节做总结，在每个章的结尾做总结，在直播最后结尾做总结，体现你为学员不断服务的思路。

常使用的总结类型包括：

（1）做好×××检查清单。

（2）×××领域必读的12本书。

（3）×××必备知识点。

（4）脑图与执行流程图。

最后再补充一个偶尔可能用到的"时光机"内容，它指的是，今天在讲任何一件事或者知识点的时候，你会发现有很多睿智的长者与你有互动，有的人就讲得非常对！为什么这么说？因为他跟你说：小王，别担心，这事儿我20年前/10年前碰到过，我研究过历史上类似的事情曾经发生在日本，具体是怎么回事，或者曾经发生在美国，具体是怎么回事。所以，今天你别慌，我们要有大视野、大格局。你是不是常常会觉得挺有道理？

所以，时光机的核心是：今天我们经历的这些事情，我们为什么会恐惧，会焦虑，是因为我们对未来的不确定性是未知的。"以铜为鉴，可以正衣冠；以人为鉴，可以明得失；以史为鉴，可以知兴替"，因此提供"时光机"内容的讲师让学员有了一个心理寄托。只不过，学员希望讲师能先给他们拎出来，然后讲给他们听。

总结一下，中场推进的5大核心逻辑：

（1）无法预期的确定性结论（Unexpected Certainty）vs 可预期的不确定旅程（Expected Uncertainty）。

（2）MECE（相互独立，穷尽一切）法则。

（3）对比发问，你是一个导游。

（4）突出细节，重视宏观下的微观视角，善用类比。

（5）每一页的讲解，思考一个问题，我到底是给了"新知"，还是给了"新的观点"，又或者是"给了一个小的总结"，以及是不是有"时光机"内容出现。

不断描述场景，发问式推进，用户就不会在直播间感到疲惫和无聊。

5.6　让粉丝大呼过瘾，直播课如何收尾与撰写金句

观众花钱买票可不是为了那整整两个小时的戏，而是为了那最精彩的10秒，令人捧腹或者惊悚不已的那10秒。演员的所有能量和艺术创作都应该直指这最关键的10秒时间。（《演技六讲》，作者是戏剧表演大师理查德·波列斯拉夫斯基）

直播课程如何收尾，这是一门艺术，为什么这么讲？

想象一个场景，假如今天你参加了一个九寨沟一日游的旅游团，在到达景点的过程中，总是出现各式各样的车辆晚点、堵车等外在问题，但是在旅游的每一个关键节点，无论是到了景点之后，你立马被迷人的风景所吸引，还是在一些

休息地区，整个团队做了一次极富人生哲理的分享，又或者是晚上在当地的火锅美食让你饱腹满满，你会对这次的旅游打几分？

我们过去应该参加过不少项目，原本对开头印象不错，兴致满满，但是由于虎头蛇尾，反而感受平平。

所以，一个良好的结尾是一个哪怕有过"失误"的"导游"力挽狂澜的契机，更是一场直播课到最后是否会让观众印象深刻的烙印点。

不少课程的主讲人和我说，你看我讲得多好！为什么这么说？因为每次直播之后都有很多人加我微信。

我们的反馈是：那他们后续和你在微信上说话了吗？如果今天去参加线下课，哪个老师在课间没有一众学员围上去加微信的情形？

讲完线上课加微信是概率上一定会发生的事情，但是他们愿不愿意请你喝杯咖啡或吃个饭好好聊聊？愿不愿意将他们的案例分享给你，向你请教观点视角？愿不愿意请你后续为他们做付费咨询？这才是核心。

1. 直播课程主体内容结尾

直播课程常见的主体内容结尾（Q&A之前）技巧都有哪些呢？

技巧1：回顾课程，总结所有的关键要点，明确你的结论与观点。这是最常见的做法，也就是将过去45～60分钟的直播课程内容进行一个1～2分钟的回顾，带着你的观众重新高屋建瓴地温习一遍你的思维逻辑，让他们能加深记忆。

技巧2：给出执行路径图，如果他们后续想"刻意练习"，给出他们可以操作的执行路径图并示范如何练习。这个方法十分有效，尤其是当你给出"Excel/Word/PPT模板"或"结构脑图"的时候，能极大加深观众在最后对你的专业性的认知。

技巧3：给出相关主题的推荐书籍、推荐网站、推荐素材库和素材源。

技巧4：抽奖、互动、发红包，或者送礼品，简单直接。

不恰当的主体内容结尾方式是什么？

不建议的结尾1：讲到最后，你发现时间不够了，匆匆展示完PPT，然后开始Q&A。

不建议的结尾2：讲完即结束，没有回顾和总结，或者很短（30～100秒）。

不建议的结尾3：问题留白，或者在直播结尾扩大内涵。你提出了一个问题，但是不给答案，让学员自己思考。学员会感到没有落脚点，会十分焦虑，因为不知道他的答案是对还是错。

慎重使用的结尾1：做下期预告，如果是系列直播可以用，但是大概率情况下，你的观众记不住你还有下次直播。

慎重使用的结尾2：本期结尾把下期要讲的核心要点做了预告，学员听到了所有的核心要点预告，不感兴趣，下期就不来了。

2. 直播课程结尾

那你可能要问，如果直播课Q&A也结束了，怎么结尾呢？

非常简单，直接感谢大家的参与，如果有其他的问题，欢迎和运营小助手联系，然后说出"好的，我们今天的直播课，就到这里，谢谢大家！"。

下播，课程结束！

但是，在结尾的场景中，还有一个被忽略的"结尾"，那就是在中场推进中每一个小模块的"结尾"。而这个结尾，恰好通常是"金句制造机"。金句通常是一个案例、一个小节内容的核心概括。

上文有提到，金句意味着是一个段落的结束，所以，金句的撰写最大的核心只有一个：利他，也就是对他人有用，否则在你看来的珍宝，对于他人可能一文不值。

而"利他"的思路,要符合以下4个原则:

(1)确定性。

(2)给人以力量感和信念感。

(3)可落地、可借鉴。

(4)"新",也就是学员过去没有想过的新观点、新视角、新解读或者新思路。

案例——如何看待竞争

传统思维:竞争就是价格战,就是商战,就是要和竞争对手拼得你死我活。

新视角:大多数企业其实都不是失败在竞争上面,而是战略、定位、产品、营销、管理等,换言之,大多数团队不是被他人打败的,而是被自己打败的,所以,竞争的核心,在我们看来是和自己较劲(见图5-30),是看自己是不是在持续地优化和精进,持续成长和进化。

图5-30 如何撰写金句之案例分析

5.7 不尬场不冷场，直播中如何正确设计观众互动

曾经有一个教育学界的大咖，首次做直播课，设计了好多互动，结果最后响应者寥寥无几，她十分沮丧地问："到底哪里做错了？线上互动和线下互动差别会这么大吗？"

在讲好直播课必备的互动技巧中，我们碰到的最常见的问题是：总想尝试互动，结果没人响应，问观众有没有声音和画面问题，结果没人回答，只好自己继续往下讲；过了一会儿又问学员"知不知道某个知识点，如果知道，可以分享一下自己的观点"，结果又发现没有人在互动区留言。

原因在哪里？

我们常常说，直播的互动一定、一定、一定要从简。原因，我们可以想象一下，当你想互动的时候，学员的行为逻辑是什么？他可能正在全屏看你的直播，然后听你说要互动，首先他要退出全屏页面，然后找到屏幕下方的留言区，有时候还需要再点击一下"留言区"才能进入。这个时候，很可能2~3秒已经过去了，再往后，他开始思考你的互动问题，又2~3秒，然后开始打字，差不多还需要3~5秒，这还不包括一不小心手误退出了直播间，重新进入。

对于很多直播课，讲师总是很着急地等着大家的互动，发现10秒左右都没有人响应，就很焦虑，但是分析完上面的用户行为，你会发现，在直播间，所有的互动一定要"从简"，这是因为有些时候"设计得不好的互动"是会破坏用户的学习体验的。

问题越简单越好，越容易参与越好，3秒能出直觉答案最好。在这里有几个小技巧：

（1）开场测试声音、画面，用扣（输入）"1""666"或者"888"都可以。

（2）需要输入文字的问题，建议变成1234或ABCD的选择题，让用户直接输入尽可能少的文字，对于结尾的Q&A，无须如此处理。

（3）最后结尾互动，再输一遍"666""888""999"，结束本场的直播。

如果你不知道现场的效果，可以做一个搭配：当用电脑做直播课的时候，在旁边放一个"观看手机"，让你能看到画面是不是正常，并和运营小助手保持时刻沟通。总之，要有第二个设备在现场。

互动模块的设计，务必要注意3个点：

1. 互动的节奏

常见的互动节奏（拍点）如下：

（1）开场前的互动，或开场前1～3分钟内的互动，用于测试今天整体活跃度如何。如果开场的活跃度还不错，后续你的互动设计大多都会有效。同时，开场互动也可以找到一些核心关键观众，念出他们的名字，有亲近感，达到更好的效果。

（2）中场互动，比如讲了30分钟，或者讲了大约50%的内容之后，进行简单的互动，让大家放松一下思路。

（3）结尾问题互动，在最后Q&A环节进行一定的互动。

此外要注意的是直播间的人数与互动数的关联度。

当直播间的学员低于50人的时候，如果你和他们又不是很熟悉，此时的互动人数比大约是20:1，也就是常常只有2～3个人，最多也不大会超过5个人和你互动（可能还包括运营小助手），这样的直播课内容要么就在直播开始之前，已经分好组，让他们做互动讨论，要么你就直接讲，因为人数不足的时候，讲师一个人独自讲的互动效果大概率会一般。

一旦直播间的学员超过100人，你会发现这个数字很可能不是20∶1，而是10∶1，有约10个人会十分积极地跟你互动。如果今天直播间有了200多位学员，很可能有十几人甚至几十人会跟你互动。

这就说明：人越多，大家在直播间就越兴奋越热烈。这就需要讲师前期在做课程规划设计时，对直播学习项目的参训学员数量有一个大概的目标值。常见的目标值在100～200。低于100人的课程直播，就丧失了直播的意义，相关问题线下也可以解决；超过300人，学习社群难以管理。所以，100～200人比较合适。当然，如果是大型企业集团，千人在线的直播，根本不用担心，在概率上，总归会有特别积极热心的学员参与互动的。

2．互动内容与激励

互动主题是什么？话术是什么？有什么相应的激励机制？

常见的互动要素：手卡道具[让内容更加有温度，包括KT板（通过聚苯乙烯发泡制作而成的材料）、纸质书籍、整理的图片等素材]、红包（猜星座等问答类红包、随机系统平台设置的红包）、实物礼品（注意规划奖品的设置顺序）。

红包是一个非常好用的互动工具，而发红包则是一个非常好用的互动机制，要持续地用红包作噱头。关注发红包、评论发红包、点赞发红包、定期发红包、开心时发红包等。如果是纸质红包，里面不需要是现金，可以是书签、小礼品之类的，如果是电子现金红包，哪怕学员拿到一分钱，那也叫作"一分也是爱"。

需要注意的是，无论发什么奖品，一定要及时和观众互动是谁领到了，谁获得了，截图到评论区，或者念出获奖者的名字，让他后续和小助手联系，否则就会有观众公开吐槽为什么自己总是抽不中，是不是有"内幕"。

同时，自问自答也是一种非常常见的互动，这种互动其实并不需要观众立马做出回答，但是要引发他们思考，跟上你的节奏。

"我想问大家一个问题，各位可以思考一下。"

"不知道大家是否碰到过类似的情景？"

"如果碰到这种情况，你怎么办？"

"你认为你在职场带团队时候，碰到的难题都有哪些？"

如果你想在结尾 Q&A 的时候有一定的问题数量，那么需要做的事情包括：

（1）鼓励学员在互动区提问，你要尽可能挑出有代表性的问题回答，不需要在直播中回答所有问题，但是要回答部分，让学员知道你重视他们，否则他们为什么还会持续提出问题呢？

（2）鼓励之后，要确保你时刻注意着提问区。

（3）当然，不要时刻回答提问区的问题，偶尔回答 1～2 个，让助教帮你整理问题清单，毕竟，如果你一直回答提问区的问题，可能是对直播间其他所有观众的时间的"某种浪费"。

3．尬场、冷场的处理

互动尬场了怎么办？直播真的冷场了，怎么办？

如果互动不积极，出现冷场，怎么办？可以假装没看见，继续自己的直播。

如果有人在互动区开始吵架了怎么办？直接用"和气生财，大家来一波 666"，就可以把吵架的对话刷下去。

互动中碰到无法回答的问题怎么办？没人说一定要所有问题都回答，如果直播间有 100 个问题，你也都回答？碰到无法回答的问题是正常的，回答你想回答的问题是避免打乱你自己的节奏。

互动区不活跃怎么办？这就说明要么人数还不够多，要么就是大家希望听你讲，一旦开场判断了这场直播的活跃度不高，那么后面就可以酌情调整互动的环节。

直播出现了临时状况（PPT、声音/画面卡顿）怎么办？不要离开座位，和运营同事沟通，通常退出直播间，重新进入即可，然后和用户说"不好意思，刚才网络不好，卡了一下"，直接往下讲，不用过多解释。

5.8 一人直播太紧张？直播主讲人如何与主持人完美配合

互动的板块，其实很多时候是由主持人协助主讲人来完成的。对于面向客户的直播，主讲人和主持人的配合要很充分。而对于直播课，主持人的技能则会有相应的调整。

直播课程的主持人常见类型有：

（1）培训部门的老师做主持开场，讲述本次直播培训的背景和目的，然后再引导大家线上签到，大约1～2分钟的介绍完成之后，将线上话筒交给主讲人（需提前测试充分，以免配合不流畅）。

（2）业务部门或者相关领导做简单的培训主题发言，讲述本次直播培训的背景和目的，然后将话筒转交给培训部门的老师或者直接转交给主讲人开始。

2020年，一家在美国上市的知名企业曾提到过一个案例，这家企业专门为直播主持人做了培训，这么做的原因是：他们在疫情期间请到了一个行业大咖过来给客户和合作伙伴做讲座，总共一个小时，结果主持人因为见到大咖太激动，想展示自己的专业水平，开场铺垫整整讲了15分钟，企业的人力资源负责人直接崩溃。

直播课程与直播营销和带货不同，直播课程的主持人定位其实非常清楚，就是一个"工具人"，做好串场，承上启下，不喧宾夺主就可以了，千万别抢了主讲人的风头，否则最后各方都不满意。

而对于主讲人，有主持人在场时，一般情况下，这次直播培训肯定是被重视的，也就是前期的宣发和预热都有足够的铺垫。所以，互动感通常不会差。主讲人需要做的就是在直播正式开始前酝酿好状态，当主持人将在线话筒转过来的时候，就要正式开始直播课了。

5.9 镜头呈现一切，直播间的精巧搭建与主讲人的穿着注意指南

直播的最终呈现是由镜头来捕捉，用户只能看到屏幕中的内容（见图5-31）。2020年全民在家线上办公的时候，许多公司开会都用直播。有数据统计显示，当时男士衬衫的销量增速还能维持，而裤子的销量大幅下滑，就是因为在直播间，你穿短裤、凉拖都无所谓，镜头只能捕捉主播的上半身画面，镜头捕捉不到的地方就怎么舒服怎么来。

镜头的呈现效果，其实背后是由3个部分组成的：

第1部分，线下的

图5-31 Hi-Finance 直播现场与摄像机镜头实际呈现案例

现场直播间。现场直播间设置案例如图5-32、图5-33所示。

第2部分，线上的虚拟直播间如图5-34和图5-35所示。首先需要注意的是构图。构图的细节如图5-36所示。

图5-32 现场直播间设置案例（简易版直播间俯视布局）

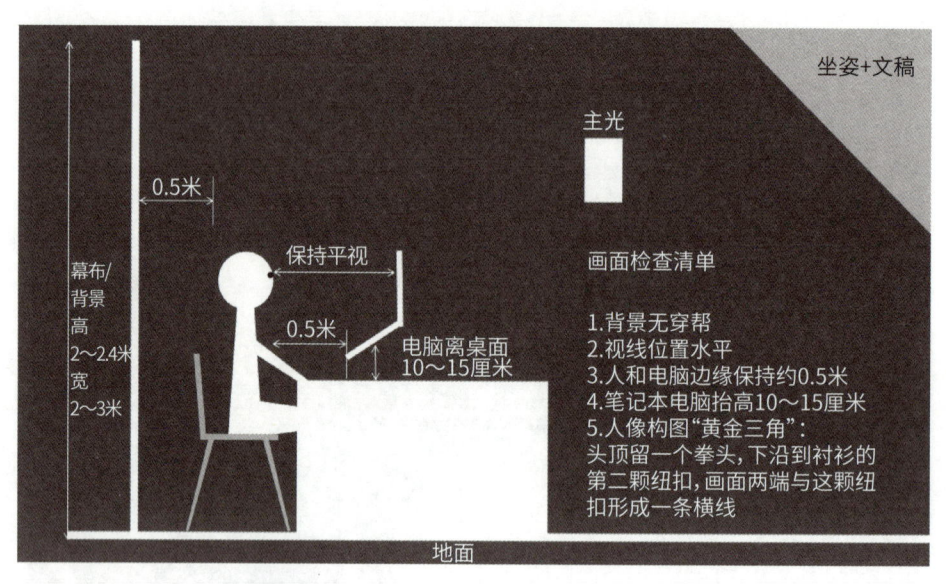

图5-33 现场直播间设置案例（坐姿 + 文稿）

第5章 / 如何讲好一节直播课

图 5-34 虚拟直播间

图 5-35 保利威虚拟背景直播间

图5-36 线上直播间的人像构图"黄金三角"

这是常常容易被忽略的部分，因为目前大部分直播课程还没有专门的运营人员来做线上屏幕的包装，比如：当讲师讲到一张图片的时候，如果镜头比较远，或者道具不太容易看清楚，需要直播间的运营同事把相关的图片展示出来，或者进行相关的文字包装。

但是，线上虚拟直播间的包装，常见于面向客户的直播。由于这类直播没有PPT和实时字幕的支持，用户只能"听"内容和"看"主播，却没有"文字和辅助材料"的支持，这就要求我们用道具、手卡和虚拟直播间的包装来实现运营支持。

第3部分，主讲人（与主持人）的形象。

对于直播课程的男老师，着装以正式和专业为原则，不给学员带去轻佻、花哨和不专业的形象（图5-37）。

一般以西装或商务休闲为主，建议均以深色系西装套装为主要着装标准。西装颜色以黑色、藏青色、灰色等纯色为主，不要带花纹或细纹等。衬衫以白色、蓝色为主，白色为首选。领带选择蓝色或深色系即可，纯色为佳，如有花纹

第5章 / 如何讲好一节直播课 /

不宜太花哨。

如果是夏天,建议主讲人是"白色/蓝色/灰色衬衫+西裤"的着装形式。

对于直播课程的女老师(图5-38),着装建议参考:修身显腿长、腰细的小西装外套+不单调但领口十分别致的衬衣款式(蓝色、白色或粉色均可),不建议穿连衣裙装。衬衫以白色、米色、淡粉为主,西装或套装以黑色、灰色为主。配饰简单即可,不宜过于夸张和花哨。

访谈类直播穿着示范如图5-39所示。

图5-37 线上直播主持人穿着示范(男)

图5-38 线上直播主持人穿着示范(女) 　　图5-39 访谈类直播穿着示范

151

着装检查清单：

（1）着装整洁平整：这是直播最基本的要求，毕竟没有观众希望看到直播间的讲师穿的衣服太过邋遢。

（2）三色原则：着装颜色不要超过三种，如果着装看起来颜色太多，会显得不稳重，观众对主讲人会没有信任感。

（3）着装搭配齐全：线上直播分享时，主讲人需要搭配一些装饰品或化妆去修饰形象，比如男性的手表、袖扣、带标识的别针、领带、肩带，以及女性的口红、指甲油、戒指和胸针等。

男老师直播前可以选择化妆或者不化妆，但是女老师进入直播前，必须化妆，化妆不宜过浓，要给观众舒服的感觉。

发型不能过乱，不要有过分醒目的装饰物（耳环／耳坠等）。男老师短发或油头类发型，必须打理干净。面部轻易不留胡须，会有阴影。要保持面部清洁和干燥，油性皮肤的男老师，需要准备吸油纸等，直播前将皮肤油脂处理干净。女老师短发或盘发均可，如果是中等长度的头发，最好用发饰扎稳，不可头发蓬松出现在直播间。

5.10 拥抱直播？线下课讲师如何迅速转型线上

线下课讲师线上的直播常见问题："我的线下课，学员打分在平均95分，可是在做线上直播课的时候，学员普遍给出的得分是40～50分，及格线都不到。我该怎么办？"

Hi-Finance 从2014年开始做在线教育的内容生产与运营，在和老师们的沟通过程中，听到最多的反馈就是：

"哈哈，我还不想做在线课，线下更适合我。"

"我的课程互动性很强，难以在线上复制。"

"我的课程需要看到学员的实时反馈，线上没有氛围感，不能在线上做。"

"我的课程涉及敏感信息，实操性强，没法在线上做。"

不管是讲解商务礼仪，还是讲解生产工艺，都需要有相关演示。可是问题是，线上直播讲的究竟是什么？曾经的教育培训，线下和线上的比例是99∶1，后来到了90∶10，那个"10"就是常见的新人知识培训和公司文化合规培训等。但是，到了2021年，这个比例已经在30∶70和50∶50之间摇摆，具体是线下30%，还是线上30%，运营者各有各的逻辑和认知。

疫情前，不少线下老师还在观望，下不了决心，也没有动力去开启线上直播的思路。疫情发生后，越来越多的线下讲师、TTT培训[①]师"不得不"开始加入线上特别是直播的大潮。

线下和线上的核心区别是什么？是线上认知到了"直播对用户的不可控性"，并与虚拟的不确定性以及内容设计的确定性共舞。

怎么理解？在线下讲课，不少老师很多时候都在寻求一种"虚荣"，希望让学员从不信任、不相信，变成后来托着下巴、两眼诚恳恭敬地看着他，觉得老师好专业，讲得真棒，然后下课后说出一句话："老师，我能冒昧地加您微信吗？"可是这种感觉，线上直播间没人及时反馈给老师。缺乏捧场的人、缺乏及时反馈，不少老师才会认为线上直播课讲得没意思，没有实时沟通，浑身不舒服。可是，问题的本质是，我们真正关心的是用户对老师的这种仰慕吗？

[①] TTT培训，全称Training the Trainer to Train培训，指的是以视觉化的工具为基础，在培训中以视觉化框架贯穿全场，为学员提供视觉化工具，引导学员进行自我学习。——编者注

做课程、当老师的核心，一个是知识传递，另一个是答疑解惑。知识传递，在直播的场景中是将纯知识、技能的知识和需要学员自己去理解体会的沉淀拆分出来。直播课也不是一次性讲完了就结束，一个主题讲2～3次直播是很常见的。答疑解惑呢？老师究竟答的是什么疑问？线下有多少学员的问题是因为不敢提问而没有提出？有多少学员在学完之后，依然是"一听就懂、一看就会、一做就错"？

直播的答疑解惑，是基于数据分析的答疑解惑。在线下，我们是通过眼神交流和感觉来衡量学员是否学会的。纵使有最后的随堂小测，但是意义不大，因为没有多余的时间给到问答与测试。但是线上是不同的，针对学到的内容，通过设置足够的习题和演练作业点评环节，可以评估学员是否真的学会了，问题点是不是真的得到识别并解决。这是直播在一对一的答疑解惑，以及系统支持的知识点演练中所具备的实际意义。

可是，怎么转型线上？线上与线下的不同点是什么？相同点又是什么？

1. 线上线下课程的特点

线下课程的特点：

（1）学员在现场坐半天或者一天，不会轻易离开。

（2）讲师可以与学员有充分的沟通互动和眼神交流。

（3）讲师可以有效使用板书来进行思想表达与交流。

（4）讲义提前印制，学员知晓课程框架。

线上直播的特点：

（1）开场没做好，1～3分钟内抓不住用户的注意力，学员立马就离开。

（2）面对镜头，没有互动交流，讲师需要克服自我焦虑、紧张与不适应。

（3）核心交流媒介只有PPT和镜头语言，如果不写不画，无法实现有效表达。

（4）PPT 不提前发给用户，用户很容易错过重点。

2．线下课转线上课的技巧

线下课讲师如何迅速转型线上，以下为一些基本技巧：

（1）开场感谢：线下1分钟，线上建议10秒。

（2）宏观背景铺垫：线下5～10分钟，线上1～3分钟，或者调整顺序，将这部分铺垫往后放，或者删掉。原因在于这类内容是学员都知道的。如果学员能预判到你要讲什么，那么接下来的线上直播课中，讲师就很难留住他们的注意力，学员不喜欢听太多他们已知的东西。开场的方法就是快速代入，然后创造一个他们要来看这场直播的"矛盾"，留住他们。

（3）讲师如何做好铺垫：线下3～5分钟，线上1分钟，突出讲师与这个主题的关联度即可。

（4）手写板书：线上尽可能简化，因为使用电脑直播的直播课，板书是由鼠标完成的，操作不如平板便捷。如果使用手写大屏直播，要注意运营和构图。

（5）分组讨论：线上改为课前预习布置作业，交付半成品，课上讨论，或者线下长达15分钟的讨论，线上将讨论问题重新设计为3～5分钟可以讨论完毕的，否则，直播课会失控。同时，将分组讨论改为后续布置作业和微信群交流的方式。

（6）内容风控：有一些内容在线下讲是可以的，但是直播中，是有人像留存的，换言之，"人证物证均在"，所以，合规风控意识一定要有。不要胡乱抨击他人或其他公司，不要乱讲客户的隐私信息，如果特别有必要，建议调整相关数据。比如："我有一个东南沿海的客户，年收入是4亿元，做盲盒业务"，可以修改为"我有一个东部的客户，年收入在1亿～5亿元，做潮玩市场"。

（7）讲解逻辑：线下的逻辑是"明确要讲的知识点 — 案例匹配 — 结论总

结",线上是"个人观点/现象思考引出共情 — 匹配的知识点 — 案例跟进 — 结论总结"。

（8）讲解心态与语言特色：把面向镜头不适应的感觉和心态，转变成"我其实是在和我的一个朋友聊天，我在和我的一个潜在大客户介绍我们公司和产品"，只不过，今天是用直播的方式来实现的。

（9）直播的准备工作时长范例：1小时直播，PPT准备需要3小时，同时熟悉逐字稿和彩排（2次）需要3小时，再加上前期的2小时策划讨论与1小时PPT讨论修改，前期准备时长大约为9个小时。

来看一个案例（见图5-40）。

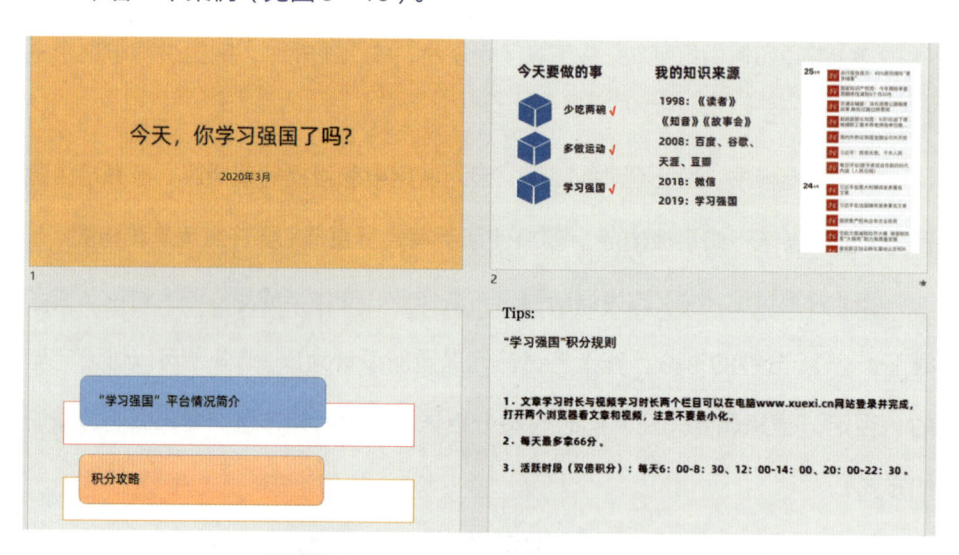

图5-40 线下讲座转型线上讲义修改示范

案例 —— 今天，你学习强国了吗？

主题：《今天，你学习强国了吗？》

常规线下讲法："各位学员好，今天我们讲解的主题是《今天，你学习强国了吗？》。这个内容，我会分成两个章节，第一，学习强国App的平台简介，我们使用的背景是什么，以及相关的功能与界面；第二，我们会讲解一下积分攻略。"

线上直播讲法：

加1页PPT，作为"代入"和"共情"，放在第2页。

P1：各位学员好，今天我们想来分享的主题是《今天，你学习强国了吗？》。

P2：最近啊，不知道大家有没有碰到一个现象，那就是过去的朋友圈中，我们经常能看到各式各样的晒图，晒美食、晒健身、晒出游等。但是，突然有一天，不少朋友的朋友圈变成了齐刷刷的"学习强国"。// 过去，咱们每天的任务清单，列举的都是什么？少吃两碗，多做运动，锻炼身体！现在呢？学习强国！// 还有朋友和我讲，1998年，他的知识来源是《读者》《知音》《故事会》，2008年，他的知识来源已经从纸媒转到了互联网巨头的百度、天涯、豆瓣，到了2018年，这些巨头又都被微信一统江湖，结果到了2019年，却发现，微信被"颠覆"了！朋友圈分享全都变成了学习强国。所以，问题来了，什么是学习强国？它究竟在如何改变我们的生活？这个平台的应用规则和机制又是如何？我们该如何用好它？

P3：那好，今天的这个内容，我会分成两个章节，第一，学习强国App的平台简介；第二，我们会讲解一下积分攻略。

注：做好在线直播课的核心是什么？开头直接找代入，让学员信任和认可你的内容，不断往前推进。然后在推进过程中，再不断地找代入，"真正"做到不用看到学员，但是你却知道你能把学员留在你的直播课上。

对于线下课讲师，其他常见的快速转型线上直播课的进阶技巧包括：

进阶技巧1：调整内容结构，因为几乎所有的线下课都是内容齐全，只是结构不对。

在直播的开头,既可以用"我们第一次直播中碰到的慌乱的经历来代入认同",也可以用"李佳琦的直播业绩来给大家树立标杆",但是对于"定义、分类、重要性和发展趋势"这类内容,一定是在代入之后才讲的。这就是对线下转直播的内容结构调整方面的要求。

进阶技巧2:搞懂镜头语言,构图合理,灯光与直播间的布置一定要舒服。

(1)灯光:做直播,灯光一定要打够,否则人脸是黑的,给学员感官体验很不好。

(2)背景:背景尽可能用纯色或纯色渐变色,浅灰、浅蓝都可以,尽量不要用深色,否则衣服颜色难以搭配。

(3)镜头距离:人像距离摄像头要有70厘米,不宜过近,否则人脸在屏幕中占比过大。

(4)一定要避免小动作:挠耳朵、捋头发、挤鼻子、眨眼睛、吐舌头、咽口水,等等。

进阶技巧3:了解PPT制作小技巧。

(1)字号:PPT内容文字字号要大于16,20~24为宜;大小标题字号以40~48为宜,不少讲师觉得字体小显得专业,实际情况是,用户在手机上观看直播,真的看不清PPT上的文字,结果就是直播后找你要PPT。

(2)字体:注意商业版权,要小心使用,建议商用时上网查清是否可以免费使用。

(3)构图:PPT与直播主播的屏幕构成,把右下角或者左下角预留出来,否则会挡到内容。

(4)动画:不建议加,如果是必要的动画,拆成2~3页PPT来切换展示。

（5）内容：内容过多的页面，需要拆分 PPT。线下课有不少 PPT，一页上面有 12 个小点，都是平行的内容，加起来能讲一小时，但是对于用户来讲，肯定是难以接受的。所以，如果一页 PPT 内容过多，在直播中要拆分成几页，同时每页要有一个指南，告诉用户，这页是整个内容中的哪个节点。说白了，你是用户在学习中的导游。

进阶技巧 4：加强互动感。

（1）问答：每隔 10～15 分钟，与学员互动，可以说"有没有什么问题，欢迎学员在直播间提问"，然后你要挑着作答。

（2）手卡物料：为了避免镜头的单调，可以准备一些物料，比如图片、书籍等实物。

（3）礼物：准备一些虚拟或实际的红包或者你能赠送的礼物给学员。

（4）节奏感：线下的节奏和线上的节奏十分不同，根本原因在于你看不到学员的实时反馈，这就需要你在一开场就有一个互动来测试本场直播的活跃程度，然后每 15～20 分钟，看一下自己的教学进度是不是在"拍点"上。在备课的时候，要有一个假设，那就是如果今天线上没有一个学员和你互动，你怎么办？节奏怎么把握？

进阶技巧 5：细化知识点的颗粒度，一场直播不要尝试解决很多很大的问题，尽可能关注细节，尽可能针对一个点，这样才能有的放矢。

错误的直播主题：《如何做一名称职的中层管理者》。

正确的直播主题：《中层管理者如何找到自我定位，快速脱颖而出》（只讲寻找自我定位的内容与案例，不讲做好一名中层管理者所需要的所有知识图谱与执行方法）。

错误的直播主题：《职场情商速成指南》。

正确的直播主题:《职场新人,如何快速学会说"不"》(只讲职场新人的场景,只讲沟通中说"不"的场景)。

越细分,直播内容其实越好讲,学员反馈度也高。

越笼统,直播内容就越杂越乱,学员认可度会降低。

进阶技巧6:改变业务思维。

对于提供知识点的内容,讲师通过直播在线上讲,不再是一场一场的体力活,而是更加侧重于学员的作业与交流,更加侧重于是否能在某个晚上,辅导几个学员切实解决实际工作中的问题,赋能业务技能的提升。从过去单纯授课,到现在可以有更多的时间,做咨询、辅导、答疑,运营和服务同时跟上。正所谓"师者,传道授业解惑也"。

线下一天6小时的课,能解决多少问题? 5～10个足够多了!可是线上如何? 每个人的问题都可以一对一解决。这就是直播能够改变传统教育培训的地方,讲师不用再关心讲了多少,而是关心学员通过1～2次的知识讲解,后续进而通过训练,能产生多少改变。

5.11 小贴士:直播中常见错误总结

错误1:一开场太啰唆,迟迟不切入主题。

错误2:不测试学员互动程度就急切互动。问了第一个问题如果没人反馈,就不要再问了,不要为了互动而互动,没人互动才是真的尴尬。

错误3:陷入互动的兴奋感,太忘我。如果互动效果不错,自己不要太兴奋,否则一不小心容易把节奏带偏。

错误4:不做自我复盘和总结。每次做直播的时候,应该都会有新的思想和思路，把这些记录下来，就是下一次直播可用的金句。

错误5：直播结束没有及时关闭直播间。直播后，先关闭直播间，确保声音和画面不再更新，再做其他的事，否则你下播后的所有"糗事"，学员都看得见。

错误6：不重视提前备课。再有经验的老师也要仔细备课。因为直播一旦开始，不能"离场"，不能"冷场"，也不能"尬场"。

错误7：与直播间的学员互动太频繁，忽略了他人的感受。要知道，如果你的直播间有100人，你一直回答1~2个人的问题，那就是对剩余的98~99人不负责。

错误8：直播课不做专属可外发的PPT。由于直播本身就是在线的形式，学员一定会问PPT的外发问题，这个时候如果不外发不合适，同时讲师也会担心学员截图外传（虽然实践中常看到截图，但是很少发现有人外传）。准备一份可外发的版本是十分必要的。

错误9：不做内容风控。直播间不要讲述对公司（无论是自己公司还是他人公司）不好的事情，如果涉及核心数据，一定要脱敏或者做相关的处理。

第6章
数字化品牌推广，直播如何将"流量"变"留量"

移动互联网时代，流量为王，内容互联网时代，留量为王。

数字化时代，媒体、技术、营销、互动手段都在变化，但从客户需求出发，为客户服务，提升企业内在价值的核心诉求依然不变。数字化浪潮不断推动着企业品牌升级：从线上宣传吸引流量到触达用户带动转化、增加黏性，最后通过精细化的运营沉淀用户，持续做好深耕服务。

在这条数字化转型的快车道上，借力直播营销，我们可以看到企业在降本增效方面实现了不少新突破：①构建一个完整的直播生态，实现线上化转型；②突破线下业务限制，充分挖掘市场潜力；③降低获客成本，构建私域流量池；④精细化运营，实现品牌营销，最终为长线增长赋能。

在具体执行层面，我们该如何借助直播进行数字化品牌推广？如何将"流量"变"留量"呢？这一章，我们将系统围绕如何打造直播服务、形成流量闭环、深耕用户价值、提高用户黏性、多场景直播赋能营销等方面展开，为企业推动数字化转型带来一些指导和参考。

6.1　直播服务的是"拉新 — 转化 — 留存 — 促活"中的哪一环

企业直播服务常见的应用场景包括：会展直播、营销直播、培训直播、办公直播、招聘直播等，不论是哪种直播场景，我们一直在思考：用户为什么会来听？今天我们为用户提供了怎样的价值？在2020年的下半年，不少直播间的主播说用户观看数开始下降，然后，却有越来越多的用户停留在直播间，头部和优质内容的直播不降反升。当移动互联网从增量市场进入存量市场，当用户对于内容的品质要求越来越高，我们必须具备"流量"变"留量"的思维，思考直播的每个环节，思考我们能给用户带来什么样的价值，这样才能在直播服务中不断优化，获得长效增长。

关于"量"这个部分，该怎么进一步理解？用互联网的语言来说，每个用户都有一个生命周期流程：拉新、转换、留存、促活。这个基础上，直播在哪个环节能帮助我们？举办一场直播的目的是拉新、转化，还是留存或者促活？直播服务的是哪一个流程？这些是我们必须思考的。

问问自己：直播服务的环节是什么？

（1）是拉新吗？我们能借助直播获取新的用户吗？

（2）是转化吗？我们希望他从用户变成我的客户吗？

（3）是后续的留存吗？每天、每周我们通过各式各样的直播来留住用户，我们能把直播的用户引流到相关社群或者让其成为我们的粉丝吗？

（4）是促活吗？我们能否利用直播的契机，把沉淀用户重新活跃起来？

针对这四个方面，我们来具体探讨直播服务的环节，对整个流程有一个全局认知。

6.1.1 直播可以服务拉新吗

我们来看一些常见的拉新手段。口碑营销：直接邀请亲朋好友关注；活动营销：新手折扣券，新用户注册奖励，App 版本更新后推出新产品、新优惠。我们回忆下这些拉新手段的效果，第一次广撒网的时候，是不是会有那么一点效果？但效果往往不持久，毕竟用户接触几次后就会感觉不再新鲜。

那么直播的拉新到底该怎么做？要注意区分的是，拉新的用户如果不是新粉丝，而是把老用户拉到直播间，这其实是促活，拉新肯定是拉过去不认识的人。然后我们要考虑：为什么用户会来看你的直播？直播到底能给用户带来怎样的福利？如何在直播间让用户感受到福利？这些都是非常重要的，怎么实现拉新呢？在具体的做法中，我们从渠道、边界、群体三个方面考虑。

1．看渠道

公域流量（淘宝、支付宝等）直播拉新怎么做？常见的做法是通过推广合作或者内容曝光，用平台的流量来撑场面。还有一种做法是平台替你拉新，这种做法背后的逻辑是，公域流量平台像微博、抖音、小红书、头条等，虽然这些平台有流量，有用户，但是缺少在某方面特别专业的人来服务客户。那么当这些平台需要这种合作时，你就可以作为某个领域的专业人士，通过直播进行内容输出，既树立自己的形象，又获取了流量。

这里需要思考的是，平台的流量如何，平均每场用户有多少，做一场直播，有没有资源位，有没有官方流量扶持，这些全都是企业或个人讲师在公域流量直播时要关心的话题。

除了公域平台，在私域方面如果是我们自己负责流量，自己去谈渠道，直播怎么和拉新联系在一起？我们需要一个专属二维码，这个二维码的核心是确权。渠道合作中最怕的点就是，某渠道介绍过来的用户得到了转化，却不能被有效记录。所以，有时候别人不一定会帮直播间介绍客户，核心是因为他担心这种情况发生。一个专属的二维码势在必行。有了专属的确权环节，跟合作中的各方明确，无论是营销引流，还是广建渠道，最后都能够保证引流过来的用户都会被记录，这样对方才放心，才愿意合作。

2．定边界

直播的流量怎样才能高效获取？我们要具备定边界的思维，什么是定边界？核心逻辑在于我们的直播主题能够不断复制，具体我们可以从一个案例入手，一步步找到边界。

案例——酒店场景下的边界设定

如果是在酒店场景，你需要讲一个话题让大堂餐厅里所有人都感兴趣，该讲什么话题？"如何能免单"是一个能吸引人的话题，这是用户感兴趣的，但是这个话题带不来转化，如果我们是直接讲如何在某金融机构开户，酒店肯定不会满意。

首先，要明确目的，直播最终的结果是带货，比如，带金融机构的理财产品。那么，讲什么？可转债、投资策略、公募基金、基金定投，都可以。

再进一步思考，如果用直播来拉新（拉到新客户），其实跟互联网所有的拉新是一样的，我们得了解用户画像，今天住在这个酒店的人，用户画像是什么样的？他们关心的话题会是什么？

在现场，你可以观察到以及接触到的人基本上是30岁左右，也就意味着他们刚进入人生的育儿阶段，于是，要和这个酒店合作，讲什么样的主题合适呢？"少儿财商"会是不错的选择。

你通过分析用户画像，推断出他们感兴趣的话题，最终确定的主题是少儿财商，这样就找到了能和酒店达成合作并带来一批固定流量的话题，这个决策判断过程中，我们有理由、有依据。

接下来，你可能需要进行可复制的拓展，怎么理解？就是今天你和这个酒店合作后，你同样还能和其他同规格的酒店继续做类似的合作。想象一下这种"可复制"的意义，当你确定了少儿财商这个通用主题，你对同一类人就有了普遍的认知，能够不断将这一主题复用推广。

当然，如果你准备讲基金定投也没问题，比如"掌握这7招，教你喂饱吞金兽"，这个话题就意味着对方可能需要关注教育基金，你的切入点就是"子女18岁上大学的时候，资金到底从哪里来？"，先引发兴趣，然后再来讲基金定投。比较一下，如果直接说"您对定投感兴趣吗"这样的话题，对方肯定不会继续听下去。

所以，你会发现，当直播被用于线上拉新的时候，非常值得被强调的是，对于同一类人群的画像拆分，然后，让这个内容能够不断得到复用，在新的渠道吸引同类型的用户群，这是直播用来拉新的核心。不是说今天要讲某些产品，然后就去做各式各样的内容分发，做流量转换，直播虽然已经到了"货找人"阶段，但是进一步提升运营的基础是货要去找特定的人，提高效能。如果你在要讲内容时不去拆分画像、渠道，结果就是，基本上没有平台愿意跟你长期合作，而你的流量很快就会干涸。

3．划群体

你去做推广时，有没有更好的破局方法和方式？比如针对大学生人群，主题是大学生应该如何求职，如何找到就业机会，如何找到实习机会，如何有更多人生阅历，如何投资理财。方法就是和各个学校的负责就业工作的部门进行合作，依然是在线上开直播，这种合作的目的就是希望他们把直播信息发给学生。但是，为什么学校愿意这样合作？因为你能提供1～2个实习机会，能够帮到有需要的学生用户。

但是，还有其他群体，医生、护士、教师、消防员、警察等公职人员。你有没有注意到，这些人群都有同一个特征，那就是封闭场景。同一类人在一个地方，医生、护士几乎只在医院，教师基本上只在学校，公务员几乎只在政府机关部门，封闭场景意味着获客成本可以显著降低，同时通过直播拉新更容易显著拓展。

6.1.2 直播可以服务促活吗

有些用户会提出问题：直播能够促活吗？答案是能。现在越来越多的企业通过免费的线上直播，对沉淀用户进行激活，同时还可以引流到社群中进一步活跃互动。你需要做到以下几点：

（1）持续输出优质内容，不断提升客户的育儿、养生、职场进阶、理财等意识。

（2）持续挖掘社群运营的互动话题，活跃群的交流氛围，拉近信任。

（3）每周/每双周开设一场直播，进一步提升专业度和黏性。

（4）持续做好产品推荐、答疑以及热点跟进，为用户建立及时性认知。

（5）根据每周情况，通过点对点的沟通，做好服务，引导产品购买。

根据 Hi-Finance 的社群运营经验，在发言记录中，约500人的群平均每周有15%的群友会发言，进而整个群内氛围都较为活跃，这是直播服务促活的一个场景。

6.1.3 直播可以服务留存吗

截至2020年12月，我国网络视频用户规模达9.27亿人，人数增加的同时，用直播做留存已经变成了一个常见的方式，一个用户每天花在B站上的平均时间有多长？1小时。一个用户每天在喜马拉雅上平均待多少时间？2小时。如果今天的直播能够锁住一个用户30～40分钟，能持续吸引他的注意力，将显著为后续的转化服务带来帮助。

6.1.4 直播可以服务转化吗

直播能做转化吗？怎么通过直播做转化？有两种情形我们要去思考，第一种叫作直播中的转化，我们经常听到的直播带货就属于这类，第二种叫作直播后的转化。

直播中促进转化的话术1：

"大家关注我直播间，今天带给大家一款新的产品，这个产品叫×××。这款产品在我们直播间，只要大家现在下单就可以享受到特惠价，给你×××元钱的优惠。我们今天仅带给大家1000台产品，数量有限，兄弟姐妹们赶紧下单。"

以上叫直播间下单，直播间带货。

直播中促进转化的话术2：

"现在已经早晨9：40了，我们看到×××已经涨了7%了，大家赶紧跟我买入，再不买入的话×××要封涨停了。"

试想一下这种情况能出现吗？当然不允许。对于金融机构大家一定要知道，不能涉及不合规的问题，不能涉及操纵证券市场、影响证券市场信息的言语行为，但是讲师能做的是什么？可以说看好这个公司、看好这个行业，如果后面大家对这个行业需要更多的沟通，可以后续一对一交流。虽然证券公司的投顾咨询类产品、公募基金产品、保险公司的健康险和百万医疗产品，以及银行所卖的贵金属等产品是可以在直播间下单，也可以在金融机构的App下单实物商品，但是不可否认的是，还有相当多客单价较高的产品，是直播后成交的，直播结束后商家要和用户进行一对一的沟通，并持续跟进用户状态。

最后我们做个总结，拉新—转化—留存—促活，直播到底服务的是哪一个要点？接下来的时代，是"线上与线下"重新融合的平衡互联网。为什么叫平衡？是因为有了网络基础设施之后，内容的体验比重开始逐渐上升，无形中直播内容作为众多内容中的一种互动性强的形式，留住了用户，通过直播更好地服务了用户，在直播中更懂用户。

所以直播对"拉新 — 转化 — 留存 — 促活"每一个环节都有推动作用，把所有的流量全都聚集到直播间实现拉新，然后再将用户留存下来，通过直播不断加深用户的黏性并提升活跃度，进行营销，实现一定的转化。

6.2 持续深耕客户，"直播 + 私域流量"的客户心智战

借助私域流量，直播如何服务好客户？如何拉近距离，让关系升级，为成交转化做铺垫？流量成本是昂贵的，流量竞争是激烈的，公域流量池虽然足够深，但是这个池子的流量价格居高不下，往往是一次性买卖。如果不能降低获客成本，不能找到精准的线索，没有建立私域流量池沉淀客户，和客户建立联系，将无法形成有效的流量闭环。本小节要讨论以下问题：直播遇上私域流量将带给我们什么样的惊喜？我们该如何打造私域流量闭环？我们将从客户心智方面探讨直播的定位，即"我到底能为你带来了哪些别人所不具备的价值，我和别人有什么不同？"，从而进一步精细化运营深耕客户。

6.2.1 私域流量概述

流量区分为"私域流量"和"公域流量"，"公域流量"是很多人都在关注以及参与的大流量池，通常采用付费方式进行推广获得更多流量，比如淘宝、头条、QQ、百度、抖音、快手、微博等。

根据国家统计局的数据，移动互联网总量呈增长趋势，但流量同比增长速率一直在下降，这也在说明公域流量池子越来越小，推广和转化成本将越来越高，流量是否精准是我们必须要面对的问题。

"私域流量"相对公域而言，从公域流量中（上述提到的淘宝、抖音、微博等）引流，沉淀到微信公众号、特定的用户群以及个人微信号好友或者企业的自有平台、产品中等，这样引流的好处在于构建信任关系，降低成本，自主可控，在私域流量池中能反复触达用户，针对性地做好运营和服务。

1．私域流量常见载体

（1）微信公众号。用公众号沉淀内容，个人号进一步直播引流，贴近客户。公众号分订阅号和服务号，是建立私域流量池的重要渠道，内容可以直接触达客户，并且不断把相同需求的客户聚集在一起。

订阅号每天可以推送一次内容（文章/视频/图片），服务号每月可推送4次内容。常见的形式：在公众号中，结合自己擅长的领域分享干货知识，持续输出，找到自己的铁杆粉丝，同时粉丝如果有进一步的需求可以加公众号主人为好友，获得专业的咨询。

另外，在其他平台上也可以植入并宣传自己的公众号，如果大家想要学习某些主题的内容（直播形式）或者获取相关资料的下载方式，可以来关注自己的公众号，里面会有专业的内容，这些内容会吸引到想要这些内容的群体。

（2）QQ群和微信群。用群建立互动圈子，聚集核心人群，在这个过程中确立运营目标，有计划地做好执行安排，这样通过一段时间的运营后，能拉近客户的距离，建立良好氛围，为后续直播成交转化做好铺垫。

（3）个人微信/客服微信。打造人设：在自己的昵称、头像、个性签名以及朋友圈背景图中，围绕擅长的领域树立自己的形象，在朋友圈发的内容、传递的信息要突出自己的专业。从客户添加你开始，能让对方直观地了解你。

沟通方便，能够主动触达客户，实现点对点沟通。无论是被添加还是主动加好友，都可以及时做好标签，不同的人群关注的侧重点都不一样，可以根据标签以及了解到的情况有针对性地维护。对于核心客户，考虑好对方的需求，在直播时提供专业的建议和帮助。

2．私域流量优势

为什么要去建立私域流量池？思考一下，想要节省成本，将流量变成客户，想要锁定核心客户，为客户提供服务和支持，想要帮助客户解决问题，建立信任，不断增加客户的黏度，挖掘客户价值，私域流量能给我们提供什么帮助？很明显，通过以上常见渠道建好私域流量池后，我们就能够充分利用私域流量实现以下3点：

（1）流量精准有效，和客户建立联系。聚集客户，业务和客户需求直接匹配，建立联系后持续提供服务，为引导转化做准备。通过长期触达，我们能够与客户维系关系，提升客户的忠诚度和复购率。

（2）性价比高，节省成本。流量获取越来越难，成本越来越高，在大部分流量池，想要获得高曝光率一般需要付费推广，如果能把用户导入私域流量池，往往能减少不必要的费用，实现以较低成本获得客户增量。

（3）树立个人品牌形象，积累信任。建立起专业的形象，打造自己内容生产的品牌力，不断提升用户对自己的信任感。

6.2.2　直播 + 私域流量，实现流量闭环

直播 + 私域流量，核心在于打造自己的闭环，通过活动推广 / 流量展现后，从线上或线下，通过直播工具、微信、微博等获得自己的用户，引导进入自己的

营销私域矩阵，做好服务，然后借助直播筛选出核心用户，同时通过老带新、分享裂变等方式带来更多的流量。

围绕互联网商业直播运营的 AARRR 模型（见图6-1），我们可以在"直播+私域流量"的各种组合玩法中，打造个人品牌形象，在触达客户时有指导框架，不断优化方案。

获取用户 Acquisition　激活用户 Activation　提高留存率 Retention　用户转化 Revenue　推荐自传播 Referral

图6-1　互联网商业直播运营的 AARRR 模型

AARRR 模型：获取用户（Acquisition）→激活用户（Activation）→提高留存率（Retention）→用户转化（Revenue）→推荐自传播（Referral）。

（1）获取用户：获客，流量获取，通过各种能曝光的方式吸引到用户。

（2）激活用户：对流量进行激活，增加黏性，培养用户的习惯。

（3）提高留存率：借助直播和用户保持长期互动，尽可能地减少用户流失。

（4）用户转化：持续服务，实现多次成交或者服务升级等。

（5）推荐自传播：用户会向身边的人推荐，带来新的流量。

怎么理解 AARRR 模型？它的核心是一个漏斗模型，今天先要获取大量的用户，在获取到1万人后，再通过促活刺激1000人，然后留存到100人，最后可能有10个人付费。明确了核心付费群体，进而期望他们再推荐用户，一方面在公域拉新做转化，另一方面促进老用户不断拉入新用户。

第6章 / 数字化品牌推广，直播如何将"流量"变"留量"

如图6-2所示，以微信产品矩阵的完整闭环为例：

（1）在视频号获取用户，通过直播互动累积信任。

（2）将用户引流到企业微信进行CRM（客户关系管理）。

（3）将用户引流到公众号，持续输出图文内容，累积相关的信任程度。

（4）通过朋友圈个人品牌形象内容展现，加强信任关系。

（5）最终转化环节，通过微信个人号和客服号实现一对一的转化。

这一整套流程实现了将用户从视频号直播引到企业微信、从公众号引到朋友圈、个人微信号实现信任积累，这也体现了我们今天提高用户留存的过程。因为用户留存高，我们的利润也在逐步提升，这就叫将"流量"变成留存的"留量"思维。我们只要能筛选抓住核心用户，不断地去服务好这些用户，才能形成闭环，接下来才能做更多有效的事情。保利威总结的直播营销闭环如图6-3所示。

图6-2 微信产品矩阵的完整闭环

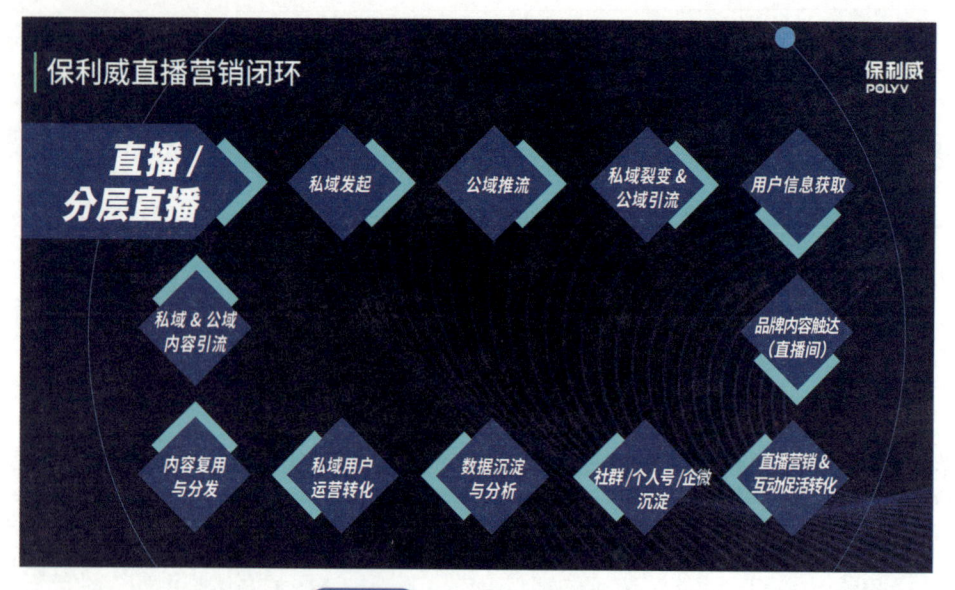

图6-3 保利威直播营销闭环

6.2.3 做好优质直播，持续深耕客户

一直以来，不少人持续在问这样的问题："今天我们如果要做一场优质的直播，到底最少需要几个人就能够执行？当客户进入私域流量池时，我们又该如何识别出这些有效客户，如何做好全面的客户关系管理，整个深耕的过程该怎么做？"

其实，只要拆分一下直播的流程，就不难发现，这个问题一直以来都是有一整套明确的方案。一场直播的正确执行，离不开以下4个专业角色的分工：直播策划人、渠道拓展专员、主题讲解专家和运营转化人员。接下来，我们来进一步了解每个角色负责的事情。

1. 直播策划人

职责：找准用户需求和时下痛点，解决主题策划难定位的问题。

考虑要点：今天的主题是用户喜欢、愿意来听的吗？主播该怎么讲，用户感兴趣的内容是什么？只有让用户觉得有帮助，他才会参与到这场直播中。

如果今天我想做一场直播，必须有一份检查清单：你想讲什么主题？你的用户是谁？他们关心的是什么？你希望达到怎样的效果？主讲人和主持人的互动到底怎么做？我今天有什么激励机制来刺激大家跟我们一起互动？我在什么时候进行互动？我如何去代入场景、寻找矛盾？我能给出哪些新知、新的观点？这些全都是我们要在策划过程中做的事情。

2．渠道拓展专员

职责：不断拓展公域与私域流量，解决用户流量难找的问题。

考虑要点：有了直播主题，定好直播计划以后，流量到底去哪找呢？谁愿意跟我们合作？我们经常会碰到很多朋友说今天讲的内容特别好，却找不到合作对象。很有可能是因为你觉得好，这不代表用户的观点，所以，渠道拓展和策划是相辅相成的。

在当今的互联网环境下，千万不要以为流量会自己主动找过来，认为只要在某个App或者平台上开一个直播间，用户就会源源不断进来，这非常不现实。流量永远是互联网企业最难的问题。

不少朋友都提到，第一次直播特别好，感觉好几千人在线，第二次直播还行，一两千人在线，等做了5次直播以后发现，怎么每次都只有一两百人次的观看量？直播的流量到底从哪来，现在变成了一个新的难题。核心是什么？一定要有专人负责广建渠道，找准流量。

某企业准备了10门面向客户的教育类课程，面对客户人群有4大类：老年群体、下沉市场、社区居民、企业员工。对于这4大类客户群体，如果单纯地通过发短信、打电话然后加微信邀请他看直播，你会发现直播的潜在流量虽然大，但是转换率相对比较差，客户认知相对弱一点。

渠道拓展专员应该怎么做，才能找到新用户？好的做法是，做出10个主题的直播内容，比如"少儿财商"是其中一个，进而，系统性地去找渠道，比如在直播服务拉新环节中提到的酒店，先做线下，做完线下以后让用户自然地进入线上流量池，用户进入线上流量池以后，能做什么？找奶粉与营养品的合作方，去服务他们的客户，都是可行的方法。后续的直播转换、留存、促活都可以实现，这是渠道拓展专员在做的工作，他们专门进行内容分发，去谈业务合作，构建基础流量池。

3. 主题讲解专家

职责：树立机构的专业形象、保证口碑，解决用户留存不稳定的问题。

考虑要点：流量进来以后，我如何把它留住？

现在注意力稀缺是普遍的现象，用户在直播间的驻留时长，就是主讲人和主播能发挥的空间，根据不同的时长构筑内容，尽可能为用户带来更好的直播体验，核心是围绕定标，树立专业和权威形象。无论如何讲，要知道一个新用户在直播间的平均停留时长是3分钟，如果他觉得内容有意思，后续会持续来跟进，这就需要直播策划人在做内容策划的时候，重视互动。商业直播强调的是与用户互动，以及主持人与主讲人互动，每3~5分钟有一个相关的主题问答讨论，每10分钟左右有一次和用户的互动，且持续定期开设直播，才能源源不断地留存新流量，进而提升用户的在线时长，形成口碑效应。

4. 运营转化人员

职责：提升社群活跃度和转化率，解决社群运营和转化难的问题。

考虑要点：社群每天有什么安排，转化方式有哪些？

用户在直播间看完直播后就走了，如果沉淀不下来，没有引流进入社群或者关注公众号、微信号，后续你想再邀请他看第二场直播并实现带货、转化都是很困难的事情，这就要求直播结束后必须得有一个流量的载体。

"社群 + 直播"，能够帮助直播策划和运营人员找到核心用户群体，这个核心用户群体会在群内坚守你的价值观，认可你。具体怎么找到？通过直播工具提供的数据分析用户发言次数、发言内容，通过群内互动可以在社群中定位到种子用户，然后我们找到核心用户进行一对一跟进，为转化打好铺垫，另外要每天在群内持续输出内容，把社群的整体活跃度调动起来，不冷场。

总结一下，整个的直播策划、直播运营，都离不开这4个角色：第一，直播要有直播策划人；第二，直播要有运营推广，也就是渠道拓展者；第三才是主讲人，负责专业的内容；第四是相关的运营人员。

整体来说最少也需要两个人，一个人做策划加主讲，另一个人做渠道加运营。具体怎么分工，每家机构和商业直播讲师可以根据自己的具体情况来进行判断。

精心的直播策划与优质的直播内容，同时辅助以直播数据做好指导，最终为销售转化、品牌营销打下坚实的基础。

6.3 我的直播间，是你常回家看看的地方，如何借力直播提高用户黏性

6.3.1 打造有吸引力的直播间

如何打造出一个有吸引力的直播间？当我们用直播开展线上的运营业务，用直播获客，用直播来促活时，需要设置怎样的机制才能够让用户持续地留存在我们的平台，从而跟我未来的直播有更多的黏性？接下来需要重点思考的是，

用户来看直播的理由是什么？今天通过直播，我们能带来的优惠、新品、价值到底是什么？能否锁住用户的时间？

对于这些问题，答案体现在八个方面：此情、此景、此时、此刻、此人、此产品、此互动和此优惠。这八大要素构成了让直播间有吸引力的核心框架，直播中让用户感知到你提供了有价值的内容，你抓住了用户想要的内容，你和用户产生了紧密的联系，你给用户展示的形象是专业、靠谱的，你对用户足够负责，能帮助用户解决问题。

通常，一场商业直播一个小时，总共发8~9轮红包，也就意味着每7~8分钟就发一次红包或抽取一次福利。当直播间有足够多的福利时，无论是现金红包，还是实物礼品，用户都会觉得你的直播间物有所值。所以，我们在进入直播之前，就要考虑清楚：今天的直播，我们为用户带来的价值到底是什么？有没有诚心诚意的优惠？有没有足够多的优质产品？有没有足够专业的大咖分享？

直播其实是商业的一种形式，而这种形式背后的本质则是要发问，直播间服务的用户究竟是谁？准备陈列的线上商品是什么？对于"人—货—场"的闭环，直播告诉我们，场景由线下转到了线上直播间，货还是那些货，用户还是那些用户。只不过，这背后改变的是，今天主播代表的利益方。

如果主播想和直播间的观众成为朋友的话，必须要代表观众的利益。

思考直播的用户到底是谁，他们关心哪些东西，直播为他们带来怎样的价值，这些都是需要重构的。来到直播间，从直播开始的那一刻起，因为直播讲师提前所做的准备将给用户带来家的体验，让用户感到非常亲切，不再陌生。

具体的做法，从策划—宣发—现场执行，再到讲解—互动—后续运营，要根据不同的场景设计一整套策划和运营流程。商业直播策划运营流程图梳理可参见图2-1。

1．面向不同群体的4类直播

①公司员工私域流量直播；②渠道与机构客户的私域流量直播；③个人客户的私域流量直播；④个人客户的公域流量直播。

2．执行要点

（1）对内形式比较简单，在面向公司员工私域流量直播时，开场先有主持人进行总的介绍。

（2）对外营销形式，分成两种情况，第一种是To B，面向渠道和机构客户；第二，To C，面向个人客户。这场直播是为渠道客户准备，一般就不会在公域流量宣传。试想一下如果你在微博/抖音上直播，讲的内容是给到渠道的合作政策细节和优惠折扣细节，显然要出问题。而且，进入到直播间的用户也并不会买单，所以，对渠道和机构客户的直播通常来讲是回到私域流量，形式上包括主持互动多人讲解和单人讲解。

（3）当确定好了直播是走私域流量还是走公域流量，直播形式是主持介绍一个人讲解还是多人讲解，互动是竞猜、问答还是发红包，以及确定好对外的讲解形式后，转化环节又分成两种，第一种叫作直播中带货，第二种叫作直播后带货。

（4）直播中带货主播会直接在直播中进行互动："现在推荐给大家这款产品，大家跟我们一起买"，这是一种。第二种，直播后带货，意味着在直播的过程中，主播会进行专业内容的输出，但不会直接进行产品推荐转化，直播是以树立专业形象获得用户认可为主，后续由其他工作人员跟进用户，完成一对一的对接和后续业务转换。

因为面向公司全员的培训直播我们已经在第3章至第5章进行了详细解读，

接下来，我们的重点会放在商业直播场景，也就是面向外部的直播场景。下面我们将细分这些场景，具体说明如何借力直播提高用户黏性，让用户常回家看看，最终完成转化。

6.3.2 面向渠道与机构客户的私域流量直播

1. 面向群体

群体为渠道和机构客户的私域流量直播流程，如图6-4所示。

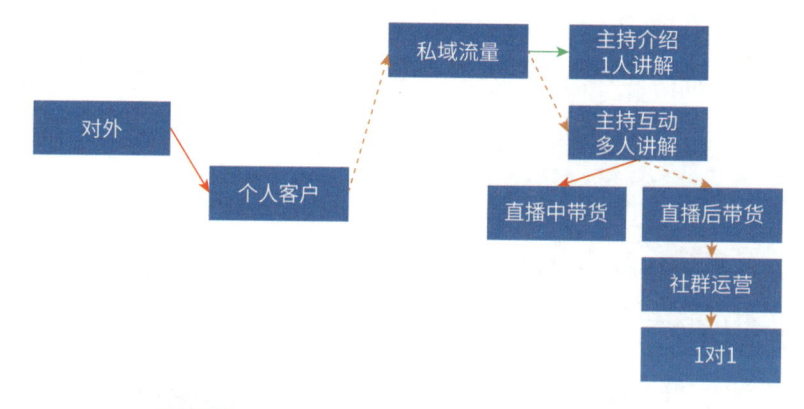

图6-4 面向渠道与机构客户的私域流量直播流程

注：绿色实线代表横屏为主的直播构图；红色实线代表竖屏为主的直播构图；黄色虚线代表直播后带货、可横屏的直播构图。

某大型保险金融机构相关人士问道："老王，你看我们也想做直播，但是我们的核心产品是财产险，直播受众是寿险业务人员，你能不能告诉我们，如果我面对寿险业务员做直播，和他们讲我们的财产险产品、养老险产品以及其他的产品，我应该怎么讲？如何调动他们的兴趣点和提升吸引力？如果是讲我们的金融服务产品（普惠的产品），又该怎么讲？"这就是一个面向渠道合作伙伴的场景。

2．执行要点

当在面对渠道，面对机构客户时，私域流量营销怎么做？从3个方面考虑：

（1）直播形式：第一种是主持介绍，然后1人讲解，第二种是主持介绍，然后多人讲解。

（2）带货形式：直播后带货，核心点在于通过社群运营，后续做一对一的对接，实现转化。

（3）直播工具：做信息收集和数据分析，今天一场直播讲了多久，谁参与了互动，谁提出了问题，用户的平均观看时长是多少，这些都是需要分析的数据。有了这些数据，我们再进行一对一的单人沟通以及持续跟进。

在营销时，我们还会发现一个非常有意思的点：今天谁和你沟通后会成为你的客户？今天哪批用户是通过直播变成你的客户或合作伙伴的？

这里分享一下我们常常碰到的情形：有一个潜在的客户，有很多资源，很多业务人员都特别想与之合作。但实际的结果是什么？客户看不上这些业务人员，客户觉得任何人对他都是可有可无的。借助直播的力量，业务人员能主动判断出他对谁更重要，有这样两个选项：

选项A：得不到的潜在大客户。

选项B：业务人员不一定看上的中等客户，但是他看了直播45分钟，显著超过平均时长。

第二天应该联系谁？谁最有可能和业务人员后续达成业务合作？显然是选项B，他看直播的时长超过了平均时长，超出的时间越长，也就意味对于机构和业务人员的信任越高。

所以，很多时候，我们鼓励自己要学会直播，敢于去讲，运用我们前面章节提到的技巧，锻炼自己去讲，毕竟，直播树立的是个人品牌、机构品牌。直播创造的是个人的流量，为机构赋能。直播可以帮助你实现和用户之间的共情，通过共情技巧，开场有代入，然后创造一个矛盾，最后给解决方案就能实现，用户会觉得你靠谱、专业。

6.3.3 面向个人客户的私域流量直播

1．面向群体

面向个人客户的私域流量直播流程，如图6-5所示。

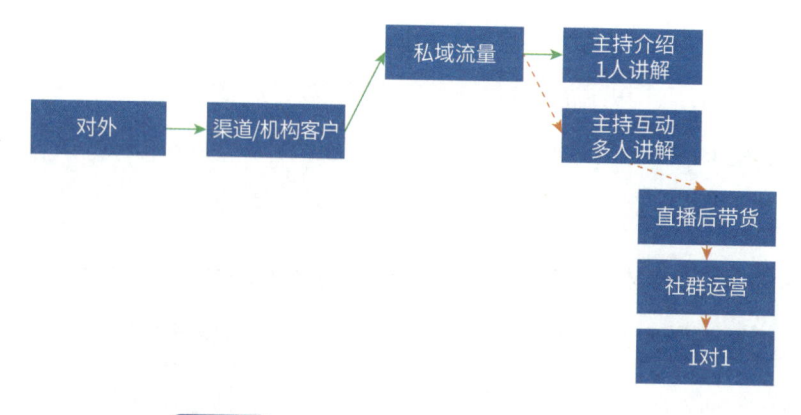

图6-5 面向个人客户的私域流量直播流程

故宫文创产品直播：中国建设银行在2020年做了一场紫禁城建成600周年、故宫博物院建院95周年活动，请故宫博物院的第6任院长做了一场直播。当晚7:30，用户通过公众号扫码进入直播间，那场直播的观看量达几十万次。整个直播过程只在建行自己的流量平台承载，做直播宣传的全都是建行的业务人员，来观看的是建行的客户群体。

2．执行要点

在私域流量中，面对我们的客户，如何才能做好宣传并完成信任的构建呢？

我们需要注意哪些方面？

（1）宣传层面。在做这类直播时，我们一般在朋友圈、好友之间转发直播链接进行宣传，并不需要去新浪、网易、抖音这样的公域平台，直接在公众号、微信群或者QQ群以及公司产品所在的平台等私域就能找到我们要的流量，由于是面对个人客户，直播中带货是比较好的选择。

（2）信任层面。私域流量在线直播的核心：低频变高频➔锁住用户的时间➔构建信任。

直播如果能变成和潜在合作伙伴、客户建立联系的一个契机，它的价值是非常大的，为什么这么说？过去我们是怎么和客户沟通的？一般需要一个破冰话术，这种破冰是由内容实现的，而直播提供了一个高频次的场景，以往线下做活动时，一周可能只有一场，但是通过线上直播间，我一周就能做多场直播。过去我和一个合作伙伴线下沟通时，往往要到现场，如果不在线下见面，可能业务机会就没了。但是今天直播的存在，我可以每周和他沟通一次，直播替我创造了一个新的契机，我通过直播锁定他的时间，完成信任的构建。

我们在私域流量池做直播策划时，要确定直播目的，挖掘客户背后的需求，引导给他们适合的产品。我们来看一个直播后带货的例子，了解策划人是如何在社群中通过直播，筛选出核心客户，然后拉近距离，群内保持互动，一步步累积信任的。

案例——华东某大型证券的营业部社群转化运营

受众：有"投资理财"需求的用户

活动主题：投资理财

在直播结束后，举办7天的训练营，带领群内学员继续学习，带动产品购买。

直播观看数据：

群内成员115位，去重后观看直播人数93位，平均观看时长18分钟。

直播后跟进：

（1）观看时长在30分钟以上的客户名单，重点沟通跟进，匹配需求。

（2）观看时长在18分钟以上的客户，保持留意。

（3）直播间有互动提问的客户，根据问题跟进。

社群中运营转化：

前期借助直播构建良好的社群氛围，日常穿插的投资教育，以及群内信任关系和专业度建立，帮助客户做出合适的决策，推动产品购买转化。

（1）运营时间安排（见表6-1）。

表6-1 每日直播私域群运营规划

序号	群内运营事项	时间安排	实施人
1	早新闻	8：30—9：00	Hi-Finance运营人员
2	打新/上市提醒	8：30—9：00	证券公司运营人员
3	早盘研判	9：00—9：15	证券公司运营人员
4	午市研判	12：00—13：00	Hi-Finance运营人员
5	尾盘研判	15：00—15：15	证券公司运营人员
6	基金行情+基金投教	15：15—15：45	Hi-Finance运营人员
7	基金周报	周五15：15—15：45	证券公司运营人员
8	主题投票讨论	19：30—20：00	Hi-Finance运营人员
9	相关活动（理财、直播、基金发售等）	及时发布	证券公司运营人员
10	App使用问题	及时解答	Hi-Finance和证券公司运营人员
11	群内日常讨论互动，问题解答，情绪安抚	及时参与	Hi-Finance和证券公司运营人员配合

其他支持：

1. Hi-Finance每周提供数据报表：群聊概览表、重点对象关注表、用户发言记录表。

2. 提供重点关注的对象名单，区分股票交易类还是基金购买类。

（2）群内持续学习（见图6-6）。

第6章 / 数字化品牌推广，直播如何将"流量"变"留量"

（3）产生话题，遴选优质单品产品，为用户创造价值，带来转化，切忌在社群运营中单纯地发送产品链接而不严选，因为这样做，私域流量的信任感会消失。针对特定时间的特定单品，从用户视角出发进行遴选和推荐，才是持续服务客户的基石（见图6-7）。

（4）最终完成转化（见图6-8）。

图6-6 面向个人用户的私域社群直播运营案例1（群内持续学习）

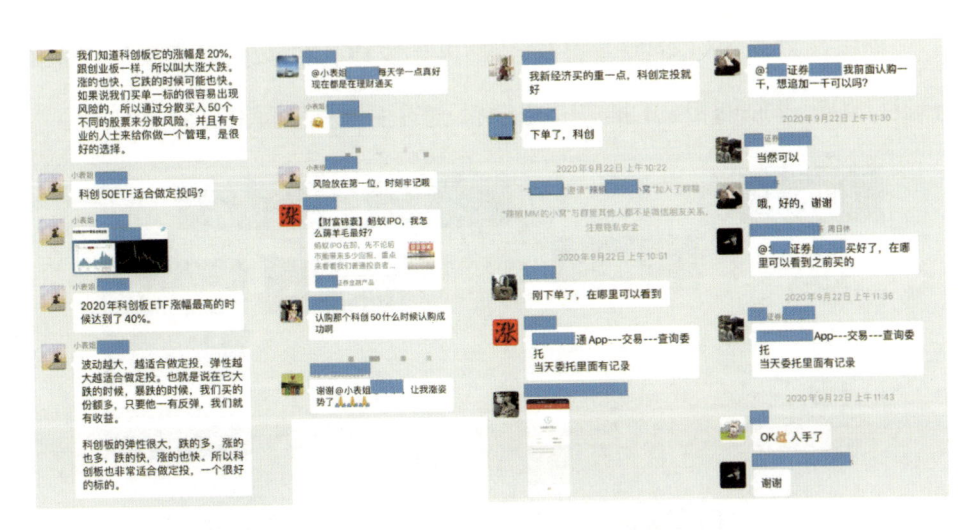

图6-7 面向个人用户的私域社群直播运营案例2（优质产品推荐）

187

科创50购买客户数
(单位:户)

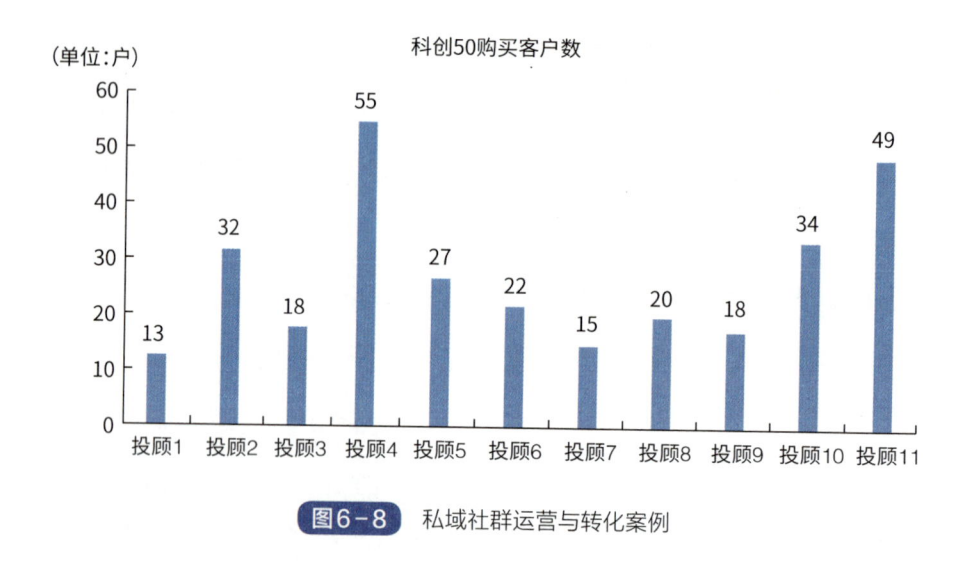

投顾1	13
投顾2	32
投顾3	18
投顾4	55
投顾5	27
投顾6	22
投顾7	15
投顾8	20
投顾9	18
投顾10	34
投顾11	49

图6-8 私域社群运营与转化案例

6.3.4 面向个人客户的公域流量直播

面向个人客户的公域流量直播的直播流程如图6-9所示。

1．面向群体

面向C端，今天这种场景得有足够的平台支持，在抖音、支付宝等公域平台进行直播，同时有相关的推广引流支持，通过平台为直播间带来观众。

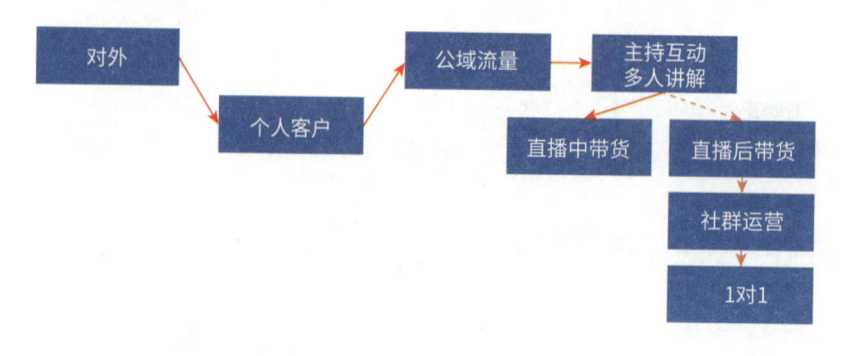

图6-9 面向个人客户的公域流量直播流程

2. 执行要点

公域流量中，我们如何实现商业直播的带货落地转化呢？参考上面的流程图。营销方面，如果你是电商，基本上就是在淘宝、京东、拼多多等电商平台直播中带货；如果是金融机构，除了可以在支付宝上直接推荐基金，其他地方都不能推荐，但是可以引流到私域流量，然后再进行直播后的带货，一对一进行跟进，从而完成后续转化。

这个场景下有几个方面值得关注：

（1）横屏 vs 竖屏。公域直播的画面构图和私域的构图不一样，大部分公域流量直播的构图都是竖屏，在淘宝、抖音、快手等平台都比较常见。

（2）直播间人数。公域中常见的是两个人（主播+小助手或主播+嘉宾），而在私域流量最多可以有4个人分享。

（3）直播间背景。公域流量中的背景色调比较简单，品牌标识颜色的渐变或者白色带品牌标识的背景墙是常见形式。

（4）直播道具。手卡一般用雪弗板，KT板相对较薄，字号一般为36，这样用户才能看得清，否则用户看不清字，效果将打折扣。

（5）直播主持人或主播。主持人或主播在商业直播中承担着重要角色（见图6-10），负责产品推介、互动以及进行直播节奏的控制。我们经常说主持人最核心的作用就是把控节奏，而另一个作用就是进行互动以及尬场处理。

| 访谈类"串场"主持人 | 专业人员式对话主持人 | 为用户谋福利、人见人爱型主持人 | 助讲 |

图6-10 商业直播主持人的4种角色

具体讲讲主持人的四种角色：第一种叫作访谈类"串场"主持人，根据问题清单，做完一个接着一个对话就结束了；第二种叫作专业人员式对话主持人，这种对话主持人基于写好的文字稿讲解，但是需要进行发挥，强调和主讲人的互动感；第三种叫作为用户谋福利、人见人爱型的主持人，主持人今天代表用户的利益，会给用户带来相关的福利；第四种叫作助讲，主播在介绍某个产品或话题时，助讲需要支持一下，活跃一下氛围。

6.4　直播如何赋能 App 日活与月活的提升

DAU、MAU 是用户数据的重要指标：

DAU：Daily Active User（日活跃用户数，简称日活），通常指一天内登录或使用了某个产品的用户数（去重）。

MAU：Monthly Active User（月活跃用户数，简称月活），通常指一月内登录或使用了某个产品的用户数（去重）。

日活、月活体现的是平台的活跃程度，同时也反映了用户的忠诚度和黏性。当我们在谈及日活、月活时，其实最核心的是要锁住用户的时长，给用户提供他想要看的内容。我们来看一组数据，直播对于提升用户黏性作用巨大，典型平台直播用户对平台的周人均单日使用时长都超过了30分钟（见图6-11），远高于非直播用户。快手2021年上市披露的招股说明书显示，每位日活跃用户日均使用时长大于86分钟，日活跃用户为3.05亿人，月活跃用户为7.69亿人。

在微信视频号直播中，一场流星雨直播超过100万人观看，官方并没有用平台流量去推荐这场活动，直播却无形中得到了扩散并吸引了更多人打开微信观看。

中国直播平台平均日活跃用户数和每位日活跃用户日均使用时长，2015年（实际）至2025年（预测）

	2015年(实际)	2016年(实际)	2017年(实际)	2018年(实际)	2019年(实际)	2020年(预测)	2021年(预测)	2022年(预测)	2023年(预测)	2024年(预测)	2025年(预测)	2015年(实际)2019年(实际)复合年增长率(%)	2019年(实际)2025年(预测)复合年增长率(%)
直播平台平均日活跃用户数（百万）	35.7	56.5	93.1	135.1	213.4	304.5	355.6	401.7	442.1	479.3	512.8	56.4	15.7
每位日活跃用户日均使用时长（分钟）	19.5	23.1	26.4	29.8	33.2	35.7	39.2	42.8	46.5	49.6	51.9	14.2	7.7

图6-11　快手2021年招股说明书披露的直播活跃用户数与使用时长

注：中国短视频平台的平均日活跃用户数2019年已达到4.957亿人，到2025年预计将达到8.999亿人。

资料来源：快手2021年招股说明书。

2021年抖音"云过年"活动8天开播了369场，通过"云美食""云欢唱""云人生百味"等活动以及答题、聊天等玩法，提供给网友想看的，给大家提供新式年味直播，最终累计1.3亿人次参与直播活动，大幅度锁住用户的时间，提升黏性。

春节期间，金融机构同样借力直播在支付宝开展理财活动，观看人次同比增长超10倍，"直播+基金""直播+理财""直播+保险"都在火热开展中，除夕当晚直播观看量首次超过60万人次，实现新的人数突破。在这些例子中，直播不仅推动着更多企业尝试，提升着品牌宣传力度，同时也为平台带来了流量，提高了用户时长。

当越来越多的直播形式、直播玩法出现时，当直播不断赋能App，提升日活、月活时，我们始终要思考的是直播背后的问题："直播带货"的对象是谁，我们的直播能不能解决消费者的需求，而不是制造噱头。正如前面小节提到的，主讲人的核心在于代表用户的利益，给用户带来他们想要的，而不是去走网红路线。当我们掌握了第5章中提到的讲好直播课的技巧方法，同时又有直播中四类角色的配合，我们就能更好地面向客户服务，提供有价值的内容，提升客户的黏度，增加客户对我们的信任。

6.5 展会论坛直播，最大化线下内容的ROI（数字会展）

一场疫情猛如虎，一看会展愁且苦。

但也不尽然，有人业务断流，颗粒无收，也有人订单不断，喜笑颜开。

有一部分企业通过直播，把线下会展搬到了线上，轻松实现了品牌曝光和高效营销转化，斩获源源不断的订单和客户。

保利威服务的创业邦，首次以纯线上形式举办"2020 DEMO CHINA 创新中国春季峰会"，打造了一个集线上论坛、云路演、数字展厅、数字互动、直播带货于一身的数字会展。3天时间，直播累计观看量突破600万人次。

从数据看，并不逊于甚至更优于线下会展的效果。

在当下，数字会展打破了时空界限，可以全天候进行展览；在未来，即使线下会展逐步开放，数字会展的便捷、高效也会更加普及，线上+线下办展的模式会逐渐成为趋势。

然而，在线上会展这种高自由度场景中，没有实体场馆约束和工作人员引导，观会者想离开只需要一个动作：在屏幕角落点叉号关闭。但从另一个角度看，进入成本同样很低，只要你能戳中受众兴趣点，他们不会吝惜一次点击。

因此，以最短路径吸引观众进入，同时又尽可能延长其停留时间，原本精心策划的线下内容才有可能在线上实现回报率最大化。

观众对会展直播形式和内容的要求之高可想而知。

6.5.1 数字会展最全攻略

保利威总结的数字会展的运营及玩法不仅贯穿了会展前、中、会3个阶段，其中还涵盖了会场设计、内容策划、传播策划、用户运营、流程设计5大板块，每个环节都对企业的线上办展能力提出了更高要求（见图6-12）。

1. 会展前：策划专业直播，多渠道精准获客

（1）内容策划：挖掘受众需求，打造个性化吸睛内容。每一场直播都如同一场电影或节目，观众看完后都会在心中打分。在这个"内容为王"的时代，结合品牌特点策划出优质的直播内容很关键，要注意三个细节。

第一，更吸睛的直播主题：根据企业直播目的和受众进行分析，找出一个能突出品牌特点并抓住受众眼球的主题来吸引关注。

第二，更"挑剔"的嘉宾选择：在一场高质量的直播中，除了大品牌、高专业度，线上直播对嘉宾的镜头感、网感[①]、互动感都有更高要求。

第三，更"有网感"的直播内容：许多企业的直播还是习惯将传统的线下招商会、推介会内容原封不动搬到线上，虽然观看人数很多，但停留时间短，用户易流失。

事实上，线上直播的形式使得用户的"进入和退出"都更容易，用户注意力也更分散。唯有更优质的内容以及更紧凑的节奏才能牢牢"抓住"用户关注。这也是为什么越来越多的营销直播都走向"综艺化""娱乐化"，这背后是对直播内容"网感"的需求。

以美的为例，广交会期间，美的旗下各个海外销售团队每天要上线十几场

---

① 由互联网社交习惯建立起来的思考方式及表达方式。——编者注

图6-12 保利威大会直播SOP

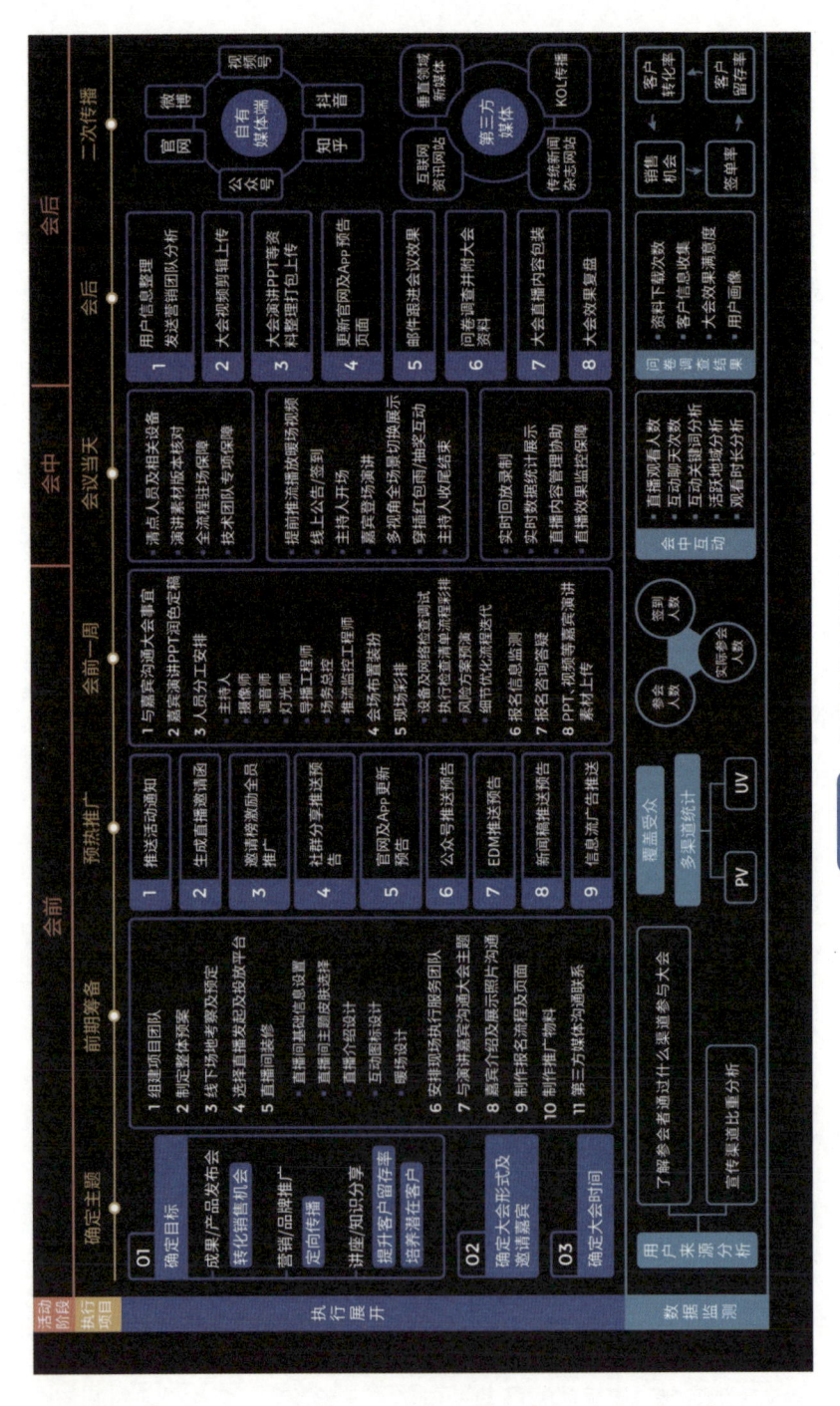

直播，均需要根据海外市场的风土人情和实际情况，制定个性化的直播方案。

有的国家喜欢找网红明星来做直播；有的国家倾向找技术大咖，通过讲解分析技术特点来说服消费者；也有一些国家的消费者热衷于追求折扣优惠；还有一些国家的消费者，则对冲关赢奖品的活动特别有兴趣。比如越南，那边的直播方式就不是简单地介绍产品，中间要穿插一些歌舞表演，然后还有抽奖，这都是当地消费者很喜欢的玩法。比如图6-13所示的美国环球直播间的"拆机大赛"。

（2）会场设计：搭建数字门户，打造沉浸式逛展体验。企业可以使用一个聚合页，将图文内容、视频资讯、线上会客室、品牌直播间、在线商城和智能客服等模块融为一体，形成会展的"数字门户"页面，也可结合3D、VR技术，为用户提供沉浸式的观看体验，逛展体验甚至超越线下。

通过这样高沉浸、强互动的数字会展设置，不仅可以让没能到现场的用户

图6-13　美的环球直播间的"拆机大赛"

充分体验逛展、看会，现场的观众如果想快速熟悉，也可以直接到直播间逛展。而合作方的权益则在这个过程中得到了最大化的体现。

（3）直播间设计：打造专属直播间，彰显品牌调性。

"首因效应"又称"第一印象效应"，用户对直播间的第一印象会直接影响到后续的观看体验，主要分为线上和线下两部分。

对于线上直播间来说，需要注意三点：

第一，创建线上直播间，并生成邀请二维码，作为后续传播的专属直播入口。

第二，装修线上直播间。设置好品牌标识、直播间背景图、直播间介绍页、直播间菜单等不同内容，展现品牌专业感。

第三，提前测试直播间。调试直播软硬件，确保直播中呈现满意的效果。此外，如需应对大流量，要提前考虑平台和网络承接稳定性问题，升级网络宽带，保证直播流畅。

对于线下直播间，则需要提前确定直播场地，并购置电脑、摄像头、麦克风、声卡、补光灯、网络聚合器等硬件设备。这些都是非常专业的工作，找有经验的团队可以少走很多弯路。

（4）传播策划：规划推广节奏，精准引流获客。不管是线上还是线下，人气都是会展的灵魂。有了观众数量的保证，在招商方面也可以获得更好的回馈。

第一，规划宣传推广节奏。在直播前中后不同阶段制定不同的宣传策略，针对不同平台匹配不同内容，逐步引爆人气。

第二，确定宣传渠道。可以从公共社交媒体，自有公众号、微博、官网、社群、邮件、短信以及合作方平台等不同渠道入手，为直播进行引流曝光。

第三，根据不同渠道制作宣传物料。比如生产朋友圈邀请海报、撰写公众号推文、制作抖音短视频等。

为了吸引到更多用户参与,可以在引流前使用限时限量福利。同时,打磨海报的文案,激发用户参与会展的动机。海报文案可以参考以下3个原则:

①痛点型:根源性的问题描述 + 解决方案。

②权威型:知名品牌或吸睛头衔 + 分享内容。

③获得型:产品名 + 身体获得/心理获得/财富获得。

第四,设计用户报名方式和引流路径。充分考虑不同私域管道间的效率及用户体验,让整个引流过程更顺畅,用户留存率更高(见图6-14)。

例如,保利威直播拥有生成邀请海报功能,观众将邀请卡分享朋友圈或微信群,邀请好友扫描助力即可免费或以一定优惠价通过"付费观看"进入直播,形成裂变式传播。

(5)流程设计:做好开播准备,确保整体流程顺畅。在开始会展直播前一周,

图6-14 保利威直播预告:视频号、公众号、社群私域覆盖

企业需要打磨直播内容并演练整个直播的流程，保证最终效果。主要关注以下四点：

第一，设计直播互动内容。在直播中的不同阶段，设计不同的互动方式，并和主讲人沟通整个流程。

第二，参会人权限设置。主要是通过白名单（白名单是设置能通过的用户，白名单以外的用户都不能通过），让报名展会的观众能够预约并观看直播，例如，可以使用保利威直播后台中"观看条件设置"来设置白名单权限。

第三，直播间测试及排练。多做几次彩排，从用户视角来不断改善自己的内容节奏、话术、谈吐。参展商可以根据自己的展品将直播内容分成不同的单元，每个单元准备好对应的脚本，重点突出产品亮点、使用场景、公司亮点等内容，直播人员根据脚本灵活发挥，保证直播质量。

第四，持续跟进直播报名情况，及时回复报名咨询。在直播当天，注意清点人员和设备，并为直播设置好暖场视频。

为了保障企业顺利落地直播，保利威会成立专属直播保障小组，从不同维度进行直播保障。其中包含项目经理、研发人员、运维人员和执行人员，不同职能的人员负责不同模块，项目经理负责把控整个直播的进度和质量交付（图6-15）。

到了现场，保障团队人员会和直播筹备团队包括策划公司、搭建公司、摄像团队及时顺畅地沟通，同时和后端团队、运维团队紧密配合，把可能影响直播的不良因素和影响提前排除，以配合直播活动的顺利进行。

2. 会展中：实时直播交流，玩转线上互动

（1）传播策划：多平台推流＋全终端观看，最大化曝光。不同会展面向的受众不同，在不同的平台上进行直播推流，能够帮助展商快速触达精准受众。

目前，国内主流的视频/直播平台主要有B站、抖音、小红书、斗鱼等，不同直播平台的受众不同。会展方需要锁定跟自己会展受众重合度高的平台，并

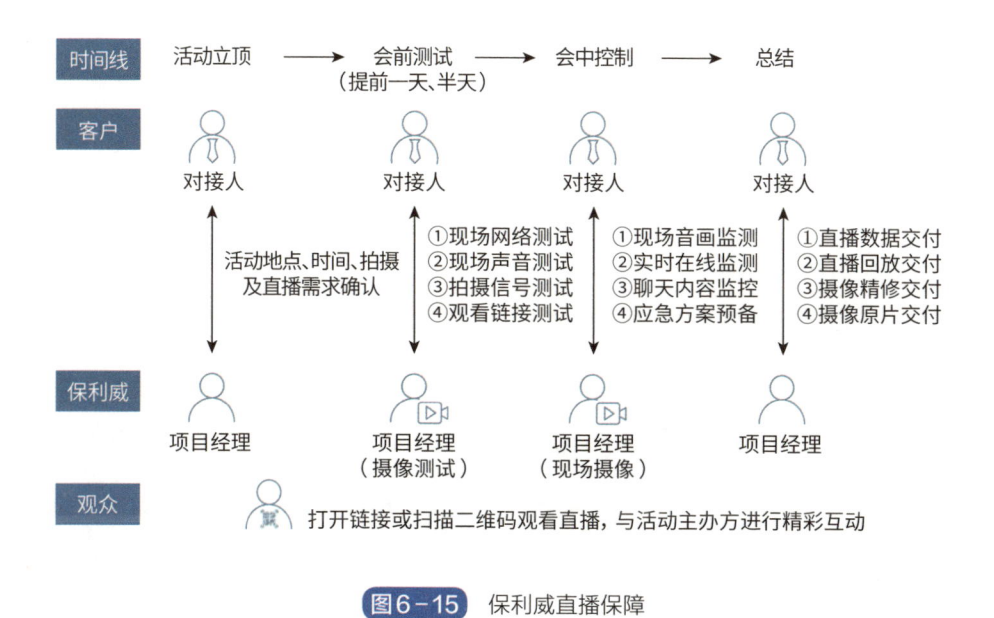

第6章 数字化品牌推广，直播如何将"流量"变"留量"

时间线：活动立项 → 会前测试（提前一天、半天）→ 会中控制 → 总结

客户：对接人
- 活动地点、时间、拍摄及直播需求确认

对接人
- ①现场网络测试
- ②现场声音测试
- ③拍摄信号测试
- ④观看链接测试

对接人
- ①现场音画监测
- ②实时在线监测
- ③聊天内容监控
- ④应急方案预备

对接人
- ①直播数据交付
- ②直播回放交付
- ③摄像精修交付
- ④摄像原片交付

保利威：
- 项目经理
- 项目经理（摄像测试）
- 项目经理（现场摄像）
- 项目经理

观众：打开链接或扫描二维码观看直播，与活动主办方进行精彩互动

图6-15 保利威直播保障

根据不同平台调性调整宣传内容，进行直播营销。

（2）内容策划：多路直播"面对面"带看，实时洽谈签约。直播是数字会展的重要模块，而多路直播能够全方位呈现展位亮点。

在一个独立频道中，展商可以添加多路直播流，用多个窗口同时展现产品外观、使用效果、嘉宾分享等多个画面内容。商家还可以同时开放连麦，让异地客户能够实时咨询，"面对面"实现深入互动和交流。

（3）会场设计：自定义虚拟背景，呈现华丽直播舞台。企业可以设计专属直播背景，通过虚拟抠像技术能把定制背景呈现到屏幕上，带来沉浸式的线上观看体验和耳目一新的视听感受。

线上展会中引入互动玩法，可以充分调用用户热情，延长用户停留时间。

在开始直播前进行签到＋抽奖，设置带有企业品牌信息的产品周边小礼品

作为奖品发放，提升推广附加值。导购给消费者推荐新品、发放特殊优惠，吸引消费者。

在直播中的不同阶段，还可以随机发放红包、进行多轮抽奖，吸引客户持续关注直播。弹幕可以直接显示在直播间中，激发观众的参与感，营造现场讨论的热闹气氛。

3. 会展后：打造专属"数据金库"，内容二次传播

（1）用户运营：精细化运营留存，方便后续跟进和转化。想提高会后的营销效果，需要对参与直播的用户进行持续运营。

第一，设置直播回看。让当时不方便参加会展的客户回看，不错过会展中的精彩展示和内容分享。

第二，解答直播中客户的遗留问题，并保持后续跟进，强化客户成单意愿。

第三，发放直播中抽奖礼物，通知客户及时领取。

第四，做好私域留存，如引导客户关注企业服务号、进入社群或添加客服微信号，持续运营转化。

（2）用户数据运营：生成直播报表，为运营提供科学决策依据。在以往的线下会展中，商家如果想统计人流量、互动数据、停留时长等信息，往往过程会比较烦琐，且得到的数据不一定能够精确展示。

线上数字会展，展商能够通过后台直接查看观众人数、现场热力图、观众行业领域分布、观众参观展台数、展台排名等数据，展商可以通过这些数据分析出精准的用户画像，确定潜在的意向客户，方便后续跟进。

（3）传播策划：视频后期加工，实现二次传播。会展上的分享内容可以整理为文章、金句海报，作为整个会展的亮点回顾。

在会展直播过程中，会生成许多视频素材，展商可以把这些素材进行二次加工，分发到抖音、视频号、B 站、小红书、腾讯视频等主流视频内容平台，进行数字展会的二次传播。

视频内容的形式，可以参考以下三种：第一种，15秒短视频，剪辑一些会展中的精彩画面、金句，用于朋友圈、社群宣传；第二种，30秒至1分钟抖音短视频，剪辑不同产品的介绍、解读和嘉宾干货；第三种，5分钟精华回顾视频，精彩内容集合。

接下来我们一起学习家电巨头美的的会展直播如何落地。

案例——美的：花式环球直播，燃爆广交会

受疫情影响，第127届广交会首次搬上"云"端，2.5万家展商首次通过直播向世界展现中国实力，50个线上展区10×24小时全天候服务，180万件商品同步展出（见图6-16）。

"云"上广交会成为疫情暴发以来世界上规模罕见的线上展览会，不仅是国内首次，也是全世界首次。

图6-16 第127届"云"上广交会

此次将展会搬到线上直播之后，成为全球客商重要的合作沟通方式。在众多直播间中，想要突围而出绝非易事，活动形式、技术支持、展览创意都需出奇制胜。

这次广交会上，由保利威提供直播支持的家电巨头美的，通过策划创意直播内容、虚拟背景技术、个性化环球直播、数字展厅等一系列"组合拳"，实现众多脑洞大开的数字会展玩法，不仅让众多观众驻足停留，还带动了销售转化。

6.5.2　1分钟徒手拆空调，4500米高空上演"速度与激情"

广交会期间，美的联手世界知名高空摄影师和专业跳伞运动员团队，在美国洛杉矶东部策划了一场扣人心弦、紧张刺激的高空跳伞极限拆机直播，如图6-17所示。

在4500米的高空，专业跳伞团队需要在一分钟的安全自由落体时间内，完成一台AE Pro空调的拆卸工作。

不受控制的失重状态、不可预测的高空风速，这些都对拆机挑战提出了更

图6-17　美的高空拆机全球直播

严苛的要求。

本次高空极限"拆空调"直播面向全球观众，使用无人机进行高空拍摄。保利威采用全球2800多个智能融合节点，覆盖世界上多个国家和地区，实现海内外高清流畅的播放体验。

6.5.3 立体虚拟直播舞台多嘉宾跨国对话

展会期间，美的举办了充满科技感的"智造未来"线上研讨会，邀请了工业4.0概念创始人、诺贝尔知识共享奖得主亨里克·范·希尔（Henrik Von Scheel）等业界权威和国际学者参与研讨，舞台背景用3D动画打造，主持人巧妙融入虚拟背景中，科技范十足（图6-18）。

这类在线研讨会，尤其重视画面品质感和沉浸感。保利威在直播中，可采用虚拟抠像技术，把定制展位背景呈现到屏幕上，为观众带来沉浸式的线上观看体验和耳目一新的视听感受。

主持人现场跨国连线了

图6-18 美的"智造未来"线上研讨会

KUKA机器人的战略联盟主席克里斯蒂安·里德特克（Christian Liedtke）博士，以及物联网产业专家、工业4.0研究学者戴娜·布劳因（Dana Blouin），整个连线过程高清流畅，无缝切换。

研讨会嘉宾位于海外，距离较远，直播途中容易遇到信号中断。保利威遍布全球的智能融合节点，可以通过海外专线技术，对跨国播放进行优化，智能识别播放所在地就近节点并推流，大大降低信号中断的概率，保障跨国直播稳定。

除了网络信号，还需要注意时差问题。如果连线双方处于不同大洲，一般不会选择在国内上班时间，而是需要在晚上或是半夜进行连线。

6.5.4　个性化内容策划玩转环球互动带货直播

每一场直播都如同一场电影或节目，观众看完后都会在心中打分。在这个"内容为王"的时代，如何结合企业品牌特点，策划出优质的直播内容来吸引人气呢？

据美的副总裁王建国透露，美的旗下的各个海外销售团队，每天要上线十几场直播，并且要根据各个海外市场的风土人情和实际情况，制定个性化的直播方案。

为了让直播适应不同地区纷繁复杂的市场需求，美的充分放权，让旗下团队发挥最大限度的创意去吸引受众。各个海外市场的销售团队，都有极大的自主权去策划直播内容。

在这次的广交会直播中，美的不同大区的营销团队结合产品卖点，策划了"拆机大赛""蒙娜丽莎""吉祥物斗舞"等娱乐性十足的互动环节。

在"拆机大赛"中，美的搭建专属直播竞技擂台，专家现场直播讲解产品，直观展现AE Pro空调一分钟急速拆卸的特点。在促销优惠的引导下，直播间奖品一抢而光，氛围不断升温至高潮。

针对 Breezeless 这款空调产品，美的将蒙娜丽莎这一海内外耳熟能详的艺术形象打造成一支"鬼畜"画风、氛围欢乐的宣传视频，向观众传达了"有凉感无风感"的产品特征。

此外，从格陵兰岛远道而来的"Polar Bear"，如图6-19所示，作为美的高温制冷产品的吉祥物现身直播间，通过抖音在线向大家发起斗舞挑战，轻松调动起观众的互动热情。

图6-19 美的高温制冷产品吉祥物亮相直播间

6.5.5 沉浸式数字展厅全新线上逛展体验

美的还为旗下的直播提供了沉浸式的数字门户页面，页面直观展现了研讨会直播、空降拆机直播、环球直播间、新品宣传视频、联系方式等不同形式内容的入口。

用户可以左右拖动，迅速锁定想要观看的直播页面入口，沉浸感十足，像一个线上"超级大展厅"，拥有全英文界面，让海内外客户精准锁定需要的信息（图6-20）。

图6-20 美的直播数字门户页面

除了立体页面，美的还运用VR、3D技术，在线上搭建了家用电器展厅，把线下的"产品资产"转换成了线上"数字资产"，通过播放短视频、放大图片等形式，让采购商了解更多的产品细节。

比如洗衣机的滚筒是怎样旋转的、滚筒中的水是怎样流动的、衣物在滚筒里清洗时的状态是怎样的，采购商都能看得清清楚楚，甚至洗衣机的旋钮转动时的声音，到底是"滴滴滴"还是"咔咔咔"，轻点几下鼠标就可以体验。

美的在整场会展上的直播组合拳，兼具娱乐性和专业性，不仅互动方式新奇有趣，还巧妙给客户传达了产品卖点。

事实上，早在广交会开幕之前，美的就已经在直播营销上不断试水。2019年的"双11"，美的系全网总销售额突破74.4亿元，连续7年稳坐全网家电全品类的"头把交椅"，其中直播就发挥了重要作用。

一方面，不断修炼内功，做好产品和服务；另一方面，快速探索新的营销和传播模式，打造出一场场精彩绝伦的企业直播。

6.6 打造企业数字化品牌矩阵，直播如何赋能营销阵地

"全新的数字化品牌矩阵正在生成，直播正成为新的品牌营销阵地。"

品牌线上竞争的变化趋势在于"流量"阵地的变迁。从以文字信息为主的企业公众号，到短平快的短视频平台，再到淘宝、抖音相继展开直播带货，企业布局数字化营销的路线，正是随线上渠道"流量"的迁徙方向而变。

一方面，企业要完成一个数字化品牌矩阵的基本搭建，已经包括了官网、App、公众号、社群、直播平台……林林总总。在这个过程中，企业品牌矩阵所呈现形式的新鲜感、承载内容的优质度、吸引流量的有效程度，都是衡量品牌数字化转型的重要指标。

而另一方面，从"远程办公"到"云管理"，从"在线学习"到"新零售"，不少新需求正推动着企业全方位的数字化转型进程。从一场培训课程、一场医疗讲座，到一场车企发布会直播、一场企业家首秀——如何通过直播盘活线上线下流量，拓展销售和更大的市场，成为品牌新的时代课题。

在企业全场景的直播矩阵之下，直播不仅带来了企业经营便利、人才聚拢，实现营销的数字化，也带来了企业新一代的"增长飞轮"。

这个"增长飞轮"从人才、内容、品牌、流量多角度组成的闭环中，通过IP培育、流量增长、品牌增长及营销增长，为企业带来了增长创新（图6-21）。我们从多个企业实践的案例中发现了两个特征：

第一，直播已经成为企业新一轮增长中极其关键且行之有效的一环；第二，哪个部门提前建立了直播矩阵，哪个部门就在企业中拥有了更高的战略地位。

首先，品牌需要建立更丰富的触点矩阵，如之前所言，官网、官微、公众号、

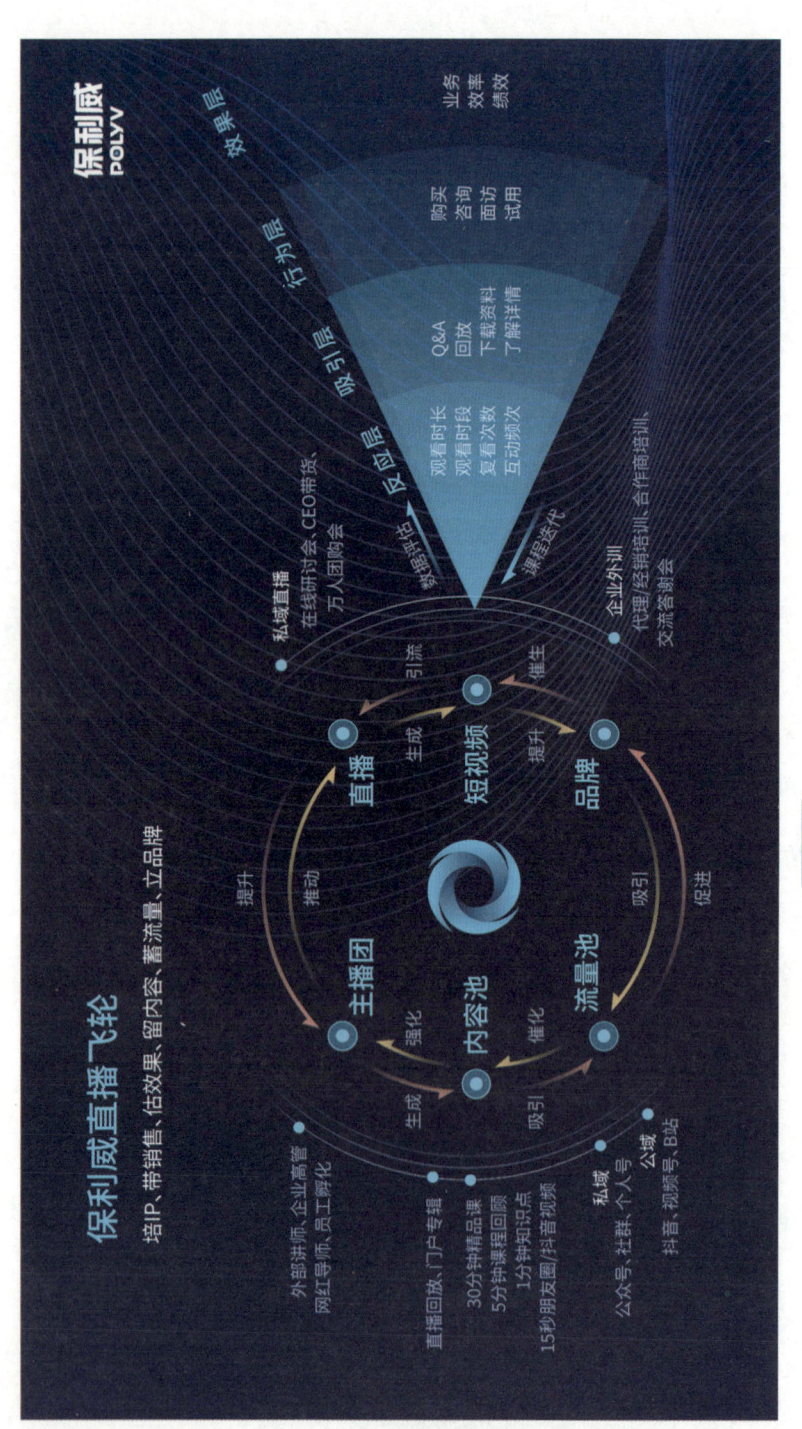

图6-21 保利威直播增长飞轮

商城、App、小程序、品牌体验店、展会，等等。

同时，这些前端触点之间还需要具备相互引流的入口，私域到公域直接的闭环，品牌漏斗的完整性，都可以更大地提升品牌与客户交互的广度与深度。

案例——蔚来 NIO Day：与用户共创品牌力

2021年举办的 NIO Day 2020是国内车企标杆级的"轰趴[①]"（图6-22），更是一次给蔚来车主的献礼。2021年1月的成都气温接近3℃，阴冷的寒风吹过江滩，行人稀疏，但掩盖不了五粮液演艺中心的人潮和热浪。

图6-22 蔚来 NIO Day 2020主会场

1月9日当天，"蔚来日""NIO Day""包机看 NIO Day"等关键字频繁登

[①] 私人办的家庭聚会（英文 Home Party 的音译），一直是西方国家传统与主流的生活方式的重要部分。——编者注

上微博热搜，成为活动类相关唯一的全网热议话题；全球35个平台同步直播，成都主会场与全国64个分会场一起联动庆祝，线上观看人数飙升至1亿人。

像这样全球级别的访问量和数据并发，对于视频直播来说无疑是巨大的挑战，而保利威为本次 NIO Day 提供了直播技术支持，助力蔚来实现全程高清、稳定的大会直播。

NIO Day 大会在内容制作上彻底做到了"用户共创"：

车主主办活动：全国10个城市的车友会都组建了城市申办小组，分别为自己的城市制作方案和内容，共有4万多人参与投票，最终选定成都作为主会场。

车主故事电影：这一次将镜头聚焦在三位车主身上，将他们在疫情期间的经历和蜕变拍成了感人的电影，将品牌文化进一步升华，让所有车主感同身受。

车主乐队表演：知名音乐人常石磊与蔚来社区成员组成的 NIO Band 跨界合唱《未来在前行》，将气氛带至高潮（见图6-23）。

图6-23　NIO Band 与常石磊跨界合唱《未来在前行》

第6章 / 数字化品牌推广，直播如何将"流量"变"留量"

这种"用户共创"式的营销，从创意到执行，极大激发了粉丝参与热情，从而催生用户产生内容。现场随处可见蔚来车主的身影，每个车主在不同节点共同发力，最后形成"核聚变"。随着话题持续发酵，激发用户社会化裂变传播力，从而实现病毒式营销效果。

由此看来，数字化转型不是简单换一个营销渠道，而是借助数字化升级原有的运营体系，为消费者带来更丰富的体验，为品牌输出更与时俱进的服务解决方案，为企业带来更强的用户黏性和竞争优势。

在时下流量更难获取和留存的今天，私域流量成为最火热的词汇。不管是C端品牌还是B端品牌，都在抓紧构建属于自己品牌的"私域闭环"（图6-24），私域的闭环也随着数字化升级不断升级。

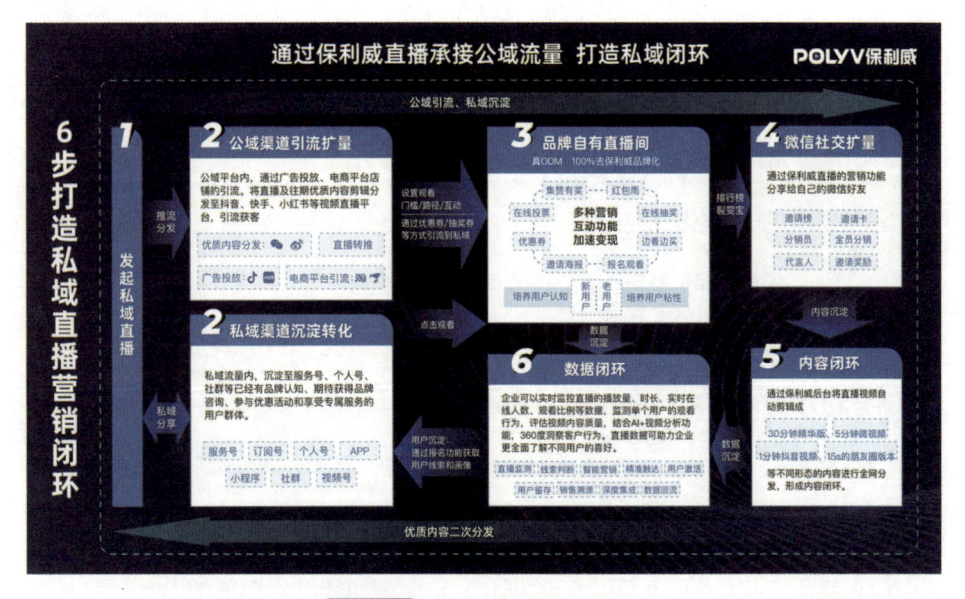

图6-24　保利威私域营销闭环

展开来看，企业通过私域直播实现高效获客，需要完成三大关键闭环。

闭环一：直播内容的生产闭环

我们发现很多企业在做直播时，仅仅把如何做完一场直播作为目标，很少有团队会关注到直播结束后，如何把这场直播利用好，做成一次超长链路的"内容营销"。

直播本身就是一种先进的内容生产方式。

内容的生产门槛很高，视频尤其如此，但直播这种方式降低了视频内容的生产门槛，所以二次加工很重要。

一场直播结束后，可以通过回看把视频资料沉淀下来。

比如这场直播全程有45分钟，可以剪出一个20分钟的精华版、5分钟微视频、一分钟的抖音版，以及15秒的朋友圈版本。

每一次直播，每一次交流，都可以为内容团队提供各个层级的丰富素材。

闭环二：直播营销的数据闭环

目前，用户数字化已经普及了，企业的数字化也是箭在弦上。数据驱动运营这条准则，在直播间同样适用，甚至可以用得更好。

保利威直播的数据看板包括实时并发量、播放量、播放时长、观看热点，等等，细到以秒为粒度，还原用户在视频观看过程中的每个行为。

通过数据分析，我可以知道某个用户对PPT哪几页、对这场直播的哪个卖点更有兴趣，他反复观看的解决方案部分，很有可能就是他的痛点所在。之后，我们再去给用户打标签，就可以无限细化，从而获得精准营销的能力。

同样，我们可以分析一场直播的完成度数据，哪段时间的观众最多，有多少人看完了全程，从而了解这场直播各环节设置是否合理，为下场直播做参考。

这种细颗粒度的数据，其实就是企业数字资产的积累。

闭环三：私域直播的流量闭环

私域流量之所以被称为"池"，因为它是流动的、循环的、可再生的。

在直播过程中，私域闭环包括从直播发起、邀约到引导观看，再到直播回流，到下次直播发起，跨越整个私域池、公域池，同时连接不同的私人管道，实现内容的聚合、分发、再聚合、再分发的过程。

凭借短平快的特点，直播带货已经成为众多品牌提升销量的必选项。品牌们纷纷找各大网红、明星"深度合作"，带货热潮一浪高过一浪。平台得流量，主播得利益，品牌卖了货，消费者得了利。

数字化之风席卷而来，人们的全新数字化品牌矩阵正在建立。

第 7 章
直播带货的重点是什么

伴随着互联网的传播由金字塔型转变为网格型,传播早已不是只掌握在少数几家媒体手中,人人都可以成为意见领袖。

——凯文·凯利

7.1 直播带货的本质究竟是什么

直播间带货的本质是什么？锤子科技的创始人罗永浩老师曾经说过，直播带货其实就是一场大型的团购。为什么？想象一下，团购的核心是买的人足够多，进而商家给到的优惠力度大，从而所有参团的人能享受到性价比高的产品或服务。如果价格过高显然不现实，而且你的产品得基于用户的需求，才能够吸引人。李佳琦等主播为直播间的用户带来足够的优惠，用足够的带货量和品牌商谈到更多福利。试想如果主播在直播间能够瞬间帮商家卖掉1万件产品，是不是所有商家都要重新考虑这个渠道的价值与定位？同时，如果主播保证能直接在直播间卖掉1万张电影票，是不是她就可以向商家拿到全网最大的折扣？所以，直播带货的本质是一场更大规模的团购。

那么，我们可能会问，带货过程中，到底是内容重要，还是互动重要？到底是产品重要，还是价格重要？我们会发现，开始直播的时候不少玩家都有大量的优惠，但是长期来看，产品和内容更重要，因为它们维系了直播间的定位。否则像带来严重负面效果的辛巴事件，就是在产品把控环节出了问题。而且，在直播间，优惠的目的是注重和用户建立信任，直播带货是需要让用户知道你代表了他们的利益，给用户带来他们真正想要的，无论是直播内容、互动形式还是产品价格，也就是此情、此景、此时、此刻、此人、此产品、此互动和此优惠。回顾我们在第6章提到的，直播带货需要让用户感知到你提供了有价值的内容，你的形象专业靠谱，对用户负责，帮助用户解决问题。所以直播带货背后更加侧重的是"人",给用户带来惊喜,建立认知和信任,最终带来成交。

接下来,我们回顾一下直播带货的两种形式,分别是直播中带货和直播后带货。常见的电商带货中,网红大咖是怎么带货的?我们看到李佳琦玩转美妆品牌除了自身对行业的了解、过硬的直播技巧、产品价格优惠,更重要的是直播背后对用户利益的保障。选品、质检、售后服务一整套流程都对用户负责,能让用户感知到你代表用户的利益。

企业是怎么带货的?2020年2月起,美的进行了电商直播活动,在淘宝、京东、苏宁三个平台,共完成了987场直播,通过全渠道店铺与公司人员一起直播曝光,借助品牌形象不断拉近和用户的距离,带来销售。

企业家是怎么带货的?2020年8月16日,小米的创始人雷军在抖音开启了直播首秀,小米10至尊纪念版在直播间瞬间售空,直播期间支付商品交易总额突破1亿元。小米通过品牌创始人的话题事件,快速积累粉丝,后续持续运营,输出攻略、短视频,将品牌人格化,与用户产生共鸣,在这样的场景中促成了转化。

以上提到的都是直播中带货,不同于这些,金融机构的直播带货往往在直播后完成,通过后续将用户引入社群以及加好友一对一转化。现在总结一下,我们在考虑直播带货时要明确4件事:

(1)需求挖掘。挖掘客户行为,做出预判,代表用户的利益。

(2)个人品牌。线上与线下业态不同,更需要个人品牌来建立用户认知。

(3)线上趋势。直播已经成为众多网民的上网习惯之一,个人和企业都要积极转变思维,尝试新形式。

(4)概率游戏。线上广撒网,触达更多的用户数,获得更多的成交机会。

7.2 直播带货策划指南

当准备一场直播带货时，直播策划应该怎么做？不同的直播平台有哪些注意点？直播的框架什么？我们需要对每一个环节有清晰的认知，明确直播前、直播后、直播中的执行事项，推动直播顺利进行。

我们先来对比一下部分主流直播平台，看看它们的带货特色。

7.2.1 主流平台的带货特色

1. 视频号直播

视频号的定位是"人人可以创作的载体"，核心是依托微信社交网络，进行内容分享，能够强势构建私域流量，2020年10月正式上线直播功能：

（1）版本多次更新后，已经具备连麦、美颜、打赏、抽奖功能。

（2）和微信商店打通，用户可以免费开通，货源可以选取第三方平台。

（3）账号运营：后台有直播管理、数据中心等模块。

在微信12亿社交用户的圈子，个人和企业可以通过微信视频号直播，吸引粉丝进入微信公众号、微信社群、朋友圈以及个人号，依托强社交、强分享，可以高效进行公域流量转化，形成自己的私域流量池，在直播带货市场，未来可期。

2. 淘宝直播／支付宝财富号直播

淘宝直播2016年3月试运营，大多都是商家和关键意见领袖进行电商带货，到了2020年3月，淘宝直播上新增的商家数同比增加719%，超过50%的天猫商家用直播带货。

2020年5月，支付宝正式开放平台直播，在淘宝和支付宝内都可以观看，不同于淘宝直播，支付宝财富号面向金融机构、互联网代销平台等，各大公司的基金经理、理财大咖可以参与直播，围绕投资理财普及知识，同时做基金、保险等金融产品推荐。这类直播要注意合规风控，与普通电商带货模式有所区别。仅2020年12月，就有77家金融机构举办906场直播，理财直播作为营销形式更加常态化，同时对主播、直播内容、活动形式、用户运营有更多新的挑战。

3．抖音直播

2018年5月，抖音启动电商商业化，直播带货模式主要以引导用户点击直播间的购物车链接进入带货商品页面下单购买为主，目前是娱乐明星、MCN机构以及广告公司的重点直播场地，他们借助"短视频+直播"，以及个性化推荐技术，不断吸引目标受众。要注意的是，抖音平台不能直接带货金融类产品，主播可以通过普及相关知识，在直播结束后，与用户私信交流进行一对一后续转化。

7.2.2 直播带货框架梳理

一场带货直播安排在什么时间点合适？直播时长是多久？根据直播时长，进而拆解每一个环节，什么时候分享，什么时候有互动，什么时候带货，什么时候发奖励，这些都要在直播前明确。常见的直播时长在60分钟和90分钟。

1．90分钟直播框架（见表7-1）

常见形式是4个人讲，1位主持人+3位嘉宾分享。

基本流程：开场互动→第一位嘉宾分享→福利环节→第二位嘉宾分享→福利环节→第三位嘉宾分享→福利环节→直播收尾。

表7-1　90分钟直播带货框架梳理

序号	流程环节	具体事项	计划时长（分）	备注
1	直播开场，气氛暖场	气氛暖场、直播主题及福利介绍	5	直播间弹出主播栏目条，实物奖品呈现
2	介绍第一位嘉宾，并开启开门红包抽奖，以及介绍裂变规则	【嘉宾1介绍】开门红包等红包规则说明	1～2	直播间弹出嘉宾栏目条
3	第一位嘉宾分享【主题1】	1.主持人与嘉宾互动分享 2.嘉宾与观众答题互动 3.实物及奖品展示	25	手卡以及实物展示
4	第一轮抽奖	主持人抽奖方式介绍，主持人配合嘉宾进行抽奖	1～2	抽10位（三等奖）
5	主播转场，公布开门红包结果，并介绍第二位嘉宾	【嘉宾2介绍】	1～2	直播间弹出嘉宾栏目条
6	第二位嘉宾分享【主题2】	1.主播与嘉宾互动，引入产品场景 2.嘉宾介绍产品 3.分享时间过半，主播介绍抽奖规则，引导用户填写问卷，预告下一轮抽奖环节	25	1.直播间弹出问卷 2.产品要素手卡展示 3.Q&A手卡展示
7	第二轮抽奖	主持人抽奖方式介绍，主持人配合嘉宾进行抽奖	1～2	抽2位（二等奖）
8	主播转场，并介绍第三位嘉宾	【嘉宾3介绍】	1～2	直播间弹出嘉宾栏目条
9	第三位嘉宾分享【主题3】	1.主持人与嘉宾互动，引入本次活动总主题 2.嘉宾介绍产品 3.分享时间过半，主播介绍抽奖规则，引导用户填写问卷，预告下一轮抽奖环节	25	1.直播间弹出问卷 2.实物展示

续 表

序号	流程环节	具体事项	计划时长（分）	备注
10	第三轮抽奖	主持人抽奖方式介绍，主持人配合嘉宾进行抽奖	1～2	抽1位（一等奖）
11	直播结尾	主持人转场，感谢本场所有嘉宾，主播则对3个分享主题提炼总结和亮点，引导用户关注收尾	3～5	互动Q&A再回答一些问题，直播弹出微信公众号栏目条

2．60分钟直播框架

常见形式是2个人讲，1位主持人+1位嘉宾分享或2位嘉宾分享，其中有1个人会承担主持人角色。

基本流程：开场互动→第一位嘉宾分享→福利环节→第二位嘉宾分享→福利环节→直播收尾。

5分钟直播开场互动：直播主题+福利说明+主播介绍+第一轮抽奖。

（1）主题开场：主持人引入直播主题，嘉宾互动。

（2）红包福利规则：观看人数超过2万人；点赞数超过5万；留言抽奖。

（3）主播介绍我是谁，为什么今天是我直播，我能给大家带来什么价值。

（4）第一轮留言互动抽奖："666+手机尾号后4位"。

主持人互动话术：下面我们的第一波福利开启，在场的小伙伴们请在留言区留言，发送"666+手机尾号后4位"到聊天区（互动3遍），我们数完3、2、1之后，将抽取10名，送出我们的10份礼物，超级可爱的×××，某某嘉宾，你来数，我截屏。

25分钟：嘉宾1主题分享+手卡展示+福利环节。

2～3分钟：主持人转场+第二轮抽奖+介绍第二位嘉宾。

25分钟：嘉宾2主题分享+手卡展示+福利环节。

5分钟直播收尾：第三轮抽奖+主题总结+后续关注引导。

7.2.3 商业直播的直播后带货全流程策划模板

区别于电商直播，当你准备一场企业商业直播时，从直播主题策划到直播物料准备、直播脚本设计，从直播嘉宾直播技巧培训、直播宣传设计制作到直播主持人匹配、直播互动环节以及现场执行，所有环节都要有一套标准的流程。接下来我们将分直播前、直播中、直播后三个阶段给出模板。

第一阶段：直播前筹划、宣发流程

【准备工作】直播前三周（直播前21天）

（1）确定直播主题和目的，选定主持人、嘉宾、助教。

（2）确定直播时间、直播平台（横屏/竖屏，推流方式）、直播场地（网速、房间设施布局）。

（3）确认直播采集设备（软件、硬件）和直播摄像、运营团队人员。

（4）确定直播方案，确定每个时间点要执行的事情以及谁负责。

（5）筹备宣传资料（照片、文字等）、课件等基础信息。

（6）确定不同平台的宣传物料要求以及实物制作（背景板、手卡、道具等）。

（7）设计互动环节（红包、抽奖、留言抢答等），确认直播福利：实物/虚拟奖品。

（8）沟通磨合直播脚本。

（9）确认彩排时间（直播环境布置、主持人沟通、主播演练、化妆等）。

【宣传引流】直播前两周（直播前14天）

（1）制定宣传方案、确定宣传渠道（私域流量平台、公域流量平台、合作渠道）。

（2）制作宣传物料（海报、封面、预热文章、宣传话术、直播装修物料、背景板等实物）。

（3）根据每个宣传时间点，上线宣传素材，进行预热引流。

【演练彩排】直播前一周（直播前7天）

（1）直播场地搭建。直播间背景板、直播设备、直播软件等，搭建直播环境，测试直播画面、声音。

直播设备：具体数量、配置以实际拍摄和直播平台需要为准，以下供参考。

主播提示电视：65寸电视机1台

提词器：1台

拍摄：摄像机＋高清采集卡＋三脚架1～2套或手机＋三脚架1～2套

上传/操作设备：笔记本电脑3～4个

网络设备：Wi-Fi盒1个、流量卡3张、网线3根，网线分线器/个

控台：导播台1个（多机位画面切换必备），控音台1个（多机位多平台收音必备）

灯光：摄像灯2～4盏

收音：桌面收音话筒、无线领夹麦克风（小蜜蜂）1～2套

背景：背景屏/布/板，背景架

拍照：相机＋镜头＋闪光灯1套

（2）直播彩排演练。

第一轮直播彩排（直播前1天）

• 辅导为主，每位主播在正式直播环境下辅导讲解30～40分钟

- 重点解决问题：提升主播面对镜头的熟悉感，校正视线；提升直播语言技巧；根据镜头感重新打磨直播脚本的语言通畅程度

第二轮直播彩排（直播前1天）

- 正式直播模拟：主持人开场介绍，互动机制彩排，主播依次上场模拟真实直播场景
- 重点解决问题：帮助主播熟悉直播节奏，寻找临场真实感；全体运营人员演练配合，一起对表实现整体落地执行演练，发现与用户互动、不同主播衔接以及其他直播间的配合等相关问题并解决；呈现给相关参与人员直播效果，做内容与合规检验

第三轮直播彩排（直播当天）

- 辅导为主，每位主播在正式直播环境下辅导讲解20～30分钟
- 重点解决问题：基于修改过后的稿子，重新熟悉稿子；开始尝试与提词器的速度磨合；纠正面对镜头的错误语言习惯，逐渐适应镜头，克服直播现场的紧张感

第四轮直播彩排（直播当天）

- 正式直播模拟
- 继续模拟真实直播场景，从主持人开场介绍、模拟互动机制到主播依次上场讲述
- 重点解决问题：在直播前做最后的运营复查；主播与主持的磨合；帮助主播调整直播前的状态，做好直播预热准备

第二阶段：直播中运营流程

（1）播放暖场视频。

（2）主持人开场，嘉宾登场。

（3）进入直播流程（运用开场、中场、收尾、互动技巧）。

（4）直播运营人员聊天互动区监控以及引导积极言论、直播环节提示、回复。

（5）问卷、投票、抽奖等执行。

第三阶段：直播后运营流程

（1）回看设置、视频裁剪。

（2）整理用户相关表单。

（3）通知发放礼物。

（4）下载数据报表，复盘分析。

（5）剪辑多版本视频分发。

（6）整理直播内容（文章、海报、直播回顾分发）。

（7）选择匹配的渠道二次传播。

7.3 直播间物料道具准备指南

实体道具包括：

（1）直播间背景墙：浅色背景色或渐变品牌标识墙；现场提示板、直播互动道具，手持卡（A3/异型）：60分钟10个，90分钟15个。

（2）虚拟直播间装修图（8～12张）：品牌Logo、直播主题贴图、直播背景贴图、主持栏目条、嘉宾栏目条、奖品展示图片、福利介绍、Q&A提示等。

注意根据自己的主播人设、直播主题、直播间设计，保持统一的设计风格。

7.4 直播间带货互动话术及运营

1. 直播间带货互动话术

不同平台都有自己的玩法特色，我们如何针对不同平台的互动，拉近和观众的距离，带动直播间的氛围呢？合适的互动话术能与观众、粉丝形成良好的交流氛围，为后续直播带货做好铺垫。针对支付宝财富号、抖音、微信视频号三个平台，我们根据直播观看人数/关注人数/点赞数等不同条件准备了对应互动话术，在实际应用时可以调整修改（见表7-2～表7-4）。

表7-2　直播间带货互动话术及运营（直播观看人数）

互动条件	互动平台	类型	互动话术	备注
直播观看人数超过2万人	支付宝财富号	平台红包	（人数满1.5万时）感谢大家的到来，可以看到直播间人数快满2万啦，马上给大家满2万红包雨，准备好哦 （人数满2万时）感谢朋友们的到来，人数已经2万啦，我们的第一轮红包要来了，（鼓掌/晃动关注道具）好的，我们继续分享，刚刚说到…… （人数满××万时）现在人数已经××万啦，我们的红包继续，感谢这么多朋友的支持，希望我们的投资建议能给大家带来帮助 （人数满××万时）很开心啊，现在人数已经××万，我们的红包继续来一波	助手发送红包
		留言抽奖	直播间已经2万人啦，我们准备了××礼物，想要的朋友现在可以发送"新年新气象+手机尾号后4位"到聊天区哦，我们倒数5秒，5、4、3、2、1停，我们的助手截一下图 （收到中奖名单后） 恭喜这些获奖朋友，关注后，私信留言哦	助手截图，主播在直播间公布中奖名单
直播观看人数超过500人	抖音	平台福袋	（人数到500左右时）稍等，这里看到啊，抖音的朋友们，500人啦，每500人我们有福袋礼物哦	助手提示
		留言抽奖	（人数达标）好的，我们的小助手已经在提示我们啦，抖音直播间的朋友们，人数已经突破500，感谢支持，倒计时3分钟，现在聊天区发送"666"，就能获得参与抽奖的资格啦	口令参与，助手设置，提示已满500人，主播看到后互动

续 表

互动条件	互动平台	类型	互动话术	备注
直播观看人数超过500人	视频号	留言抽奖	视频号的朋友们，观看人数已经500啦，我们准备了礼物，现在发送"新年新气象＋手机尾号后4位"到聊天区哦，我们倒数5秒，5、4、3、2、1停，我们的助手截一下图	助手截图，主播在直播间公布中奖名单
			（收到中奖名单后）好的，恭喜截图中的朋友们，关注我们视频号，私信留言地址领取礼品哦	

表7-3　直播间带货互动话术及运营（关注人数）

互动条件	互动平台	类型	互动话术	备注
关注人数每超过500	支付宝	平台红包	今天红包不断，喜欢我们，可以多多关注我们的直播间哦，每满500人，我们都会送出一轮红包	助手发送红包
关注人数每超过500	抖音	平台福袋	感谢今天这么多的朋友，抖音关注数已新增了500个，福袋走起，后面每满500，都会自动发红包，关注左上角哦	
关注人数每超过500	视频号	系统抽奖	（使用抽奖功能）视频号的朋友们也很热情，关注新增了500个，我们的抽奖开始……祝贺中奖的朋友们，根据中奖提示领取礼物哦	
		留言抽奖	（留言抽奖）视频号的朋友们也很热情，关注新增了500个，现在发送"新年新气象＋手机尾号后4位"到聊天区哦，我们倒数5秒，5、4、3、2、1停，我们的助手截一下图	助手截图，主播在直播间通知中奖名单
			（收到中奖名单后）好的，恭喜截图中的朋友们，关注我们视频号，私信留言地址领取礼品哦	

表7-4 直播间带货互动话术及运营（点赞数）

互动条件	互动平台	类型	互动话术	备注
点赞数 5万/10万/20万	支付宝	平台红包	多多点赞是对我们最大的支持哦，点击右下角赞起来，加油哦，点赞数超过5万，发红包啦	助手发送红包
点赞数 5万/10万/20万	抖音	平台福袋	喜欢我们点点赞哦，点赞数超过5万，发福袋啦	不设口令参与，点赞数超过5万，助手发福袋

除了以上的互动条件，支付宝财富号支持定时/不定时红包，可以灵活使用，见表7-5。

表7-5 直播间带货互动话术及运营（发红包）

互动条件	互动平台	类型	互动话术	备注
定时红包	支付宝等	平台红包	无话术，系统设置	系统自动设置，每20分钟，送一轮
不定时红包	支付宝等	平台红包	下面我们将要聊一聊××行业，先发一轮红包哦，给我们××专家和宠粉"打打call[①]"	视情况事先定好，助手发送红包
		平台红包	今天的直播接近尾声了，非常感谢大家的陪伴，谢谢你们的关注、点赞，我们的红包送上，期待下一次的交流，记得赴约哦	视情况事先定好，助手发送红包

在红包互动方面，不同平台会有各自支持的多种红包发放模式，每种红包都有对应的话术：

（1）观看量××万红包。

[①] 日式应援的术语，引申为加油、鼓励的意思。——编者注

感谢大家的到来，直播间人数快满××万啦，马上给大家满××万红包雨，准备好哦！

（2）5万/10万/20万点赞红包。

加油哦！点赞数超过5万发红包，右下角点赞哦！

（3）定时红包。

系统自动设置，每20分钟，送一轮！

（4）关注领红包。

感谢大家的到来，新来的朋友关注领红包！

（5）关注数红包。

关注数超过500人，瓜分红包！

（6）提问红包。

加油留言提问，被选中就有红包哦！

（7）不定时红包。

主播宠粉，不定时送红包！

2．用户运营构建

直播结束后，留存是必不可少的，参考第6章运用留量思维做运营，将用户沉淀到私域流量池后，通过社群运营、一对一跟进等方式，做好后续的转化服务。如果一场直播后没有社群，没有引导用户加群、留住用户，务必要有信息收集这一步，做好跟进。

抖音上可以通过私信的方式，如果有进一步的咨询沟通需求，可以加到个人号。支付宝财富号支持建立用户群，将客户聚集到群里，同时财富号有专门的内容页面，引导用户关注后，可以通过内容、福利活动、消息提醒留住用户。微信视频号直播，结合微信自己的生态圈，打通了微信公众号、微信群、微信号，方便引导用户进入私域流量池,通过后续运营,强化联系,提高信任,带动营销转化。

7.5 直播间突发状况临场应对指南

1. 直播中突发故障处理

直播过程中出现的大部分情况是由直播设备、网络环境问题引起的,直播一旦出现故障,严重影响直播节奏和观众体验。主持人、主播都应当具有正确处理突发状况的能力,同时直播间要有相应的处理话术,及时安抚观众情绪,运营保障人员必须在有限时间内处理故障。这也要求我们在直播前充分做好测试准备,尽量避免这些不必要的意外,当问题出现时能够有对应的解决方案。

(1)卡顿、掉帧问题的处理办法:

①直播电脑插上网线,使用有线网络。

②检查是否有其他软件占用网速,及时关闭。

③检查手机电量是否充足,及时充电。

④降低直播画面清晰度。

直播前检查:打开测速网站对网络测速,下行上行至少大于5 Mbit/s;检查电脑、手机是否符合直播平台的最低直播设备要求;检查直播软件是不是最新版;关闭电脑、手机上无关的运行软件。

(2)闪退、黑屏、音画不同步、画面没有声音的处理办法:

①重启直播软件、重新推流。

②重新配置直播音频。

直播前检查:确认电脑采集设备、网络环境后,持续进行直播测试,观察是否有以上情况出现。

2. 直播中"黑粉"应对

直播中会有观众不喜欢主播以及主播讲述的内容，喜欢持续发表不恰当言论，类似"老王你是不是又胖了、又变黑了？"等。

处理办法：

（1）直播运营人员及时对该用户禁言、删除不当言论，进行正确言论引导。

（2）主播调整心态，选择性无视，不过多回应。

3. 直播间氛围维持

主播互动+运营同事切换镜头+表现出若无其事：遇到意外情况时，主播及时与用户互动。调节氛围，主播可以带动观众在留言区发一波"666"或者发红包奖励，运营人员根据实际情况切换镜头、调整处理。最后问题解决时，主播继续推进直播，不用花过多时间再去解释。

第 8 章
直播 + 金融

金融行业强调投资的复利，而直播培养的是主播和机构的品牌复利，投资要持之以恒才有效果，直播亦然。

业内人士统计，抖音上活跃着100万个专业金融账号，直播玩法更是层出不穷：普及理财知识、解读投资策略、直播带货风生水起、实时分析K线走势……

银行、保险、证券等金融机构对直播的"热情"，不仅仅源于用户习惯和需求的变化，更是金融机构数字化转型的迫切需要。

但直播对于大多数金融机构而言，仍是新鲜事，如何熟练地把玩法融入业务链条，在投资者教育、内部培训、产品销售等多条业务线实现"遍地开花"，才是真的硬核直播。

直播在金融行业的核心不是带货，而是锁住用户的时间，建立用户的信任与认同，化"流量"为"留量"。

8.1 银行直播

2020—2021年，疫情肆虐全球，无接触服务开始提速，数字化转型已成为企业发展的共识，而拥抱直播正是其中重要一步。

金融行业的常见直播痛点如下：

第一，金融时政新规、政策法规和实时案例不断变化，需要全员时刻学习。

第二，分公司、营业网点跨越各省市，多地办公，人员分散，线下培训覆盖面有限，组织成本高，协调需要巨大的时间和精力。

第三，对外营销培训需求大。

所以，金融行业的常见直播场景如下：

第一，面向员工的直播：

①企业文化与风控合规；②政策解读与时政新规；③管理素养与通用技能；④销售与营销能力；⑤业务技能与案例分析；⑥产品知识。

第二，面向客户的直播：

①宏观经济；②金融产品分析讲解；③金融理财思维与观念；④行业与公司分析；⑤投资者教育课堂；⑥投资策略与实时市场解盘；⑦峰会论坛。

直播常态化是大趋势，全场景直播将成主流。但金融机构要想把直播做好，不仅仅是把技术简单运用到业务之中。

这是1+1=2的方式，更讨巧的方式是让1+1＞2：通过管理、运营、连接各种企业直播场景，形成"直播矩阵"。

案例——中国建设银行直播

直播应用亮点及保利威提供的服务支持：第一，打造直播中台，搭建全场景直播矩阵，将高频使用的功能模块整理出来，形成统一的管理平台，提供给各个部门和分支机构使用，包括通用的直播互动功能、用户管理功能、交互界面等。第二，将同一个数据平台的用户数据、直播观看数据等全部打通、联动共享，为其他业务提供指导和参考。建行通过培训、营销、宣传等多场景直播的应用构建出一个完整的企业直播矩阵。第三，同一个直播系统，只对接保利威一家服务商，减少了不同部门对接不同服务商的沟通成本，保障直播的专业、高质量，对外对内直播体验一致。

直播从平台单次的数据分析和用户运营，升级为全场景、全流程的数据沉淀和深度的私域用户闭环。

企业直播 / 直播实战驱动数字化升级 /

中国建设银行（以下简称建设银行）率先打造直播矩阵，创新服务方式和流程，联动线上线下优势，通过直播介绍银行服务、推荐理财产品、进行内部培训，有效降低获客成本、提升工作效率。

"善战者，求之于势。"之前直播对金融行业只是锦上添花，2020年开始，建设银行开始全力拥抱直播，开辟全新获客方式和互动平台。

<u>建设银行实现全场景直播矩阵，全方位业务增长。</u>

建设银行目前已经形成了涵盖营销、人才培训、招聘、用户管理等多维度的直播矩阵（图8-1），直播升级为建设银行内部策划的持续性的、有战略指导意义的常规化运营行为。

图8-1 建设银行全场景直播矩阵

一、电商扶贫直播

响应国家脱贫攻坚、乡村振兴等号召，利用直播开展电商扶贫，也成了银行履行社会责任、扩大影响力的重要方式。《文化建行》刊文"直播带货！这届建行人很行！"，介绍各地分行电商直播举措；更多的省、市分行都在做积极的尝试，直播迅速被建设银行各层级接受和运用,并呈现了较好的销售和宣传效果。

2020年是扶贫攻坚的收官之年,各分行机构自发直播助农。建设银行联手拼多多开展双平台同步直播带货活动,向网友推介9省45款扶贫特色产品,共计吸引超过115万网友观看;建行大学助力集美乡村振兴主题带货直播,累计观看人数超过75万人。

镜头成为"新农具",直播成为"新农活"。"一畦稻田一穗粮",和着轻快的节拍,一场特别的助农扶贫直播引爆云岭滇南小镇草坝。直播间映出青年学生们入稻田、拉石磨、磨米浆、打米糕的清新画面。由建行大学"裕农学堂"联合善融商城开办的"裕农直播间",向观众展播云南本地特产(图8-2)。

图8-2 建行大学"裕农直播间"

二、理财知识直播

建行大学通过直播向广大用户介绍金融服务和理财知识。

建行大学结合直播平台,推动教育培训向数字化、网络化和智能化转型,助力"推开围墙办大学",不断推出金智惠民课程。如2020年3月4日,湖南省建设银行参加当地"中小微企业融资服务云上对接会",吸引了3万多人次观看和中小微企业的广泛参与。

无数村民、小企业主、乡镇扶贫干部和建行员工走进云端课堂,2.6亿人次的访问量,4.7万套的线上学习资源,其背后是建行大学的决心和能力。

三、员工培训直播

建行大学不仅承载着对外的知识服务,也充当着行内人才培养最重要的平台。2020年11月,建行大学App全新上线,集课程、直播、看书、听书、社交互动等多种学习模块为一体,实现随时随地畅享深度学习。

建行大学网络平台打通建行大学PC端、建行大学微信公众号、建行员工App等学习渠道,借助网络平台,员工可在网上听课、开例会、举办论坛……一个"处处可学,时时可学,人人可学"的全天候泛学习生态正在生成。

1. 丰富内容专区,培养数字化人才

在对内直播上,2020年建行大学网络平台推送精品课程1201门,行内员工总学习量达4221万人次,总学习时长957万小时。

对于新入职员工、网点负责人、网点客户经理等各种类型的员工,建行大学设置了不同的培训专区,培训针对性和目的性更强(图8-3)。

针对时下热门的数字化学习、数字化金融、新金融服务等话题,建行大学开设了多个直播大讲堂,启发员工探索新趋势、新知识(图8-4)。

2. 孵化内部讲师,打通培训全链条

直播的出现,打通了金融机构人才培养培训的全链条。

建设银行此前做培训,讲师基本上以各条线操作培训师和学院专职教师为主,现在则更多开始在员工中挖掘,孵化内部讲师。不同岗位、不同专长的标

图 8-3 2020年建行大学网络平台学习数据

图 8-4 建行大学直播大讲堂学习数据

杆员工，坦诚平等地分享自身经验体会，其他员工在空闲时间既可观看，还可以交流互动，效果上佳。

四、金融产品服务

在直播间，建设银行员工与客户线上实时互动，向大众介绍产品，打造金融专家IP的品牌形象。银行通过与政府、企业及学校等团体加强合作，举办"助力精准扶贫""助力小微企业复工复产带货"等直播，较好地减弱了疫情对客户流量锐减的不利影响，拓宽了企业的用户触达渠道，拉近了与客户的距离，提升了银行的品牌影响力。

建设银行培养自己的主播的同时，也会向其他领域的专家发出邀约，以体现其直播的专业性。

建设银行与故宫合作，开展了故宫600周年专场带货直播"穿越紫禁之巅的文化守望"。建设银行邀请故宫博物院院长单霁翔直播讲解历史，同时为联名贵金属文创产品带货，以内容驱动消费。保利威互动直播支持观众发弹幕刷屏、送礼打赏、参与实时抽奖，掀起气氛高潮。运营者采用竖屏直播间展示商品购买通道，观众可以边看边买。

此外，建行大学还开展空中招聘宣讲、论坛峰会、市场活动、产品发布会等一系列直播，全方位促进业务增长。

每个时代的红利都不尽相同：

2000年是互联网；

2008年房地产；

2013年是公众号、游戏、电商、移动互联网；

2020年是带货直播、企业直播、产业互联网。

大家都身处其中，红利潮水汹涌而来，又快速涨落。

企业身处每个时代的浪潮之中，格局、勤奋和努力都必不可少。但更重要的是，如何借助时代红利迅速搭建起护城河，建立自己的竞争壁垒。

在企业直播的时代，高效连通不同场景，形成企业专属的"直播矩阵"，能够为业务增长提供保障，让企业在红利大潮中"乘风破浪"。

诚如现代管理学之父彼得·德鲁克（Peter Drucker）所言：所谓战略，不是研究我们未来做什么。而是，今天做了什么，我们才能有未来？

案例——交通银行直播：兼职师资在线课堂授课技巧提升网络培训班

一、项目背景

2019年，Hi-Finance与交通银行总行培训部门共同推出兼职师资在线课堂授课技巧提升网络培训班，广受学员欢迎。到了2020年，受疫情影响，总行的众多培训只能通过线上开展。然而，大部分兼职讲师只有过线下授课经验，还有相当多的兼职讲师需要提升线上录播与直播授课经验。基于实际的培训场景需求，并结合无法落地线下课的具体实际情况，Hi-Finance与交通银行总行共同打造了课程的2.0版本。整个学习内容全部由线上直播与录播课组成，专注于系统地提升交通银行专业人士及业务人员的在线直播技能。

二、参训学员

本次培训共计2期，主要面对2020年拟参加在线课堂授课的兼职师资展开，每期培训班直播对象来自交通银行各省分行、直属分行、公司金融专业分院、零售金融专业分院、同业与市场专业分院以及风险管理专业分院，共120人，其分

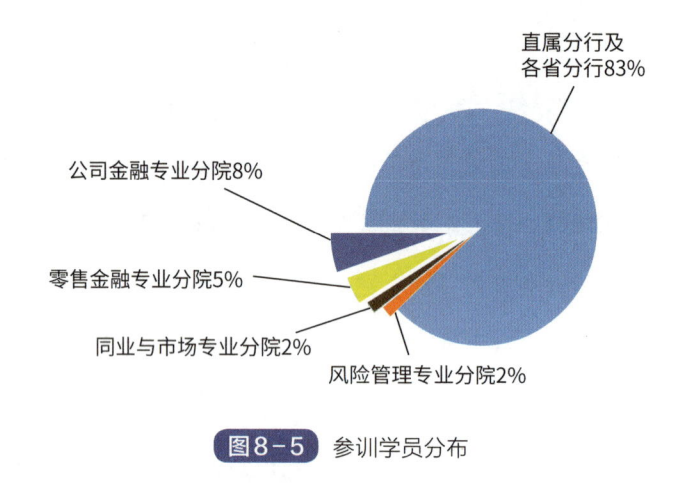

布如图8-5所示。

直属分行及各省分行83%
公司金融专业分院8%
零售金融专业分院5%
同业与市场专业分院2%
风险管理专业分院2%

图8-5 参训学员分布

三、Hi-Finance 解决方案

本次培训的目的重点是学员业务发展中的直播培训与表达技巧。通过调研，Hi-Finance发现在学员中，90%的人有线下授课经验，100%的人有意向做在线直播。可是，虽然学员们基本上都参加过在线直播，但普遍反映直播中有以下难点：在线直播课件内容设计、直播中的表达吸引力，以及直播后的运营。而学员们最想提升的两点分别是直播开场和如何把专业知识讲得通俗易懂。同时，大家都认识到了直播的重要性。针对现存需求，本次培训目标的核心要点是：

（1）线上课程设计方法技巧。

（2）面对镜头的直播技巧。

（3）直播实录的作品产出。

这次培训的最大特色是采用线上直播教学与线上社群运营方式，所有报名的学员都通过微信群组形成了一个虚拟的"班级"，班主任、讲师在群内定期开展交流互动。结合穿插课前课后的作业，大家在完成作业的基础上，与微信群内的老师和学员再针对作业进行点评与修订。这样既能巩固所学知识，也能加强老师与学员、学员与学员之间的互动。

培训最后，各位学员结合自身的业务需求，根据不同的主题要求通过 e 校园直播系统上机实操演练，由讲师及助教老师进行一对一的点评，通过点评进一步优化提升学员的综合水平，使学员在梳理产品特色、演讲技巧，课件开发技能及在线直播授课方法等方面有明确的自我认知，在线直播授课的技能得到提升。

培训课程环环相扣且循序渐进，帮助大家抓住直播授课的核心，使得每位学员都可以产出优秀的直播内容。通过一周的线上直播训练营，学员们在分享收获时都普遍表示受益匪浅，并提交了自己优化后的作业，实现他们直播授课技能的华丽蜕变。在结营调查中，学员们表示自己得到了技能上的提升，还反馈自己对于在线路演和直播的认识得到了很大的提升。

每期班级开始前，交通银行在线培训处的相关负责老师都会给培训班学员做班前动员讲解，介绍该项目的启动背景，传达领导层对内部讲师队伍在线授课技能提升的重视及期望，让学员们对此次培训能够有一个全面的、高度的认识和理解，同时也给学员提出了学习的要求。

本次培训是契合交通银行的业务发展需求，力图解决所有参训学员的实操痛点。学员报名热情主动，学习氛围十分积极。本次培训运营在线训练营的方式提升了学员的学习效率和学习产出，受到学员好评，学员完成学习度很高，而且投入和思考非常认真，总体上圆满达到本次培训的目标。

本次培训班的目标是帮助学员掌握线上课程设计要求和教学特点，掌握直播授课和辅导的流程、方法和工具，并能应用所学技能，结合岗位要求，设计和实施直播课程，充分发挥网络培训服务赋能作用。

Hi-Finance 团队的整个项目策划见表 8-1。

表8-1 《在线兼职讲师直播授课技巧培训》项目完整项目计划

2020年任在线兼职讲师直播授课技巧培训项目计划

项目背景	2020年这场突如其来的疫情,让各大企业纷纷将集中面授培训计划调整为网络培训,其中在线课堂直播培训方式更是受到各大企业的青睐。为提升在线课堂师资的直播授课水平,2019年已举办两期相关培训。2020年,计划在已举办去年的培训基础上,进一步优化在线课堂师资直播授课方式与内容,继续办好在线课堂师资直播培训
项目目标	帮助学员了解在线课堂互动教学的特点,掌握直播授课的标准流程;根据授课内容与学员画像,灵活设计在线直播教学脚本与课件;掌握在线直播教学的讲解技巧
培训学员	总行部门、省省直分行、子公司等拟参加2020年在线课堂培训班授课的专兼职老师
项目激励	给予全程参加学习、完成毕业作品提交的学员颁发"直播讲师"认证
项目周期	4天/期 总计2期	项目人数	50人/期 总计100人

训练营日程安排/期

阶段	阶段时间	实施时间	项目形式	训练营学习内容	学习时长	形式	实施人
			线上训练营方式,授课方式包含:网络课程自学、在线课堂直播培训、微信群辅导答疑、在线课堂直播演练等				
阶段一	正式开营前三天	第一天		1. 建立微信群、邀请各学员入群 2. 微信群内做开营仪式,通过文字文档通知形式,告知学员训练营的目标及内容日程安排 3. 告知学员需要在正式开课前,通过微信群交纳课件资料 4. 告知学员相关服务对接事宜	全天	线上微信群运营	班主任/Hi-Finance项目运营人员
		第二天		1. 线上微信群内督促学员按照培训营要求准备相关的课件资料 2. 线上微信群内收集到相关学员提交的课件的询问	全天	线上微信群运营	Hi-Finance项目运营人员
		第三天		建立训练营专属微信群,交纳课件资料,引导学员按照发布训练营日常安排计划等 1. 线上微信群内针对在线学习路径及方案进行说明,引导学员按照时间节点进行在线学习	全天	线上微信群运营	班主任/Hi-Finance项目运营人员

第8章 / 直播 + 金融 /

续 表

阶段	目标	阶段时间	实施时间	训练营学习内容	学习时长	形式	实施人
阶段二	帮助学员知晓在线直播课程课件制作的逻辑与写方法	第一天 4月7日第一期 4月14日第二期	上午	学员线上自学《线上课程的设计》课程 1. 数字化时代，我们为什么要做在线课程？ 2. 3W 法则，明确学员需求，设计优质课程 3. 专业人士做在线视频课，标准流程是什么？ 4. 如何做好课程的整体结构设计与单集的讲述框架 5. 面对镜头，必备的声音与肢体语言技巧 6. 直播课常见的课程框架 7. Hi-Finance 的讲师评分表（雷达图）	1.8小时	线上自学	班主任
	学员根据自学的课程内容，对自己提交的课程设计大纲做修订		下午	1. 学员根据所学的内容，对自己前期提交的课程设计大纲进行修改 2. 助教老师在微信群内对相关的语音答疑与指导 3. 学员提交修改后的课程设计大纲	助教3小时	线上微信群运营	Hi-Finance 项目运营人员/训练营助教老师
	通过点评学员课纲内容，巩固学员的课件设计能力，使其真正掌握在线课程设计的技巧	第二天 4月8日第一期 4月15日第二期	上午	选取其中具有代表性的课程设计大纲若干份（预计5~10份），由训练营主讲老师通过微信群进行点评及提出修改意见	主讲1小时	线上微信群语音或播放视频	Hi-Finance 训练营主讲老师
			下午	助教老师其后通过微信群，对全体学员的课纲进行跟进辅导，辅助学员完成最后的课程设计定稿	助教3小时	线上微信群语音或播放视频	Hi-Finance 训练营助教老师

续 表

训练营日程安排（二）

阶段	目标	阶段时间	实施时间	训练营学习内容	学习时长	形式	实施人
阶段三	帮助学员掌握克服面对镜头紧张的方法、熟悉从开场—中场—结尾全流程地直播授课实用技巧，让学员能够熟练地操作 e 校园的授课系统	第三天 4月9日第一期 4月16日第二期	上午	学员线上自学《线上授课技巧》课程 1. 迅速吸引受众注意力：正确开场的3大基础方法 2. 迅速吸引受众注意力：正确开场的4大进阶技巧 3. MECE法则、中场推进的内涵逻辑线 4. 中场推进的技巧与如何结尾 5. 中场推进的错误的案例探讨与分析 6. 让所有人喜欢你的课程的4个技巧 7. 专业人士讲好在线课程的流程总结与执行清单	1.7小时	线上自学	班主任/ Hi-Finance 项目运营人员
	通过实操的演练，检验学员对于在线授课技巧方法是否真正的掌握、了解学员真实短板，为后续帮助学员进行改正做好基础		下午	1. 线上微信群内收集学员定稿课程大纲文件 2. 分批次安排学员按照新的课程大纲在 e 校园的直播平台上进行授课 3. 助教老师根据微信群内反馈的信息随时进行辅导 4. 将已录制好的学员视频，通过微信群转发给训练营授课师资，准备进行点评	助教3小时	线上自学 微信群运营	班主任/ Hi-Finance 助教及运营人员
阶段四	通过点评与答疑，协助老师在在线直播视频课程，帮助企业选出优秀的在线讲师	第四天 4月10日第一期 4月17日第二期	全天	1. 线上微信群内主讲老师通过视频或语音点评学员的在线授课视频若干份 2. 助教老师针对全体学员进行1对1的辅导 3. 辅导结束后，Hi-Finance 针对每位学员出具1份讲师评分表	主讲1小时 助教3小时	线上自学 微信群运营	班主任/ Hi-Finance 授课老师/ Hi-Finance 运营人员
	结业典礼			1. 由班主任进行训练营结业典礼 2. 根据点评的结果，主讲老师推荐优秀的学员，并给予其一定的奖励			

1. 前期项目策划

Hi-Finance 为交通银行提供了一整套培训解决方案，包括九个阶段。

◎ 第一阶段：负责与交通银行对接人沟通课程内容方案细节

◎ 第二阶段：课程宣传和报名通知

◎ 第三阶段：建立学习社群，将报名学员加入微信社群

◎ 第四阶段：公布群规，让学员树立学习目标和氛围，知晓训练营规则

◎ 第五阶段：开营直播，告知学员每日学习课程的安排

◎ 第六阶段：执行每日课程学习与每日微信发布作业，引导完成作业内容并启发思考

◎ 第七阶段：点评学员作业，并选出优秀作业前十名，给予物质与精神鼓励

◎ 第八阶段：点评直播，解答学员学习和实践中的问题

◎ 第九阶段：结营仪式，颁发结营证书、优秀学员证书以及发放奖励

2. 开训准备

在培训班开始前，Hi-Finance 的项目运营人员制定项目执行计划表并建立训练营专属微信群，引导学员按照要求交纳课件资料，发布训练营日常安排计划等。

3. 正式开营

项目正式开营后，Hi-Finance 的项目运营人员根据项目执行计划表以及每天的不同课程安排，进行社群运营，帮助学员掌握和巩固学习内容。

第一天的课程聚焦微课主题和直播框架的设计，帮助大家摸清用户需求，知晓在线直播课程课件制作的逻辑与方式方法。

第二天的课程聚焦直播课程的开发技巧，主讲老师通过在线点评学员设计课件的作业，帮助大家掌握直播课程设计的基本原则和方法。

第三天的课程聚焦直播授课和互动技巧，帮助学员掌握克服面对镜头紧张的方法，熟悉从开场—中场—结尾全流程的直播授课实用技巧，让学员能够熟练操作e校园的授课系统进行直播。

第四天的内容聚焦在线直播点评学员直播视频，通过实操的演练，检验学员是否真正掌握了在线授课技巧方法，了解学员真实的短板，后续帮助学员进行改正。每个学员都交付了相应的直播作业文件。

4. Hi-Finance 运营支持

（1）宣传报名材料制作：Hi-Finance 提供宣传图文撰写和编辑，包括制作课程图片。

（2）课程材料交付：在训练营开营前，Hi-Finance 提供内容标准五件套，包括课程视频、PPT、课程封面图、课程介绍长图，并协助上线到交银e校园学习平台。

（3）社群运营：社群运营是为了建立社群运营角色认知和学员的跟随动作，活跃社群、激发学习热情并树立学员榜样。有效的社群运营能够激励更多学员参与学习与互动分享，进行更多深层次的思考和交流，最终提升思维和方法。需要完成的内容有：①明确社群运营计划与目标（图8-6）；②社群运营人员分工与角色（图8-7）；③线上项目制学习每日打卡的教学设计（图8-8）；④学员作业直播点评（图8-9）。

（4）结营运营：在结营时，Hi-Finance 评选出优秀学员与作业，颁发结营证书并给优秀学员发放奖励（图8-10）。

第8章 / 直播 + 金融 /

计划
- 引导学员修改群名片，建立学员对于训练营学习的统一认知
- 设立每日学习任务计划，由Hi-Finance负责社群运营具体事项
- 每日在社群中引导学员完成作业任务，并按照具体要求进行交付
- 评选优秀作业，发放Hi-Finance训练营奖品

目标
- 建立社群运营角色认知和学员的跟随动作，活跃、激发学习热情，并树立学员榜样，激励更多学员参与学习与互动分享，进行更多深层次的思考和交流，最终提升思维和方法

图8-6　直播培训的社群运营计划与目标

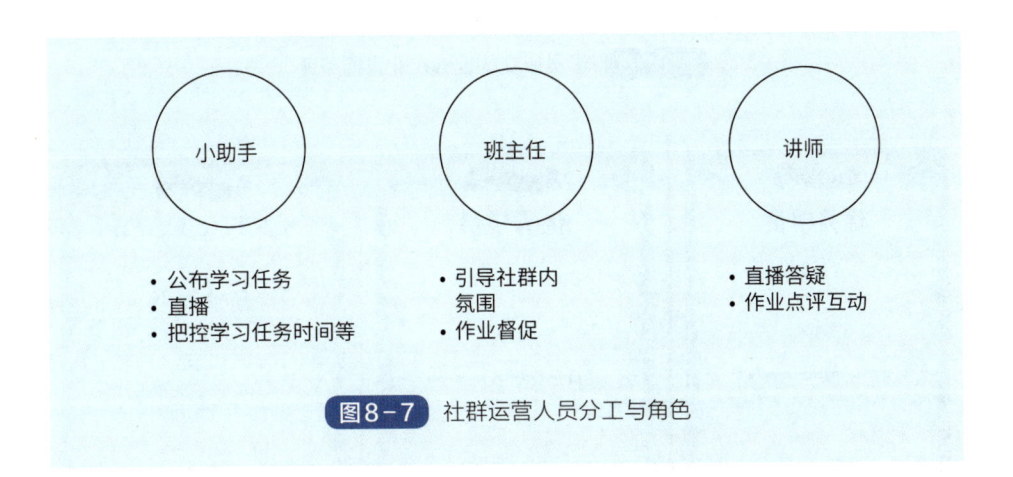

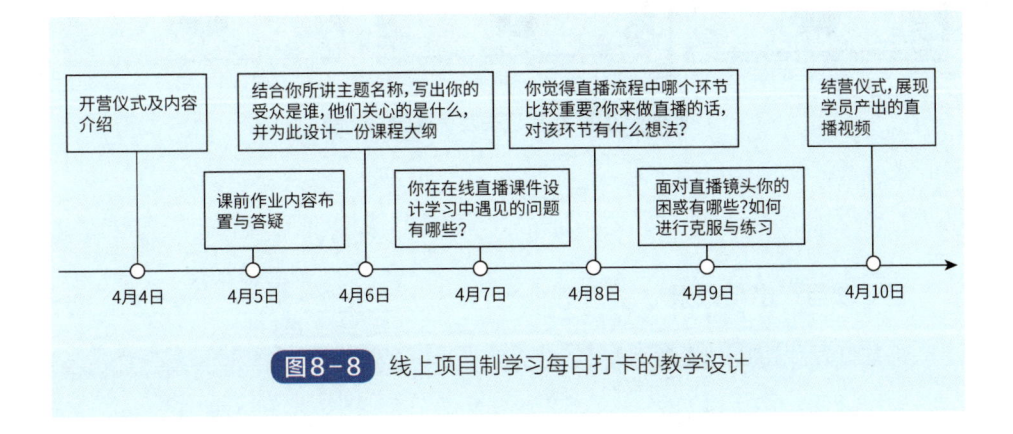

小助手
- 公布学习任务
- 直播
- 把控学习任务时间等

班主任
- 引导社群内氛围
- 作业督促

讲师
- 直播答疑
- 作业点评互动

图8-7　社群运营人员分工与角色

- 4月4日：开营仪式及内容介绍
- 4月5日：课前作业内容布置与答疑
- 4月6日：结合你所讲主题名称，写出你的受众是谁，他们关心的是什么，并为此设计一份课程大纲
- 4月7日：你在在线直播课件设计学习中遇见的问题有哪些？
- 4月8日：你觉得直播流程中哪个环节比较重要？你来做直播的话，对该环节有什么想法？
- 4月9日：面对直播镜头你的困惑有哪些？如何进行克服与练习
- 4月10日：结营仪式，展现学员产出的直播视频

图8-8　线上项目制学习每日打卡的教学设计

249

图8-9 学员所交的视频作业直播点评

图8-10 结营证书及优秀学员奖励

四、项目产出与效果

学员好评如图8-11所示。

参训学员数：120人。

点击课程学习人数：115人（学习率95.8%）。

图8-11 学员好评

完成课程学习人数：107人（完课率93%）。

学员产出直播视频：95份。

精华视频数量：45份。

8.2 证券直播

中国证券市场以个人投资者为主，随着中国经济的飞速发展，越来越多的人具备了参与证券投资的资本和意愿。然而，这些个人投资者缺少全面获取各方面投资信息以及利用这些信息进行独立投资分析的能力，需要证券机构进行教授和引导。

而对于券商来说，竞争力越来越大，投资者可选择的证券平台增多，当务之急是现有客户如何维护，如何在第一时间让公司的最新产品、最优秀的投资顾问以及分析师对市场的见解触达客户，增加平台吸引力，让客户全面接触到这些有价值的信息，以实现客户的留存拉新。

通过直播将专家和股民聚拢和串联起来，帮助股民做出及时正确的判断，无疑是最佳选择。

案例——长江证券直播

作为国内主流券商之一，长江证券抓住了机会，利用直播实现了线上业务的留存拉新与精细化运营。

长江证券提供差异化直播服务，增强用户黏性。

直播应用亮点及保利威提供的服务支持：第一，通过保利威SDK（软件开发工具包），长江证券将直播间嵌入App、微信公众号以及小程序等多个端口，通过独立授权验证，用户能够快速安全地利用各种渠道及时收看最新股市动态，极大提高了开户率与留存率。第二，高流畅度的直播体验，配合丰富的互动营销功能，如聊天讨论、问卷竞答、抽奖、打赏等，专家实时分析解读K线图，同步追踪瞬息万变的市场，帮助股民做出及时正确的判断。第三，支持私有化部署，将直播过程中的信息记录直接保存到自有服务器，提高客户隐私安全性。此外，直播流加密、黑白名单权限、观看验证码等多重手段保障了内容安全性。

长江e号App是长江证券为广大投资者精心打造的一站式投资理财平台，提供全方位的证券行情、证券交易、证券资讯等服务（见图8-12）。通过投顾模拟组合、策略组合、投顾在线问答等，为客户提供优质的线上投顾服务。

移动互联网时代的投资者对产品、信息、服务、交易等信息获取和数据交换

第8章 / 直播 + 金融 /

图8-12 长江e号App

呈无限需求趋势。

智能、高效的服务手段，是券商服务"快车"的重要驱动。如何通过最便捷、最高效、最亲民的服务手段，进一步缩短客户与券商之间的沟通、交易距离，决定了谁离客户最近、谁将获得最大的市场先机。

长江证券网络金融部和经纪业务部牵头，引入保利威直播和点播，全力推进长江e号视频增值模块升级，为更多股民提供专业的大盘解析、市场动态预测等信息。

对股民而言，及时的信息解读决定其投资方向；对券商而言，高效的信息传播是增强客户黏性的有力保障。直播完美契合双方需求，在两者之间建立紧密关系。

客户开户之后，进入长江e号App的长牛课堂，即可观看学习丰富的股市高手"独家秘籍"，部分视频内容以付费课程的形式呈现。

短期来看，视频增值服务对长江证券的营收贡献并不突出，但重要的是，这种"人无我有"的差异化、个性化体验，有助于增强用户黏性，从而促进长远的业务增长。

一、全平台同步引流，高效触达用户群

建立关系的前提是触达用户。

长江证券投资者教育基地举办的"2020·大咖面对面·年度报告会"，以现场＋分支机构视频直播＋长江e号App直播的形式进行。

直播开始前，长江证券通过App、微信公众号等渠道向客户推送直播信息，并辅以赠送课程体验券等营销手段，引导关注直播专栏，到点提醒客户观看。

长江证券借助直播的高传播性优势，迅速汇聚大批量股民，来到直播间的观众无论身处何处，都只需要一部手机即可观看报告会，突破线下活动对参与人数的时空限制。

通过保利威SDK，长江证券将直播间嵌入App、微信公众号以及小程序等多个端口，用户能够快速通过各种渠道及时收看最新股市动态，极大提高开户率与留存率。

二、实时讲解互动，建立用户信任

长江e号App开辟早盘视点、股乐齐鸣、实战看盘等直播板块，全面涵盖技术、宏观、行业，串联专家与股民，实现"面对面"交流。

在分秒必争的大盘时间里，专家实时分析解读K线图，当场提问当场回答。高流畅度的观看体验、高清晰度的直播画面，以及丰富的互动营销功能，如聊天讨论、问卷竞答、抽奖、打赏等，声画始终同步追踪瞬息万变的市场，帮助股民做出及时正确的判断。

相对于以往的图文玩法，用户观看视频直播更容易完成知识消化。直播以直接呈现的方式，快速同步市场信息及行情引导，通过专业优质内容和精细化服务有效帮助用户规避风险、获得收益，在潜移默化中与用户达成强连接关系，积累信任度与忠诚度。

同时，直播互动行为和数据收集，从多个维度完善了用户画像，有助于后续实现精准化服务。

三、培养收看习惯，强化品牌效应

长江证券通过直播过程加强与用户实时联动，而回放积累则加速品牌的塑造。每一次直播内容都可以设置回放或二次加工为点播课程，为无法及时观看直播或想复习研究的客户提供一个随时收看的窗口。再加上直播内容的日益完善和积累，一档节目的品牌也逐渐成形。

每一次直播活动都是一次品牌加分过程，企业在传递，用户在打分，不同评分阶段，用户还会产生不同的反馈：初期，收藏回看；中期，分享推荐；后期，复购宣传。品牌效应随客户依赖度一起上升。

四、流程合法合规，构筑安全金盾

券商开展直播业务，合规是第一要素。长江证券需要遵守严格的合规性，获得当地证监局的视频直播许可后，还专门配置审核人员对直播进行超前监控，如出现问题则可以及时断流，避免观众看到风险内容。

由于证券行业的特殊性，企业对于安全有着最高级别的需求。通过直播私有化部署，长江证券将直播过程中客户发送的信息记录直接保存到自有服务器，大大提高客户隐私安全。

同时，无论出于保密规定还是营收需要，长牛课堂中的视频内容都不允许轻易外泄，保利威通过直播流加密、黑白名单权限、观看验证码等多重手段保障内容安全性。

案例——国泰君安证券直播案例：业务赋能之线上路演策略及直播技能

一、项目背景

2020年春节以来，受疫情影响，证券行业的诸多业务转型线上。证券公司开始通过在线直播的营销方式服务客户，开拓客户和业务。同时，互联网路演和营销在证券行业的发展中占比越来越重，并将在未来成为不可替代的业务方式。然而，对于证券行业的从业人员来说，如何进行线上的路演与营销是一个全新的挑战。从互联网营销思维到具体的在线直播路演技能，证券行业的不少从业人员都亟须该领域的认知升级和实操经验提升。在这种情况下，证券公司的业务人员发展和提升相应的技能，迫在眉睫。

二、参训学员

以国泰君安证券某一期训练营"业务赋能之线上路演策略及直播技能"（2020年4月，为期一周）为例，直播对象为国泰君安证券公司总部及分支机构员工共319人，其分布如图8-13所示。

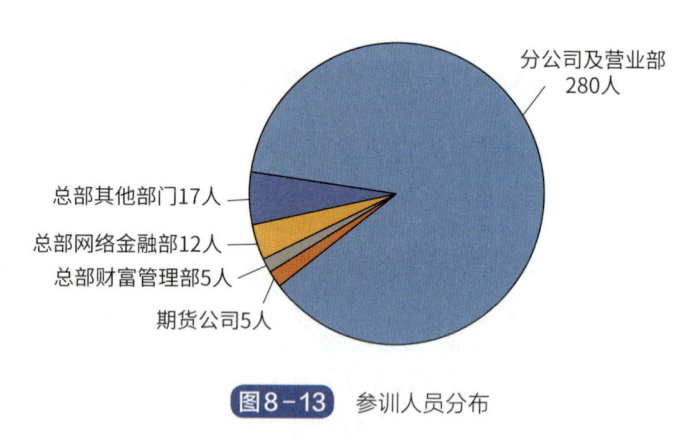

图8-13 参训人员分布

- 分公司及营业部 280人
- 总部其他部门 17人
- 总部网络金融部 12人
- 总部财富管理部 5人
- 期货公司 5人

三、H-Finance解决方案

本次训练营的目标是通过一系列精心设计的在线课程和直播，以及社群化学习训练营的培养方案，协助机构培养一批具备互联网营销思维和在线路演技能的团队。

Hi-Finance在训练营开始前的调研问卷（图8-14）反馈中发现，不少参训学员在实施在线直播路演的过程中，也遇到了相应的问题，比如在线直播路演如何推广，如何设计直播路演主题，如何持续吸引客户、让客户留在直播间，如何把专业内容讲得通俗易懂，以及如何通过直播与在线运营构建信任并进行业务转化。

进入训练营之前，大部分学员对在线路演方式的认知就是PPT+语音，对真人出镜的方式，相对来说是比较陌生的。而学员们对宣传推广、在线路演的吸

图8-14 训练营开始前的调研问卷

引力技巧和结束后的转化技巧方面有较为迫切的需求。

本次培训目标的核心要点：①设计吸引人的路演主题；②面对镜头的直播技巧；③社群运营和转化方法。

这次培训采用了"线上录播学习＋线上直播答疑＋线上社群打卡互动"的运营方式。线上由"小助手＋班主任＋讲师"共同运营，小助手负责通知打卡、直播和学习任务时间等，班主任负责引导社群内氛围和打卡点评，讲师负责录播课、直播答疑及互动。

除了常见的社群运营学习方式：Hi-Finance还专门策划了"每日打卡光荣榜前三名"与"整体学员前30名的榜单"，激励学员参与学习。对于每日前三名打卡学员，提供价值399元的训练营奖品。

同时，针对学员作业和每日打卡的视频直播答疑，也成为广受学员好评的模块。这种方式既提升了学习效率，也增强了学员和讲师的互动，同时还能在线切实解答所有学员的真实问题（图8-15、图8-16）。

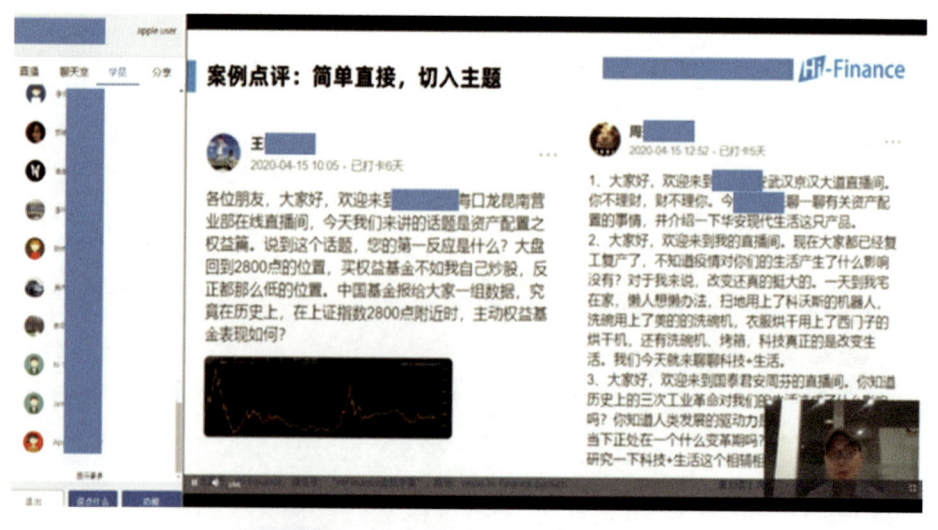

图8-15　讲师针对同学作业直播点评案例1

第8章 / 直播＋金融 /

整个在线训练营紧密围绕学员的核心痛点：用户流量、直播间留存和后续跟进服务。从课程设计到运营，从内容匹配到答疑，从录播到直播，从打卡点评到一对一作业辅导，最终，本次训练营显著提升了学员直播路演的落地技能（图8-17）。

图8-16 讲师针对同学作业直播点评案例2

03｜通过本次训练营学习，关于在线路演与直播，提升了以下哪些技能？ 多选	占比	数量
提升了对于在线路演和直播的认知	20.32%	64
系统地了解了做好在线路演的思路与方法	16.83%	53
如何设计客户感兴趣的课程主题	13.97%	44
保持吸引力的开场方法	14.29%	45
让课程顺畅的中场推进技巧	9.21%	29
面对镜头的表达技巧	7.94%	25
直播路演中建立信任的方法	9.21%	29
让客户喜欢你的技能	8.25%	26

图8-17 直播培训效果提升学员反馈

四、项目产出与效果

学员反馈如图8-18所示。

报名参训学员数：319人。

正式学习人数：213人（学习率66.8%）。

完成课程学习人数：199人（完课率93.4%）。

打卡精华数量：1054个。

解决实际问题：130个。

学员总体满意度：4.84分/5.00分。

对于视频直播这种学习方式，不少学员们由于过去没有尝试过，普遍有恐惧心理。通过一周的线上直播路演训练营，学员们在结营调研中反馈自己对在线路演和直播的认识都得到了提高，并且系统了解了做好在线路演的思路和方法。

本次培训项目契合当前的业务发展需求，解决了大部分学员的实操痛点。学员报名积极，学习氛围良好。本次培训项目运营在线训练营的方式提升了学员的学习效率和学习产出，学员学习完成度高，而且投入和思考非常认真，受到学员好评，圆满达到本次培训的目标。

图8-18 项目制学习结营时学员的社群反馈

8.3 保险直播

保险新产品发布会、保险公司晨会、险企高管直播"带货"……在万物皆可直播的当下,保险也加入了直播大潮。

保险直播,究竟播什么?

保险直播内容可以归纳为两大类:一类是保险业内人士的内部培训与激励;另一类则是面向保险消费者的线上营销。

其中,面向保险业内人士的内部培训与激励主要包括保险高管事业说明会和保险业务直播培训两个类别;面向保险消费者的线上营销可进一步细分为保险产品线上发布会、为增加客户留存的保险知识讨论和保险方案制定,等等。

> **案例——新华保险直播:内外兼修,数字化学习、营销齐头并进**
>
> 直播应用亮点:第一,新华保险培训讲师在全国各地发起直播,通过PPT展示、弹幕、签到、答题等形式与员工互动,活跃课堂气氛,实时收集反馈解答问题;第二,直播结束后,自动生成回放,供员工反复观看学习。直播后台可输出参训率、活跃度等管理数据;第三,用户在直播间"边看边买":在直播间展示商品,用户点击商品图片后跳转到新华保险产品的购买页,直接转化服务。

一、保险业内人士的内部培训

为有效减少人员聚集,阻断疫情传播,更好地保障员工生命及身体健康,新华保险将员工培训由面授模式紧急升级为直播在线培训模式,做好团队的基础知识和基本能力的持续培养。

新华保险通过内部学习平台"新华E学",进行直播和班级管理。"空中课堂""每日一课"、直播等栏目均能为内部培训提供优质学习资源。

新华保险的直播培训呈现出两大特点：

1. 优质讲师的 IP 化

培训部门定期组织各个省优秀讲师直播，通过这种方式给全国保险代理人员做培训，将讲师推向全国形成明星效应，一方面可以提高保险代理人的业务水平，另一方面，对优质讲师也有明显的激励作用。

2. 渗透深，覆盖广

新华保险的分支机构众多，搭建初期，新华保险培训部就要求学习平台和直播平台配合升级，来满足15万人同时在线学习的需求，所以在短时间内就实现了从总公司到各省分公司再到市级分支机构都可以独立发起并组织直播。

二、面向保险消费者的线上营销

与快消产品不同，打折优惠、点燃情绪、冲动消费等"套路"不适合直接套用在保险产品销售上。

几十页的保险合同、几十年的保险保障，都需要消费者在购买前充分了解保险产品、了解自身的权利，这都不是一场直播能实现的。

因此，保险机构直播重点放在普及保险知识，进行专业用户教育，继而引导至自家平台，实现服务引导。

2020年7月22日，新华保险开启了一场集新品发布、硬核讲座、专家对垒于一体的线上直播发布会。直播在演播厅中举行，通过多个机位精彩呈现不同角度的直播亮点。

在发布会上，公司副总裁兼总精算师、中国医学科学院附属肿瘤医院专家等大咖共话健康，介绍新华保险"惠加保"产品。

现场，专家带来硬核健康讲座，分享了目前肿瘤治疗方面的最新知识，并对产品的设计背景和理念进行了专业讲解，对保险行业的重要性给予了高度肯定，现场还解答了多个线上热度问题，直播互动区弹幕刷屏不断，互动交流满分。

借助保利威直播解决方案，新华保险帮用户实现了"边看边买"，实时转化。

9月26日，新华保险"新华荟·惠客户"大型直播活动"一起多倍保"正式开启，邀请公司总监、金牌讲师为"多倍保"产品宣传带货。直播氛围火爆，截至当晚22时，点击量突破23万人次。

新华保险通过讲述新华保险阻击地下保单、开发"多倍保"的故事，展现了产品优势，体现了公司守护客户利益、勇挑重担的精神，在呈现"多倍保"销售战绩的同时，为用户展现了产品口碑及背书。

第 9 章

直播 + 教培

一条信息所产生的全部影响力中,7% 来自语言文字,38% 来自声音(其中包括语音、音调及其他声音),剩下的 55% 则全部来自无声的身体。

——艾伯特·麦拉宾

进入2021年，教育机构必须具备两个关键能力：第一，拥有线上线下随时切换的"热切换"能力；第二，正面存量竞争，打造最佳产品力。

"热切换"的概念常见于计算机领域，主要是指用户在不关闭系统、不切断电源的情况下，取出并更换损坏的硬盘、电源等部件，提升系统应对"灾难"时的及时恢复能力、扩展性和灵活性等。伯索云学堂的创始人陈志飞据此提出了在线教育领域的"热切换"概念。

在防疫常态化的大背景下，想保证教学活动、机构运营正常进行，必须具备热切换能力，也就是做到线上线下的快速切换，确保教学活动、机构运营不受任何意外影响。

其实，经过疫情的加速，2020年教育机构的OMO转型（线上线下融合）已逐渐常态化。线下的优势自不必说，线上的优势也同样多，两者融合才是共赢。

可在OMO常态化的过程中，难免出现各种不可控因素的冲击，好比当下，学校和校外机构必须对疫情变化保持十分"敏感"，一旦周边出现确诊病例，就得立即叫停线下授课。

是否可以迅速转向并适应线上，不仅考验了教育机构的即时应变能力，更考验了产品的长线运营和服务能力。教育机构在引流招生和日常授课场景中，也要有意识地融入、习惯线上手段。

9.1 直播+培训（教育机构）

案例——润德教育：100%增长，降维打入在线教育超级市场

直播应用亮点：第一，润德教育将保利威直播、点播模块嵌入旗下3款学习App中，无须额外开发，即可为付费人群提供优质的课程观看体验。第二，保利威支持微信开播，学员无须下载任何App，直接在微信中通过链接即可观看直播、参与连麦互动，讲师优质的内容输出结合优异的产品体验，让转化概率大大提高。第三，借助直播平台功能，打造私域—公域营销闭环，精准招生。

近几年，不少在线教育从业者都有这样的感受："行业不景气、获取生源越来越难，有资本的大品牌风生水起，小品牌却纷纷倒闭……"

润德教育成立6年，影响了300万名考生，已然成为中国医药行业培训领域的头部品牌。疫情影响下，非但没有裁员、减薪，80%线下校区营收还能够保持100%增长，2020年8月更是完成了近亿元的A轮融资（图9-1）。

图9-1 润德教育A轮融资发布会直播

罗马并非一天建成，润德和众多培训机构一样，面临诸多困难：

第一，上班族考生时间非常紧迫，考试通过率普遍不高。如何充分利用碎片化时间，帮助学员提升考试通过率？

第二，培训专业度的门槛高。考试难度决定了培训产品和内容体验必须做到极致。

第三，教育行业普遍获客成本过高。据相关统计，某品牌99元课的线上获客成本人均高至600元，而一对一的某正课辅导普遍上升到4000～6000元，在这种情况下，润德教育这样的垂直领域机构更需要另辟蹊径实现增长。

据润德教育创始人祁伟鹏介绍，目前润德教育的续费率在80%，培训学员考试通过率要比高出行业平均水平3倍以上。

润德教育如何走出自己的破局之路？看以下3点。

一、独创教学模式，学员考试通过率高出行业平均水平3倍以上

能够扛住疫情大规模停课冲击，润德教育仰仗的是一套成熟的线上+线下教学体系（图9-2）。2020年年初，仅一个月内，润德教育全国校区快速进行线上"热切换"，直播、网课、微课堂全面推行，转"危"为"机"。

成立之初，润德教育主要通过"面授+考前集训"的方式进行培训。这种纯线下的方式，能够让学员和讲师有更频繁的互动，沉浸感也更强。

但是，对于平时工作较忙的医生、药剂师来说，他们需要经常奔波于培训班和工作单位之间，学习时间经常被挤占，碎片时间不能得到充分利用。

祁伟鹏意识到这个问题后，马上开始发展线上业务，直播课和点播课成为教学的重要组成部分，与已有的面授和考前集训环节，共同构成了"面授+网课+考前集训"三位一体的教学体系。

图9-2 润德教育课程体系

润德教育的教学模式主要有两种：纯线上网课和线上＋线下混合授课。

1. 纯线上网课

纯线上网课可形成完整教学闭环。

（1）主要有录播课、大班课和一对一三种模式，客单价从2000～40000元不等，不同模式享受的服务不同。以大班课为例，润德教育已经形成"学习计划＋学习报告＋周测月测＋班会＋回访"的线上教学闭环。

（2）学习：用户按照计划统一学习直播课。

（3）课后：教学辅导老师答疑，定期安排测试。

（4）分层：根据测试的成绩，学员会被分层，学习计划也会根据不同的层级进行调整。

（5）反馈：学员通过班会和回访，反馈学习中遇到的问题。

2. 线上＋线下混合授课

线上＋线下混合授课可保证高水平考试通过率。

线下面授课包含线上网课内容，学员通过前期录播课和部分直播课学习学科基础知识，后期则通过直播课和面授课同步的方式进行拔高和考前冲刺训练。

这样一套教学体系，不仅能够让学员充分利用碎片化时间进行线上学习，还能在线下面授时对学员进行严格把关，在执业药师考前培训细分领域，润德培训学员考试通过率也比行业平均水平高出3倍以上。

2019年全年，润德教育累计做了2035场网络直播课，授课时长达12059小时，进入2020年，直播教学已成常态化。

二、增强学习体验，打造最佳教学产品力

为什么学员会选择线上听课？除了能够节省精力和时间成本，产品的体验也是关键因素，甚至会影响到后期的续费率和口碑。

针对不同医学执照考试人群，润德教育开发了考医狮、考药狮、考护狮3款在线学习App（图9-3），App先后推出智能做题、在线听课、音频解析、音频课程、考点分析、干货资讯等功能模块，大大提高了学员的学习体验，同时也大大拉开与竞争对手的差距。

润德教育将保利威直播、点播模块嵌入3款App中，无须自己开发，即可为付费人群提供优质的课程观看体验。

（1）用户在首屏就可以看到推荐直播课，点击即可预约（图9-4）。

（2）搭建"直播专题"，包括现阶段主推的内部直播课、公开直播课、万人直播课等。

（3）用户可通过"直播预告"和"日历"来查看最近的直播，并进行预约（图9-5）。

对于万人级别的大班课来说，除了内容的专业度，线上体验的流畅感、稳定

第9章 / 直播 + 教培 /

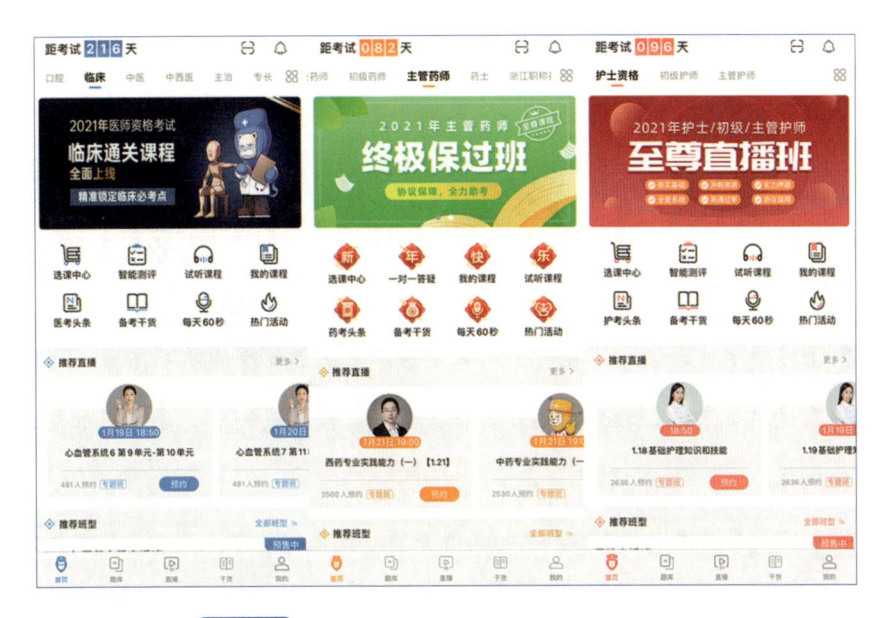

图9-3 针对不同人群，润德教育推出3款学习App

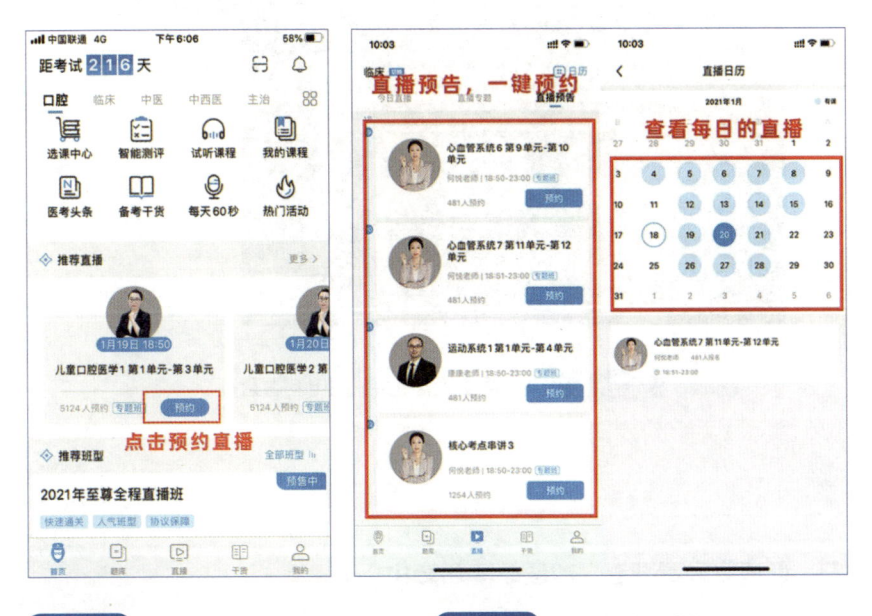

图9-4 App首页可预约直播

图9-5 直播预告和直播日历

271

性、互动性都对上课体验有决定性影响。

保利威的无延迟直播技术，不仅支持单直播间万人同时在线，同时将直播延迟降低至 0.4 秒内，达到"实时"体验，实现线上和线下无差别的教学"真"互动。

这样的"真"互动，本质上赋予了教育机构将真实的线下教学能力完整复制到线上的可能。

对于付费学员来说，下载 App 听课能够享受更加优质的学习体验。但对于体验课直播学员来说，最重要的是降低了听课门槛和流失率，学员更加愿意购买正价课程。

保利威微信直播支持 iOS 和 Android 系统，无须安装客户端，学员在微信中打开直播链接即可实现连麦互动（图9-6），大大降低了开播和参与直播的门槛。

图9-6　学员通过微信链接，用电脑看直播

三、低成本大量获客，加速裂变和转化

和传统教育机构的获客思路不同，润德教育没有花大力气做全网付费投放，而是形成了一套从 B 端到 C 端的招生方式。不同于某些学科培训机构的高获客

成本，润德教育目前获客成本仅在200～300元。

成本低的原因主要在于，润德教育在细分用户群体中建立品牌与口碑，同时重视圈层裂变获客，与连锁药店、高校等渠道合作，获取大量精准用户，通过线上优惠活动进行转化。

1．打基础：精华资料免费送，私域公域齐引流

凭借自身师资优势，润德教育针对不同阶段的考生发放不同的裂变海报，内容涵盖备考直播课、纸质版教材、押题手册，等等，为课程顾问个人号进行引流。

疫情期间，润德教育联手中国医药物资协会，向全国药店行业发放课程福利（图9-7），实现了精准用户的大范围覆盖，为高价课程转化打下坚实基础。

图9-7　疫情期间，润德课程福利活动

2．提转化：节日热点促销万人拼团购课

"6·18""双11"和"双12"这类购物节，润德教育一个都没落下，每次都会上线课程促销活动，通过买课送礼、定金翻倍、转盘抽奖、优惠券红包等多种营销方式，刺激私域用户购买课程（图9-8）。

除了节日大促，润德教育还在公众号中上线"万人大团购"活动，页面上展现拼团人数、购课补贴、剩余时间等促销元素，让用户产生紧迫感，引导用户参团购买课程（图9-9）。

企业直播 / 直播实战驱动数字化升级 /

图9-8 润德教育课程促销活动

图9-9 公众号"万人大团购"活动

经济学中有个概念叫"杠杆思维",即用有限的资源撬动杠杆,实现收益最大化。而"撬动杠杆"的核心在于,找到推动事情发展的"决定性"因素,也就是杠杆的"支点",同时在这个点上持续投入,做到极致,再以此为支点,去撬动更多资源，实现更高的收益。

创新教学模式和极致的产品体验使润德教育在在线教育这个超级市场里撬动资源杠杆，逆势增长，对模式传统的机构无异于降维打击。

未来将是 OMO 时代，这个支点对于大部分教育机构来说，可能就是一套成熟的线上运营模式，教育机构借助成熟的线上运营模式，通过直播、点播把内容线上化，然后打通所有细节和关键点，实现口碑和服务差异化，方能在存量竞争中占据高位。

案例——长投学堂：直播赋能财商教育，实现引流变现双丰收

直播应用亮点与保利威提供的服务支持：第一，将直播嵌入 App 与微信，使用 PRTC 无延迟直播（POLYV Real Time Communication）带货，延迟低至 0.4 秒，打造极致流畅观看和"真"互动体验。第二，定制化专属直播推广页，通过公众号推文嵌入直播公开课海报、专属落地页等引流到直播间转化，打造公域到私域的流量闭环。第三，系统对接上，通过保利威 SaaS 竖屏观看页，轻量化集成到 App 与微信，实现低代码、轻量化集成，快速落地，拿来即用。

长投学堂是国内较早推出定制化课程的在线理财教育机构，致力于为广大零基础理财用户提供专业且系统、生动且温暖的理财教育服务，培养大众正确的金钱观念和财富观念。

在接触保利威以前，长投学堂主要通过社群形式来吸粉、引流，用户转化为会员后也是通过图文+语音教学形式，但这种社群运营模式时间成本、服务成本高，数据难以追踪，且转化周期长。

信息化时代下，直播作为信息传播工具，信息密度广、传播速度快、传播效率高、场景丰富多样的优势，使财商赋能变得更加简单有效。

财商培训是企业培训在金融行业诸多细分场景之一。一般金融直播培训在

"数据分析""低延迟性""内容安全"方面有较高要求。

一、大咖引流精准获客,打造机构流量池

每到特定的节假日,长投学堂会邀请众多理财投资界的大咖,同时利用节假日热点结合自身产品特点,开展节假日相关主题直播。

2020年"双12"前,长投学堂推出《"双12"奔"富"长投圈》免费公开课,为理财人群提供基金、股票、房产等领域的入门知识,并在公开课讲授干货知识,引导用户报名正式课程。

保利威提供了竖屏直播、边看边买等多种营销功能,助力直播间销量高涨。

1. 定制化引流推广页面,吸引用户预约观看直播

公开课主要通过公众号推文、专属落地页进行引流。长投学堂为每一个系列的引流公开课都定制了专属落地页,用户只需转发分享一个页面,就可以为多场不同时间、不同主题的直播引流获客。

同时,长投学堂还通过在公众号推文、App 入口页面中嵌入专属直播公开课邀请海报,实现引流裂变,吸引更多的用户点击预约课程(见图9-10)。

图9-10 公众号推文、App 为直播引流

2. 无延迟直播带货，财商赋能与课程教育两不误

在引流公开课直播间中，长投学堂开启 PRTC 无延迟，对于观看直播的用户来说，更实时的互动体验和问题答疑，会直接影响其后续报名率。

直播课使用三分屏带货直播模式，同时展示 PPT 文档、讲师头像、聊天框，手机全屏展示直播画面，打造沉浸式教学体验，主播随时回复弹幕上的用户提问，为用户答疑解惑，打消用户疑虑。

主播通过红包雨、抽奖等互动形式，提升用户互动兴趣，通过手动显示课程列表，在直播中讲解课程，用户实时转化，从"流量"变"留量"，促进课程销量增长。

3. 课程效果调研，直播后线索跟进

课后，长投学堂通过直播过程中的问卷调研数据结果，以及前期直播预约时资源留存的联系方式，一对一跟踪解决用户问题，实现线下转化。

4. 打造真正的品牌专属直播间

财商教育机构可随性定义直播间装修风格样式，提高品牌辨识度。对于需特殊定制的功能，保利威拥有丰富的 SDK/API 接口，支持二次开发。

二、会员分班学习互动，提供精细化服务

1. 直播课程转播，分班学习互动

长投学堂会员用户多，在同一直播间，观众数量过多，管理发言、互动比较困难。保利威转播功能可以将一个总直播间内容转播至多个子直播间，各个子直播间配备单独的助教进行管理，各子直播间观看直播内容一致、学员之间互不可见且聊天内容相互独立，实现了多班级观看同一内容，为精细化用户运营与服务提供有效支撑。

2. 课程回放复习，巩固学习效果

财商培训涉及很多金融专业术语，导致学员一场课程听下来可能不能完全消化。直播结束后自动生成回放，按章节保留PPT和直播内容，未参与直播学习的会员，或部分知识薄弱的会员，可通过直播回放对应具体章节选择性自主学习，实现随时随地碎片化学习，最大化视频课程价值。

3. 视频数据司南，追踪学习过程

保利威视频数据司南，通过记录用户观看行为，比如用户观看的视频数量、总观看时长、平均完播率、视频热力图等数据，还原用户观看过程，全面分析用户观看数据，深挖用户对视频的喜好，根据数据分析促进直播课程内容优化。

长投学堂尤其关注直播系统的高并发稳定性保障、无延迟互动体验、轻量化的系统集成，借助保利威直播技术，长投学堂把招生引流、用户转化、财商赋能转移到线上，打破原有线下社群引流运营转化的形式，大大减少了拓客成本，缩短了周期，更高效获取用户，同时也提升了品牌认知。

对于课程学员，长投学堂又再一次借助保利威教学培训功能，通过在线授课，实现财商赋能。

互联网技术拉低了理财的门槛，带来了投资者结构的变化，渴望通过理财增加收入的群体，在后疫情时代正变得越来越庞大。

用户的需求催生这个以往一直被忽视却规模巨大的财商培训市场，各大玩家纷纷涌入赛道，机构竞争压力加剧。未来，长投学堂会借助保利威直播，结合双方产品与技术优势，为用户提供更优质、人性化的服务体验，助力引流、转化与留存。

9.2 直播+教培（企业培训）

随着用户的数字化迁移，企业的信息传输及人才培养也进入了数字化进程。拥抱学习变革，企业迎来全场景的学习创新。

直播是企业数字化能力延伸最高效的手段。直播间成为企业员工、客户、社会之间的连接空间，将企业培训中心打造为围炉夜话的物理空间和精神场所。

每一所企业培训中心都是战略高地，直播将让企业培训更好地支撑企业战略，提升经营效益。

9.2.1 企业直播学习原因

企业直播学习将迎来爆发式增长，主要原因有3点：习惯变迁、内容效率和边界外延。

1．习惯变迁

从每一个员工到每一个客户，在2020年都完成了从线下到线上的迁徙。而从2019年到2020年，电商直播的浪潮与疫情影响则带来了直播应用的普及。

2．内容效率

以互联网来说，信息载体的演变过程是：文字 — 图片 — 图文 — 视频 — 直播，直播可以说是2015年以后才真正火起来的。直播形式的内容在单位时间内所能够携带的信息量更大，信息密度更高。

从以前用邮寄书信的方式传递信息，到通过订阅报纸的方式获取信息，再到通过网站浏览信息，再到以直播的方式实时生产信息，信息的媒介速率也在发生变化。

直播内容的覆盖量也在不断增长，从密度和传播速率的角度上来说，比起我们今天坐在线下会场面对面和大家交流，通过直播交流的信息密度和传播速率会更快。

直播还有一个特点，覆盖面更广。比如，在线下做分享，最多就是把个人的一些思考与在座的1000位专家进行分享，但是通过直播可以延伸到1000人背后的1万人、10万人乃至100万人。

3．边界外延

从很多企业培训的直播场景中可以看到，直播正在从培训员工扩展到培训客户。从在线化的角度来说，知识本身就是一个比电商更加适合在线化的一种形式，因为知识通过线上的方式传播，边际成本趋近于0。

基于以上3点，直播可以说是视频时代的新基建，它所带来的连接能力，将让企业培训更好地支撑企业战略以及提升业务效率。

9.2.2 传统培训的弊病

企业培训是增强企业竞争力的有效途径，然而传统的培训方式却存在种种弊病：

1．多地分散造就高成本

企业分支机构多地化、人员分散，线下培训组织成本过高，涉及讲师费用、交通费用、场地费用等。

2．周期过长难保时效性

一般的大公司有总公司、分公司、办事处，每次培训都是用轮训的方式，很难一次辐射到底层末端，培训受众窄，缺乏时效性。

3．一次培训无法二次利用

培训课程难以系统化留存，无法进行二次学习，不利于员工再次回顾培训知识。

4．效果无法追踪，量化考核难

培训效果跟踪困难，传统培训通常采用现场授课的形式，后期评价考核难，对于培训效果无法量化，很难获取员工学习反馈。

企业直播培训相比于传统线下培训更具有优势，并且已经发展成为现阶段企业营销的重要工具和手段。在疫情期间，企业直播培训出现规模增长，成为直播领域的耀眼明星。

9.2.3 提升培训效率的4个方面

直播作为当下最有效率的培训方式，保利威等企业的直播技术能从组织、学习、评估、管理4个方面提升企业的培训效率。

1．组织效率

（1）低门槛，一分钟即可发起一场培训，手机、电脑都可以观看。

（2）不受时间、空间限制，节省时间成本和组织成本。

（3）多种方式通知，预约提醒。

2．学习效率

（1）课件＋语音、课件＋视频、拍摄、录屏等多种展现形式。

（2）多讲师异地同堂授课。

（3）实时提问，音视频连麦互动。

3．评估效率

（1）在线答题和测试，学习效果当堂反馈。

（2）直播结束，自动生成可视化分析报表。

（3）学员参与完整度、测试结果等学习行为的深度分析。

4．管理效率

（1）支持多级账户权限，总部和各分公司权限轻松管理。

（2）方便嵌入在线学习平台和OA系统，权限和数据对接打通。

> **案例——中国国航：直播打造人才培养新干线**

直播应用亮点及保利威提供的服务支持：第一，数字化转型加速期，中国国际航空股份有限公司（以下简称国航）接入保利威直播，推动培训信息化建设。第二，直播系统对接国航在线学习平台，内部员工才有权限观看学习，保障信息安全。第三，学员通过小程序连麦直接沟通；培训部利用登记观看、签到、答题卡等功能考查参与人数和学习进度。

在这样一个效率至上的时代，对于航空公司而言，组织架构庞大，人员分类复杂，且分布高度离散，想要高效统筹与开展培训工作，实属不易。

培训师飞往世界各地面授课程，时间成本和交通成本投入巨大。

这些痛点如何解决？来看看航空界先锋企业国航的故事。

国航于1988年在北京正式成立，是中国唯一载国旗飞行的民用航空公司。

早在2013年，国航培训部与信息管理部紧密协作，正式上线运行国航在线学习平台（e-Learning）。经过不断迭代升级，国航员工只要登录国航企业内网就可进入该系统并从中找到适合自己的课程，教学内容十分丰富，形式上以课件共享、录制视频为主，在即时性、互动性和反馈等方面有所欠缺（见图9-11）。

随着国航数字化转型逐渐深入，对培训信息化工作提出更高要求。在国航领导的高度支持和各部门的积极推进下，国航e-Learning平台接入保利威直播服务。

为帮助学员顺利完成任务，还会定期以"网络直播"方式进行考前在线学习

第9章 /直播＋教培/

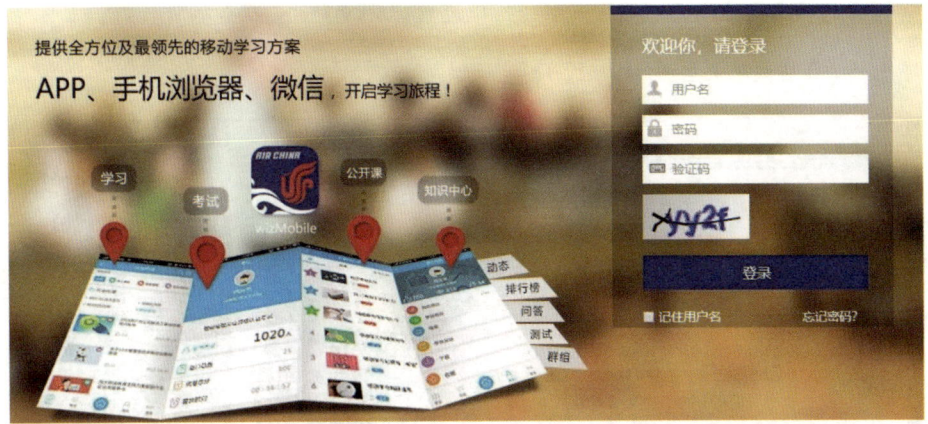

图9-11 国航在线学习平台

辅导。下面，我们来看国航示范如何实现一场高效生动的直播培训。

一、前期宣传推广，线上线下引流

最重要的是通知、吸引学员的参与。国航在线学习平台为每次培训直播设计专门的宣传文案和海报，在微信公众号、企业内部群中推送（见图9-12）。

同时，国航领导重视宣导直播，实现线上线下同步引流。

图9-12 微信公众号推送直播课通知

283

二、精心打造直播间，直播课程品质化

国航培训直播在专门的虚拟演播室中进行，环境封闭、隔音条件良好，画面干净统一，直播效果更佳（图9-13）。

图9-13 国航虚拟演播室直播效果

此外，根据培训主题设置自定义背景，精心装修线上直播间，吸引学员预约观看。

三、高效直播互动，随时随地学习

除了可以在电脑端登录在线学习平台观看直播，国航还专为微信端开辟观看路径，使员工摆脱了在固定工位用电脑观看的束缚，充分利用碎片化时间，随时随地进行学习。

光看直播还不够，学员可以通过小程序连麦直接沟通；培训部利用登记观看、签

到、答题卡等功能考查参与人数和学习进度；学员可评论提问，讲师也可在线解答。

四、沉淀培训内容，巩固学习效果

通过保利威云课堂三分屏，直播时国航学员可在直播间按需切换PPT和摄像头画面；直播结束后自动生成回放，保留章节回放和聊天内容同步回放。学员根据知识薄弱点对应到具体章节选择性补课。

运营人员在线剪辑回放内容，制作成微课和优质课件，沉淀下来多次复用，配合直播课前预学和课后考核，巩固学习效果，实现价值最大化。

五、多重加密保护，直播安全稳定

各期直播视频资料涉及国航内部机密内容和授课老师肖像权益，仅限于集团范围内部学习使用，不得用于对外传播。

首先，学员无论在电脑端还是移动端观看直播，都需要先登录或绑定e-Learning账户，对接公司白名单，即内部员工才有权限。

其次，保利威通过直播流加密、防盗链、防录屏等多重手段保障国航直播内容安全，不被外泄。

国航尤其注重直播系统的高并发稳定性保障，低延迟的流畅直播带给员工更好的学习体验。

e-Learning系统作为全体员工的学习与交流平台，不仅是国航培训的一种主要形式，也是建设国航文化传播的窗口。接入保利威直播后，国航2019年新员工文艺汇演也进行了同步直播，未来国航在直播宣传、招商、晨会等场景还有广阔施展空间。

在线直播培训方式为国航节能增效、优化教学资源、提升教学效率开辟了新路径。下一步，国航将继续丰富直播课程资源，扩大学员范围，为分散在全国乃至全球的各航站人员、机务代表、销售代表提供直播培训，不仅解决培训时间、资源难以控制与分配等问题，还能节省传统面授方式所产生的高昂培训费用。

案例——浦银培训中心：花式直播运营，让培训"活"起来

直播应用亮点及保利威提供的服务支持：第一，提供定制的直播观看软件开发工具包，为确保直播模块上线的稳定性，配合提供一系列上线测试，协助建立和完善在线培训体系。第二，支持身份验证、防盗播、直播流实时监测、聊天室监控等功能，全面保障视频安全，防止业务信息泄露。第三，直播后台可提供全面的可视化数据报表，方便浦发银行量化和追踪培训效果。

浦发银行境内网点遍布全国，依托在线和移动学习渠道的数字化培训，是实现穿透式、标准化培训的首选方式；与直播技术一起出现的培训新模式，让各分支机构纷纷开展属地化的特色数字化培训。

基于此，浦发银行成立了专门的全行性培训机构——浦银培训中心（见图9-14）。构建和打造数字化学习生态圈是浦银培训中心自成立之初就设定的目标，由电脑端、微信端和App端三个平台组成，互联互通，共同构成浦银培训中心数字化培训架构，全面覆盖培训管理各个环节、贯穿员工学习的各个阶段。

"浦银培训中心"App作为浦发银行员工移动端在线学习平台，侧重在线课程学习内容的提供，解决学习资源向基层员工、基础岗位的迁移问题。直播互动教学作为"浦银培训中心"App中的一个重要模块，对整个在线教学效果具有关键意义。

对此，浦发银行选择与深耕企业培训领域的保利威进行合作，共同搭建移动App直播平台。

浦银培训中心学习生态圈

- 浦发银行移动学习微信企业号 以"用户经营"为主 注册用户近28000
- 浦银培训中心App 以"学习经营"为主 注册用户40000+
- 在线学习与管理系统 以"数据经营"为主

图9-14　浦银培训中心学习生态圈

1. 浦银培训中心业务场景

（1）讲师通过电脑客户端发起直播，并通过电脑自带摄像头或外接摄像头进行讲师画面采集、PPT演示、屏幕共享等操作。

（2）讲师在线下课堂对员工进行培训，同时现场采用摄像机进行教学活动现场拍摄并在线上同步直播。

（3）员工通过浦发银行账号登录"浦银培训中心"App，打开"课堂—直播"模块中对应的课程，即可进行直播观看、聊天互动、提问咨询、点赞打赏等。

（4）对于直播间的管理可以在管理后台进行操作，直播管理后台支持对不同直播间进行个性化设置，例如：观看人员限定、页面菜单自定义、播放器设置、一键禁播等。

2. 直播平台要求

首先，直播平台应提供稳定、流畅的直播观看效果，保障讲师和学员在观看过程中有良好的使用体验。其次，直播平台应当具备简单易用、功能丰富的特性，友好的交互界面。

同时，指定直播观看人员为浦发银行内部员工、防止业务内容泄露也是浦发银行关注的需求点。

最后，数据积累是浦发银行非常看重的部分，直播后台应提供全面的、针对不同直播间的视频概况分析、员工观看行为分析、可视化数据报表等，方便浦发银行进行员工课程完成情况分析、教师教学质量评估等，量化和追踪培训效果。

3. 应用效果

在直播课堂教学上，直播平台支持文档演示＋讲师影像、屏幕共享、画笔、实时聊天、答题卡、鲜花打赏等丰富的功能，增强了讲师和员工之间信息的交互性、趣味性。

在内容安全管控方面，直播平台支持身份验证、防盗播、直播流实时监测、聊天室监控等功能，全面保障视频安全，防止业务信息泄露。

在教学效果分析方面，直播平台支持签到、答题卡、互动统计、学员观看行为分析、数据报表等功能，持续追踪学员的学习情况。

自2018年3月上线以来，"浦银培训中心"App总安装使用人数高达5万人，员工覆盖率超过90%。

"浦银培训中心"App直播平台作为App中关键的教学平台，突破了传统线下培训时间和空间的限制，在人员集合上有了足够的灵活性；同时节省了高昂的差旅、人力、场地成本，有效提升员工学习质量和效率，实现降本增效。

浦发银行通过直播组织培训，公司各项政策和信息能够安全快速高效地传递，呈现形式也十分丰富。

浦银大课堂用一场零距离的培训直播——职场达人养成计划培训，瞄准员工最关心的职业发展问题，传授职场生存与上升之道。

总行"零售八点档"邀请合作伙伴的嘉宾，以摄像机拍摄的方式，在晨间八点半准时直播，内容精干，形式活泼，员工可以通过手机移动观看直播，随时参与互动、讨论，有助于形成全员学习氛围。

浦发银行北京分行"瑞韬直播间"通过电脑和网络就可以随时随地发起直播，通过 PPT 课件 + 视频头像，形式方便，实现课件内容同步分享，优秀员工"面授"经验，在全方位了解银行业务的同时，提升了自身能力。从2018年每周一场直播，现在已增至每周3~4场直播，在疫情期间，公金和零售部门，几乎每天都有直播。

杭州分行"金时金市"大讲堂以拍摄情景模拟剧的形式，设计贴近银行真实工作的客户服务场景，对沟通流程进行完整示范。针对疑难问题，员工可在线发表评论，直播结束后由讲师统一梳理解答，让培训课"活"起来。

另外，一些重要的培训也可以通过直播方式来组织，如"证照防伪鉴别培训""疫情防控方案"等。培训内容供员工反复学习，保证培训资源得到持续利用，培训内容得以准确执行。

在保利威的系列推广服务支持下，浦银培训中心在2020年上半年新增重庆分行"山城学堂"和宁波分行"浦永新课堂""党校空中课堂"等共计7档正式培训栏目，新增触达分支机构13家，将直播持续渗透全行。

第 10 章

直播 + 零售 / 医疗

在百家争鸣的互联网直播中,受众对网络的需求不仅仅是简单的获取信息,而是渴望从旁观者转化到参与者,他们对发声的意愿也越来越强烈。

10.1 直播+零售

家居零售有其特有属性：商品单价高，消费者决策周期长、消费频次低且重体验、重售后。商家端则极度分散，厂家以下多层分销，家居行业的营销工作并不轻松。

1. 商家获客难度大

家居产品的用户消费频次低，在没有家居需求时，用户对家居品牌和产品关注度较低，造成获客难度大、成本高。

2. 用户决策成本高

家居产品单价高，且消费者进行信息收集和对比的难度大，这就造成消费者决策时选择成本高。

3. 门店抗风险性弱

家居行业租金、仓储和人力成本高昂，面对线下不可控因素影响时免疫力低下。

直播让消费者可选择的范围从本地实体店扩大到了网络长尾，加大商家与潜在客户偶遇的可能性。

新冠肺炎疫情打乱了人们的生活节奏，各行各业都受到不同程度的影响，对注重线下体验的家居行业更是一次严峻考验。在这样的背景下，欧派家居选择用直播破局。

第 10 章 / 直播 + 零售 / 医疗 /

案例 —— 欧派家居：3小时带货近3亿元，直播点燃新零售经济

直播应用亮点：第一，在保利威播放器和聊天室内嵌入欧派H5直播观看页，确保消费者可以拥有一边看直播、一边下订单的闭环体验。第二，借助秒杀、红包雨、抽奖、拼团等线上专属优惠活动刺激消费者买单，加速直播流量转化。第三，在需要保密性的内训场景，配合白名单、验证码等授权形式，员工登录欧派内部系统App即可观看直播。利用保利威集团账号，欧派集团实现所有部门统一管理。

欧派家居发起"欧派安家节"超级直播夜线上销售活动，仅3月4日单场直播就吸引了数百万意向客户聚集直播间，线上线下成交订单近4万笔（图10-1）。

通过抢占线上流量，借助保利威直播抓住"宅经济"的红利，欧派开辟了一个更贴近消费者、更有温度的场景互动营销渠道，让卖场变秀场，顾客在家实现"云逛街"，直接为品牌带来粉丝和销售额的"双增"。

图10-1 "欧派安家节"超级直播夜战报

293

一、对外吸引客流，瞄准直播带货

1. 广告植入"种草[①]"

配合热播电视剧《安家》植入广告，欧派携手女主角孙俪打造专题视频，在线上展开一波集中推广攻势，除了在抖音、快手、天猫等头部流量平台大量投放广告，还启动线上直播和组织微团购。"欧派安家节"超级直播夜活动主打《安家》同款产品，引爆市场。

2. 渠道引流蓄客

欧派为经销商提供线上引流爆破工具，经销商员工提前注册账号，生成转发二维码邀请卡，让消费者浏览、报名、"秒杀[②]"商品，这期间经销商的员工会获得相关的报名浏览收益，工作积极性得到激励；客户转发也可以获得收益，如助力领取优惠券，实现多渠道引流裂变。

此外，在直播促销活动中，保利威可通过转推分发功能，将直播活动同步推流至快手、小红书等20多家主流直播平台，实现传播人群的最大化。

3. 直播引爆转化

欧派将H5直播观看页嵌入保利威播放器和聊天室，实现消费者一边看直播、一边下订单的闭环体验。

家居消费作为大宗消费，非常强调体验感，仅凭商品图文详情难以给消费者足够的信任感，因为消费者无法预测实物效果。

保利威提供全程高清直播，对欧派家居产品的纹路、颜色和光泽等细节都有很高的还原度，观众的观看体验得到极大提升，加速心理"种草"。导购通过

[①] 种草指用各种方式向他人强烈推荐某样东西，使人们对某样东西心里像长了草一样疯狂喜爱，并产生强烈的购买欲望。——编者注

[②] 秒杀指的是一种网上竞价的方式，热门商品一放到网上，几十件、上百件马上被一抢而空，有时甚至只用一秒。——编者注

直播讲解推销新品，客户足不出户就能"亲临现场"感受设计风格。

欧派直播间中，观众点击界面左下方的添加购物袋，就可以对欧派主推的各种定制化家居产品及价格一目了然，同时在直播间内下定金不需要跳转，客户流失率大大降低。

导购通过直播秒杀、红包雨、抽奖、拼团等线上专属优惠活动刺激消费者买单，加速直播流量转化。

录制好的直播视频还可以多次播放，由此形成二次营销，同时，基于网络传播的精准营销，可以为用户打上标签，将直播内容推送给目标受众，提升营销效率，由此最终实现以最短营销链路的引流及转化。

反应迅速、策划精细、执行通畅，2020年的欧派直播热闹出圈。2021年直播依旧势不可挡，作为当下线上营销的重要手段依旧好用，特别是有了明星或者企业大咖加持，影响力更加不可估量。

二、打造直播矩阵：真实屋主 + 明星体验官 + 产品专家

2021年1月22日19点半，欧派开年首场直播精准卡点2021年春节节点，以"2021美好生活，不'江'就"为主题，邀请当红明星江疏影一起逛欧派、荐年货，欧派橱柜总经理亲自到场抽免单、送茅台，直播4小时，橱柜全国总订单破4.8万单。

1．"云"串门 —— 连麦欧派真实屋主

正式直播前一个小时，欧派明星设计师率先开播，走进广州花都的一位新装修业主家，带领粉丝围观"别人家"的定制亮点，引发用户在线交流装修经验，为后续明星直播预热。

2．星体验 —— 明星反馈 + 老总"放价"

最受期待的明星体验环节，江疏影现场体验欧派家居产品，即时给出最真

实自然的反应，让粉丝观众更有共感。

欧派橱柜和衣柜高管在直播间公布专享优惠，江疏影说"感觉两位老总在竞争（battle）"，瞬间点燃了直播间的气氛，给粉丝送福利环节火热展开。

3. 专家讲——懂产品更可信

家装产品的专业特性决定了观众光看是不够的。欧派产品专家从产品的整体空间效果，到局部的细节设计，以及产品涉及的工艺参数，进行了全方位讲解，也让明星加持的点赞更具有专业可信度。

相比于家居建材传统的线下"明星/总裁签售"，这种"明星/总裁直播间转化"，在时间、成本、效率上都更优。厂家借助"明星+总裁"效应，利用总部完备的产品展厅，通过线上直播间，就可以赋能全国所有的经销商门店。

在直播之前，欧派就在制造话题引爆注意力的同时，紧抓用户消费决策的窗口期，从渠道端进行深入全面布局。欧派通过微信、视频号、抖音、快手、微博等各个品牌触点，以创意文章或海报为媒介，将用户导流至营销小程序进行预约、报名，来锁定直播优惠。

欧派线下千家门店和导购都变成"场"的延伸，只要转发链接到好友、朋友圈、微信群，产生浏览、报名、购买后都可以获得奖励，打造"私域流量"裂变效应。

最后，直播间里由明星亲自体验互动，厂家产品专家专业解析及砍价，欧派总裁亲自发放福利，用实实在在的劲爆优惠打动客户，实现用户痛快下单。

而下单只是欧派服务的开始。线下店面的切实体验和一站式服务，与线上声量形成反哺和闭环，会进一步助推品牌传播的长尾效应。

一场直播就是一次完整营销短链。借助线上直播的流量高地、明星派利的吸睛效应以及终端裂变，欧派展示出直播营销矩阵的强大能量。

三、对内赋能企业，线上高效培训

疫情导致产品促销、招商计划受阻，许多门店人员只能居家隔离，难免担忧业绩收入问题。同时，这也正是门店人员修炼内功的绝佳时机，通过线上学习积累实力和经验，待疫情过去再发力，以科学有效的方式签订更多合同。

2020年春季，欧派橱柜开启春季特训营，为全国各地的经销商、片区经理、一线销售直播培训产品知识，在门店现场实景讲解销售策略。在这个特殊时期，欧派助力商场及导购快速解锁直播营销技能，掌握直播营销新模式。

直播中，讲师通过PPT展示、弹幕、签到、答题等形式与员工互动，实时收集反馈解答问题，打造良好的学习氛围。结束后，直播自动生成回放，供员工反复观看学习。

疫情期间，保利威直播累计支持欧派线上培训超过20万人次。

欧派董事长姚良松接受采访时表示："对于定制家居行业的发展，未来10年，所有还存世的企业，全部是一流的信息化企业。现今每个企业都要充分重视信息化、智能化，让消费者拥有更便利、更舒服的体验，才是关键中的关键。"

直播购物、线上学习等数字化手段与人们对生活回到正轨的期许不谋而合，为家居品牌破局"自救"打开一个新窗口。

目前，保利威已服务欧派家居、博洛尼、博世等众多家居及家电企业，未来将继续探索更多家居电商直播及内训场景，助力企业实现数字化转型。

10.2 直播+医疗

新兴技术的普及，正在逐渐变革医疗健康服务的新场景、新渠道和新模式。随着互联网技术的进步及人们医疗健康意识的日益提高，根据预测，未来

10年，我国互联网医疗的年复合增长率将维持在33.6%的水平，并最终将达到2000亿元人民币的市场规模。

然而，医疗行业也面临难解的痛点：

（1）医疗机构复杂，人员众多，信息参差不齐难同步，人员培训成本高且效果无法把控。省级医院、三甲医院数量庞大且技术领先，三、四线城市医院因渠道、地域受限难与先进医院连接，优质资源无法触达，医疗服务水平无法进一步提高和完善。

（2）医院的线下会议繁重，科室会、行业峰会举办成本高，人员路途奔波，效率低，还达不到预期的回报效果。

（3）国内医疗资源分布不均，基层医生业务能力差异明显，患者病症杂乱，需求日益提高，但线下医疗会诊通常设置在固定的场地，分布在各地的专家、患者或主治医师难聚集，缺乏远程会诊的便利性。

因此，直播正扮演着十分重要的角色。远程医疗、医疗讲座、手术直播等形式对于普及医学知识、拉近医患关系、提高医疗透明度、促进医疗直播事业互通有无、提高问诊效率等方面有重大意义。

案例——"肝胆相照"：平台直播服务4亿肝病人群

直播应用亮点：第一，支持最高17路音视频在线协同互动，医生在完成常规线上诊断之外，还能连线多方专家，异地协同会诊。第二，支持4K超高清毛孔级别画质，可接入摄像机和内窥镜等可视化医疗专业设备。第三，手术医生与场外专家同步讲解和答疑，直播后便于转存、回看。

"肝胆相照"是肝胆病在线公共服务平台，作为国内互联网肝胆病医疗健康领域的头部品牌，为4亿肝病人群提供科普教育服务，专注于为肝胆病患者和肝胆病专家提供在线交流平台，并领航构建了肝病领域医生教育的新模式。

平台采用新技术实现病患实时与专家线上随访、线下就诊、全周期病历管理、免费咨询、临床检验、疾病科普知识学习等服务，目前垂直领域注册医生超过2.5万人，固定随访患者30多万，规模居行业之首。

图10-2 肝胆相照平台

2016年年底，"肝胆相照"接入保利威直播（图10-2），肝病行业学术会议进入线上同步直播时代，也是行业中首个建立专业直播团队的平台。

很快，直播成为"肝胆相照"的主要服务形式之一，目前已累计直播超千场。70%左右的肝病感染病国家级会议和50%的省级年会直播，都能看到肝胆相照人的身影。

一、医师培训：提升诊疗同质化水平

2020年带给我们的最大启示之一：积极考虑并实现线上和线下融合的运作模式，取长补短，对冲风险。其中，"学术会议线上化"正是众多人的选择。

根据丁香园发布的《2020中国医生洞察报告》，医生将62%的上网时间用在了医学相关活动上，平均每周为15.2小时。

然而，基层医生参与高规格学术会议的机会非常有限，直播能够帮助医生在繁重工作之余，更便捷地学习行业最新知识和技术。在此基础上，极大节约

企业直播 / 直播实战驱动数字化升级 /

图10-3 肝胆相照App中的直播、讲堂、资讯模块

出行和时间成本，缩小一线医疗机构和基层医疗机构之间的技术差距，推动机构之间诊疗水平同质化提升（图10-3）。

从这个角度来看，医疗领域的学术直播对于整个行业的技术水平提升贡献重大。"肝胆相照"目前已利用直播跨时空培训基层肝病医生超过400万人次。其执行主任周海洋认为："肝胆相照直播业务改变了中国肝病医生继续教育的模式。"

肝胆相照产品经理刘小平表示，疫情之下涌现的大量医学会议，也培养了专家的线上参会习惯，亲身体会到其优势：

（1）时间安排灵活，互动性强，专家拥有更充裕的分享和交流时间。

（2）如遇突发性活动需要开会，随时都可以在线上组织起来。

基于此，他预测未来医疗学术会议直播有两个趋势：

（1）国家级会议和省级年会依然还是以线下为主，但会逐渐往线上线下相结合的形式靠拢。

（2）地市级小型培训则会大量投向网络直播，以线上为主。

二、手术直播：颠覆医学教育形式

一般病人手术的过程极为神秘，出于卫生及安全的多重考虑，多数手术是不对外公开的，这为一些高难度手术学习交流造成障碍，不利于医学知识的传播交流。

而手术直播突破了空间限制，让更多的医生有机会远程参与顶级专家的手术直播观摩中。而且与传统观摩相比，手术直播还能避免人员杂乱带来的手术室空气污染等问题。手术直播不但为医生、学者们提供了一个更真实、全面的学习交流场景，也为医学教育带来极大的创新。

三、科普宣教：打破医患信息孤岛

肝胆相照直播平台整合国内外专家教授优质资源，通过直播授课、科普视频、生动图文、线下座谈等形式普及最新肝胆病防治知识，真正实现专家与大众、专家与患者之间的无缝衔接。

医疗专家通过视频直播这种方式促进了医疗知识的普及和推广，为观众与专家之间搭建了新的沟通桥梁。运营人员将专家在直播过程中解答的问题剪辑形成小视频，然后根据内容进行分门别类，将直播内容的价值进一步放大。

疫情期间，肝胆相照平台直播场次较往年成倍数增长，开展多场公益主题直播，包括指导新冠肺炎疫情期间患者居家用药、延缓疾病进展等（图10-4）。

图10-4 肝胆相照新冠肺炎专题

四、远程问诊：缓解病人"看病难"

我国人均医疗资源匮乏，在非一线城市尤为明显，挂号难、看病难的问题亟待解决。

通过直播，优秀医师可以根据患者提供的病症信息在线诊治，给出用药建议，不仅能让优质医疗资源得到有效利用，还可以大大提高患者就医效率。

登录肝胆相照平台，患者可以通过公益咨询、在线随访等服务与医生线上交流；同时也可以通过科普直播匿名向医生咨询提问，无负担交流。

保利威医疗直播可实现多路视频在线协同互动，不仅可以让医生完成常规线上诊断，还能连线多方专家，异地协同会诊，促进圈内交流的同时，提高线上诊断准确度。

五、医疗直播新玩法

1. 科技带来场景化升级

目前医疗行业的大部分直播，还是比较初阶的形态。随着技术的发展，有些头部公司已经开始使用数字化成像技术（图10-5）。

图10-5 BITC（北京瑞城口腔种植医学研究院）口腔种植大奖赛虚拟舞台

这种技术的核心就是借助科技，在线上模拟出和线下类似甚至可以超越线下的虚拟场景，提高观众在直播过程中的视觉享受。

2．直播角色的多样化和 IP 化

随着医疗直播常态化，逐步出现明星主播，比如高人气的专家大牛，他们在带来大量患者资源的同时，其资深的病历分析经验更符合当下医疗直播内容的需求，也能够更快形成口碑。

未来的直播可能会出现越来越多的"虚拟嘉宾"。未来的直播角色不仅限于真人专家，5G、AR、VR 等技术的成熟，会催生更多的"虚拟医生"在线答疑。

案例 —— 华医网：越洋直播为澳大利亚送抗疫经验

直播应用亮点：第一，平台简单易用，无须下载客户端，通过网页端即可快捷发起直播。第二，越洋直播稳定流畅，多专家异地连麦交流，实时答疑解惑。第三，云端同步录制分享会，一键直播转点播，自主回放章节内容，更多人受惠。

远在南太平洋、拥有超过 120 万华人的澳大利亚，当地华人医生、居民群体热切期盼得到国内专家的分享和指导，学习中国成功的抗疫经验。

疫情期间，华医网通过在线教学累计对 368 万人进行新冠肺炎科普、培训，成为中外医疗抗疫交流的桥梁。

通过保利威直播，华医网邀请全国十佳全科医生葛彩英和澳大利亚皇家全科医学院院士李江，举办了一场面向澳大利亚华人的越洋直播交流会。此次分享聚焦澳大利亚新冠肺炎疫情进展及居民关注的热点问题，通过分享和讨论疫情下个人防护和心理疏导建设的中国经验，希望有效帮助澳大利亚居民开展社区防疫和家庭防疫。

一、轻松发起直播，多嘉宾主讲分享

保利威平台简单易用，身处中澳两地的两位医生及主持人，无须下载客户端，通过网页端即可快捷发起直播。直播采用多嘉宾主讲配合 PPT 课件、画笔，李江医生率先详尽介绍了目前澳大利亚新冠肺炎最新的病例数据，剖析了疫情下社区和华人群体的变化特征，并解读政府举措对战疫的成效。

随后葛彩英医生分享了我国在社区医疗机构防控、社区联防联控的宝贵经验。她多次强调疫情下个人防护、心理防御的重要性，更通过摄像头现场向全球华人演示 7 步洗手法和慢呼吸法。

二、全球直播稳定流畅，越洋无卡顿

本次交流会远跨大洋大洲，凭借保利威覆盖全球的 2800 个融合 CDN 节点，保障了不同地区的海外观众流畅观看，直播全程清晰无卡顿，实现秒级延迟，获得超高稳定性。

三、音视频连麦互动，实时交流解惑

两位专家利用难得机会，连麦交流两国的防疫措施、经验和教训，讨论社区医疗诊所防控细节。同时，分享交流会中，通过保利威直播间提供的留言、弹幕等互动功能，澳洲居民提出众多关心的问题，如判断是否患新冠肺炎、如何正确戴口罩、怎样做好复工、易感人群如何防护，专家们及时回应解惑，为观众打了一剂强心针。

四、自动生成回放，多平台联合播放

为了惠及更多人，华医网通过保利威云端同步录制分享会，一键直播转点播。未能及时参与线上交流的海外同胞及国内居民，仍能通过华医网官网及微信公众号、YouTube平台回看，自主回放章节内容。

进入2021年，疫情又有反复。保利威继续用技术，为信息共享、医疗防控交流保驾护航，凝聚抗疫合力，助力打赢新冠肺炎疫情这一仗。

2021年1月21日，上海复旦大学附属肿瘤医院因出现疑似病例，徐汇院区门诊停诊，患者无法直接到线下问诊和进行治疗。因疫情防控需要，部分医生被隔离。

"很多医生电脑都没带就进了隔离间，现在我用手机跟大家沟通。跟大家说一声抱歉，事情来得比较突然……"复旦大学附属肿瘤医院的李俊杰医生在隔离酒店打开手机直播，为患者解答问题。

身在隔离间，心系患者，虽然条件有限，但医生们通过直播为患者搭建起了沟通桥梁。从1月25日起，复旦大学附属肿瘤医院乳腺外科携手院内乳腺相关科室专家举办了线上公益科普直播——"隔离病毒，不隔离关爱"。

隔离酒店和医院科室成了一个个传递温暖的直播间，直播采用三分屏模式，患者的问题都被集中在PPT中展示，观众可以在聊天区中实时提问。医生在开启连麦后，和患者"面对面"进行沟通，解答患者最关心的问题（图10-6）。虽然隔着屏幕，但暖意丝毫未减。

这种新型"云问诊"，通过保利威无延迟直播的实时互动体验，让医患能够实现和线下"面对面"几乎无差别的沟通交流，增强医患双方信任感，提升问诊效率。

图10-6 医生们在直播间实时连线,解答患者问题

第 11 章
直播技术发展及应用创新

在这个"直播+"的新时代，拥抱还是不拥抱，这不再是一个问题。信念坚定，才能探索未来。

美国科幻作家威廉·吉布森（William Gibson）说："未来已来，只是尚未流行。"我们正处在流行开启的时间点，全新的内容生产方式和线上交互方式，在每个人面前展开。唯一能够登上流行节点的方式，就是拥抱新技术、新模式，小步快跑，快速迭代。

直播行业又有哪些新技术、新模式值得期待呢？

11.1 无延迟直播引领5G时代的首场音视频技术革新

我们知道，视频直播正逐渐取代图片文本，成为最主流的内容呈现形式。

当互联网进入视频时代，业界对实时交互有着更强烈的憧憬，"面对面"实时互动的价值足以引爆一个全新的第二空间。

随着"直播+"的兴起，不同行业都在结合直播形成各种各样的直播场景，但受制于信息传输速率和视频直播延迟性等技术壁垒，人们离视频实时交互仍有"最后一公里"的距离。

1. 4G到5G，信息传输"高速路"已成型

受带宽等条件限制，4G时代的直播清晰度有所欠缺，"卡顿""马赛克"更是因影响直播观看体验而被诟病。5G网络信息传输速度的提升，为细腻真实的超高清直播提供可行性，流畅且超高清的直播将成5G时代"标配"。

在卡顿、画质问题之上，直播延迟更是影响视频交互体验的"拦路虎"，成为视频应用进入强交互下半场的最大障碍。很多人将希望寄托于5G技术的成熟，他们认为，随着5G布局落地，直播延迟问题将会迎刃而解。

事实上，这是一个误解。

从4G到5G，信息传输走上"高速赛道"，互动式视频直播产业有望迎来快速增长。首先，随着5G传输速率的大幅提升，将使得设备轻松承载4K甚至8K视频流，4K及以上画质将逐渐替代1080P及以下画质；其次，5G技术可以提高实时流媒体传输质量，将有更多的体育赛事或其他活动事件选择实况转播。

但是，5G网络并不能解决丢包、延迟、抖动和终端性能多样性等互联网本身的复杂问题，解决"追波延迟"的关键在于RTC技术本身的迭代升级。

WebRTC（Web Real-Time Communication，网页实时通信）是由谷歌开源的一套RTC实时音视频技术标准，基于网页就可以实现实时的音视频互动，不仅得到苹果、微软等操作系统和浏览器厂商的支持，包括阿里巴巴、腾讯在内的大量企业也在共建生态，这使得WebRTC逐渐成为实时音视频终端互动的通用标准。

保利威在WebRTC的基础上，根据业务场景开发，形成了从SaaS（软件即服务）到PaaS（平台即服务）的全场景化解决方案，使得企业、机构能够以极低的接入成本，快速具备高稳定、低延迟、强互动的无延迟直播能力，如图11-1所示。

打个比方，5G相当于将土路升级为高速公路，而无延迟直播就是行驶在高速公路上的高性能汽车。在保利威看来，由于无延迟直播的架构（图11-2）与5G网络架构高度相似，无延迟直播将是第一个充分发挥5G优势的产业应用。无论是技术架构还是使用体验，无延迟直播都称得上是"5G原生"的产品。

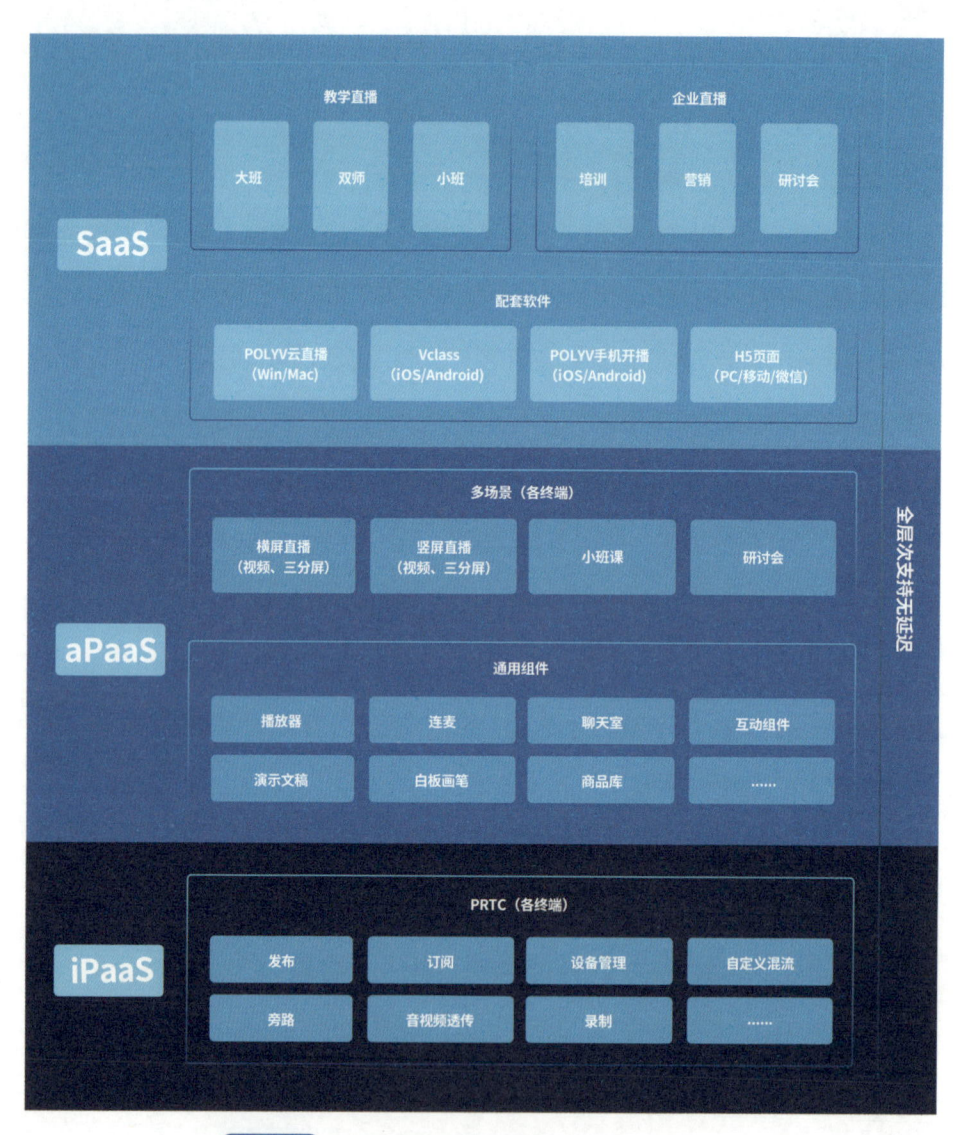

图11-1 保利威视频云产品全体系支持无延迟直播

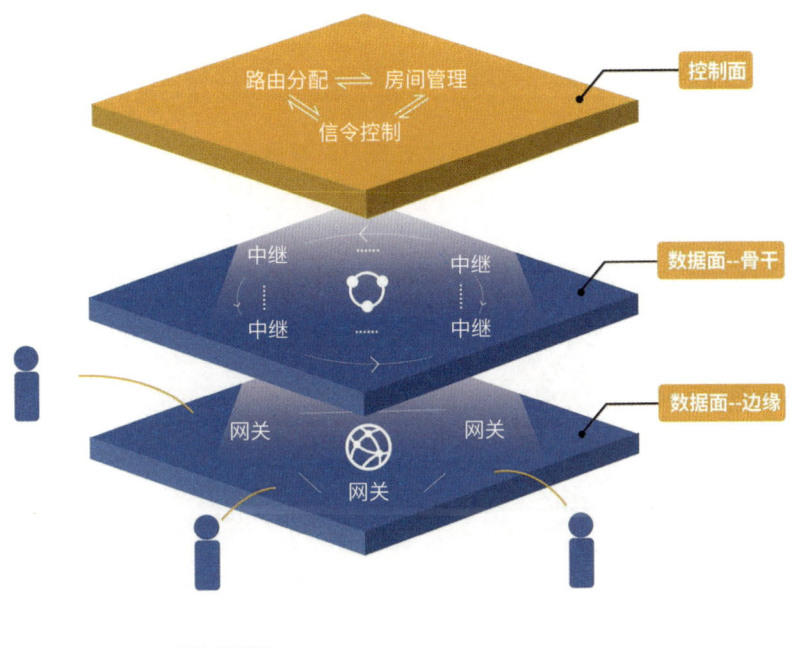

图11-2 无延迟直播系统架构图——CUPS

2. 5G+无延迟直播，赋能全新视听交互体验

华为中国运营商业务部副总裁杨涛认为，To C是5G发展的基础，To B才是5G发展的未来。华为给出的数据显示，"5G最大的机会在To B行业应用，拥有10.6万亿元国内市场空间"。

基于5G技术高速率、大带宽、低延时、高可靠性的特点，直播无疑是最先受益的业态。尤其新冠肺炎疫情暴发以来，直播将"无接触服务"概念向云展会、空中课堂、空中招聘、庭审直播、云年会等多样的企业级应用场景延伸，推动企业数字化转型。

在互联网"视频化"的今天，新技术将把互联网带入强互动的下半场，成为将5G带宽优势价值最大化的一次直播技术革命，5G+无延迟直播，将全面升级企业传统应用场景的视听体验。

直播秒杀、游戏直播、远程课程等强互动场景对交互与延时都提出了更高要求，"零距离"的直播体验成为行业发展的关键目标。图11-3总结了保利威无延迟直播的5大特性。

5G技术下，直播可以呈现更多视角，采用更多样的视觉特效，让直播观感更丰富、更具灵活性。无延迟直播则带来更强的临场感和沉浸感，让观众产生超越以往的真实感受。

相较于互联网的消费终端，无延迟技术在产业里的价值更大，比如一对多线上教学、远程手术、远程工厂中，无延迟技术能够起到至关重要的作用。

无延迟直播带来的实时互动体验升级，本质上是让传统直播蜕变为真正的实时互动直播，还原线下面对面交流的体验，在教育、金融、医疗等多个行业应用场景中都具有重大意义。

可以预见，5G的进一步发展会让音视频互动发生质的提升，让无延迟直

1. 实时互动体验：PRTC可以实现0.4秒以内的直播互动延迟，对人们来说几乎接近线下面对面交流的体验。

2. 单房间十万人同时观看：依托用户最近的服务器节点，不仅单个直播间能承载万人同时在线，同时用户也能享受到和小班课、视频会议一样的实时互动体验。

3. 业内率先大规模商用：降低费用和使用门槛，仅需登录保利威后台开通即可使用。

4. 用户使用更方便：在微信网页中可以进行白板书写、画笔标注、聊天室对话、视频连线等互动，无须下载额外App和插件。

5. 智能抗弱网：PRTC可实现音频抗丢包70%，视频抗丢包40%。即便在高铁、乡村等弱网环境中，也能够实现实时音视频互动。

图11-3　保利威无延迟直播的5大特性

播与教育、医疗、金融以及交通等诸多产业相结合，迸发出1+1＞2的巨大价值。

3．无延迟直播，将成为音视频领域准入门槛

音视频直播系统是一个复杂的工程系统，要做到低延时直播，需要系统性的工程优化和对各组件的合理掌控。在打造低延时直播产品时，追求的不仅仅是低延时，更是降低延时情况下优秀的用户体验。

随着直播行业的发展升级，以及传统行业数字化转型的不断深入，在与电商、教育、泛娱乐等行业不断互相渗透的同时，低延时、抗弱网、接入简单成为行业的共同诉求。

无延迟直播的应用（图11-4）能够给企业和行业带来全面的质的提升，这是一次关于人类实时音视频交互的时代革命。

从用户层面上看，无延迟直播的实时互动体验非常接近线下实时沟通，带给用户的参与感要优于传统直播，进而帮助提升用户在直播间的停留时长和参与度。

图11-4 保利威通过无延迟直播召开线上发布会

从数据层面上看，无延迟直播能够让用户体验得到提升，帮助企业降低直播间跳出率，为企业、机构后续营销转化打好基础。保利威后台数据显示，相比传统直播，无延迟直播使得用户在直播间的停留时长延长了30%～50%，直播间销售转化率提升了30%～40%，互动用户量翻倍。

从业务层面上看，直播能够多元化的与各种业务相互配合，例如企业内部培训、数字研讨会、直播带货、直播手术等，丰富企业运营业务的形式。

除了赋能业务层数据提升，无延迟直播对改善企业培训师、老师、学员、带货主播等与直播密切相关人员的状态起到重要作用，重构业务场景。

企业能够通过无延迟直播与更多实际业务相结合，打造更多样化和立体化的工作流程，以应对如新冠肺炎疫情般黑天鹅事件的发生，进而加速推进数字化转型。

通过超高清、无延迟、面对面的实时直播，实现和线下体验一致甚至超越线下的"真互动"体验，才能让每一家企业更好地享受到互联网技术带来的红利。如果直播服务商不能为企业提供无延迟直播服务，就难以满足企业多样化直播场景的需求。

随着5G商用逐渐落地，无论是高清晰度、稳定性还是实时性，音视频互动将得到质的提升，无延迟直播将趁势引领5G时代首场音视频技术革新。在未来，无延迟直播则会成为横亘在直播服务商的一道标尺，成为音视频直播领域的准入门槛。

11.2 视频时代下的企业"新工位"——直播舱

2020年新冠肺炎疫情突袭，居家办公一度成为互联网企业的标配，仅需一台电脑，即便天各一方，也能实现公司内部高效沟通。远程办公能力逐渐成为企业刚需，企业直播的加速键也一并被按下。

艾瑞咨询报告数据显示，2020年中国企业直播服务市场实现倍增，涨幅158％至38亿元，预计到2023年达到146亿元。

随着疫情导致的恐慌性消费进一步回归理性，深度应用直播的教育机构和企业数量将稳步增长，直播将会变得更轻量化，企业对于移动式直播的需求日渐攀升，进而推动自身的数字化转型。

1．"直播+"推动数字化时代进程

疫情带来最明显的改变是人们的工作生活更加"数字化"。

异地培训、视频会议以及线上授课等场景更普遍地融入人们的生活，人们从被迫接受到逐渐习惯，这个过程甚至短到没有意识到转变已悄然发生。

随着直播进入企业业务全场景，"直播+"概念也日渐流行，直播技术正从单纯的内容生产工具向业务工具延展，连接起企业各业务部门，赋能数字化人才培养，提升企业运转效率。

数字化新机遇下，"数字化转型"和"数字化学习"向企业战略发展提出了新的要求，人才培养成为驱动企业创新的关键举措。

后疫情时代，直播课早已不局限于教培机构的线上产品交付。直播课、录播课、课堂形式轻量化、数字化培训项目以及数据可视化管理等直播应用日渐普及，直播课作为云端教培的主力军角色得到充分凸显。

教学之外，直播+金融、直播+医疗、直播+电商等概念也得到落地应用，证明其价值。直播是企业数字化能力延展最高效的手段，直播间为员工、客户、社会打造了一个紧密联系的第二空间。

目前，企业已经基本实现日程审批、部门会议等内部工作流程线上数字化。

但也存在大部分企业一直以来都难以将部分核心业务与数字化相结合的问题，导致转型遇到阻力。

2. 企业直播成刚需，轻量化开播成基本诉求

在过去，企业对外营销方式大多采用行业会议、线下沙龙等途径，把大量的企业客户、合作伙伴聚集在同一个场合里进行宣讲，但这些方式相比线上方式而言成本高、效率低，且不一定有效；在企业内部培训中，以电视会议或电话会议的方式进行培训宣讲同样费时费力：需要平衡讲师和学员的时间，学员一旦有事没能去上课，便无法再次观看课程。

这些，恰恰是企业直播服务的优点和长处。直播成为企业数字化转型的有力抓手，不仅营销成本相对较低，还能有效解决线上用户的获取和沉淀问题，创新应用场景，帮助企业改善各项服务和体验。

在对外营销中，通过前端直播策划宣传、中端直播平台技术支持和后端智能客情分析，企业可以快速搭建私域流量，刺激用户购买兴趣；回到培训场景，企业可以通过直播加强培训的互动性和趣味性，无论学员是在出差、加班还是在家休息，都可以通过移动设备远程进入课堂，实现跨地域授课的需求，进而提升企业内部的工作效率。

巨大的市场需求促使企业不断提升直播频率和内容丰富度，与之同时，企业硬件支出的成本也持续上升。如果企业想要搭建自己的直播间，无论是时间成本还是装修成本都相对高昂，一旦办公地点变更，还很容易造成资源浪费。

快速、便捷、随时随地发起或加入一场直播，这种轻量化的直播形式（图11-5）正成为企业直播的基本诉求之一。

3. "新工位"应运而生

《哈佛商业评论》的一项调研指出，企业实现在线办公之后，员工自我效

图11-5 企业需要快速开播能力

能感和集中精力工作的能力提升了10%,工作相关的压力和负面情绪下降超过10%。

数字化时代下,企业直播需要求新求变,新的办公场景也随之出现。工位,不再牢牢地指向写字楼里那个沉闷、逼仄的格子间。

2019年,保利威在业内首创推出了"直播舱"产品(见图11-6),满足企业快速开播需求,让企业能够轻易实现直播"规模化量产",提升数字化能力。借着解锁在线办公的契机,不妨尝试从办公模式的转型,实现团队组织能力和团队协同能力的双重提升。

保利威直播舱的推出很好地解决了企业直播过程中隔音差、直播场地装修贵、直播设施参差不齐、直播数据难以追踪等多场景问题。在软硬件一体化集成的直播舱中,企业能够快速落地多元化应用场景,加速上"云",推进数字化转型。

图11-6 直播舱

对企业而言,直播舱的关键价值在于,通过标准化的设施和空间布置、高性能的软件系统和数据支持以及专业化的直播教程和流程指导,几乎完美地解决了客户在系统选择、场地搭建、设备配置、内容策划、流程管控和效果追踪的一系列难题。

新的背景下,与其把它叫作"直播舱",不如将其定义为移动直播时代的"基础办公设施",视频生产的"新基建"。

万物互联,即时可见。打开想象的边界,数字化时代需要在直播间内重新定义工作的新场景。

而直播舱,无疑是直播时代新工位的有力竞逐者。

11.3 视频安全，护航企业沉淀数字资产

没有遭遇过视频被盗的人是不会意识到视频防盗的重要性的。

1. 屡禁不止，无孔不入的视频侵权手段

在线教育的侵权乱象是个老生常谈的问题：官网价值3000元的外语课，在某电商平台只卖"9块9"；各种头部机构的课件、文字资料被整合成"学习大礼包"，免费下载……

各种盗版课程在网络平台上随处可见，甚至成为侵权者增加流量和吸引用户的手段，即便受到投诉，依旧"春风吹又生"。

平台之外，网盘、盗播、跨平台侵权等侵权方式更是让企业、机构防不胜防，维权成本过高，"助涨"侵权风气。

网盘：早期的网盘平台是侵权者的天堂，每个人都能以资源共享的名义，将自己购买的正版课程以及其他渠道获取的盗版课程存在网盘里。

侵权者通过共享链接地址的方式在微博、空间、贴吧、论坛等社交媒体、网络空间进行传播，其他用户借助搜索引擎、社交媒体可以快速定位共享链接，并转存至个人网盘或直接下载。

盗播：直播形式的盗播，简单来讲就是没有取得版权方的同意，直接通过电脑、手机等直播设备来播放课程视频给用户观看，或者使用工具直接对直播进行录屏。

如果平台没有足够的技术保障方案，很难实现全网的有效监控，而且直播是实时播出，难以追溯，不方便留存侵权证据，导致大量漏网之鱼存在。

跨平台侵权：视频洗稿和跨平台侵权也成为创作者的心疾。一般大家常说的"洗稿"是指对原创文章进行篡改，把原来的文章内容打散再重组，看起来好

像跟原文不一样，但实际上最有价值的部分基本上都是照搬照抄。

网课视频内容盗版有着庞大的产业链，一方面，盗版者通过互联网平台进行宣传，吸引用户付费进群，以各种形式提供资源及更新服务；另一方面，消费者以"白菜价"购买得到的盗版课程，内容质量和服务非常粗糙。视频盗版难以消除，市场秩序被扰乱，严重打击了内容创作者的积极性。

对于企业、机构来说，视频数据包含内部商业机密，必须杜绝外泄的风险。

2．从"源头"护航企业视频安全

目前业内最常见的盗版形式无外乎两种：录屏和下载。简而言之，录屏就是在观看视频的时候同步录制视频内容，下载则是通过技术手段直接从网页端/客户端/H5页面下载视频，从而实现盗版的目的。

视频在微信H5页面上播放的安全性一直是行业痛点，在2020年奥多比（Adobe）正式停止更新并发布多媒体播放器（Flash Player）之后，这一痛点更暴露无遗。由于技术限制，目前市场上大多数微信H5浏览器采用的都是HLS协议标准加密，视频安全程度极低；移动端大部分浏览器全屏观看时，无法实现跑马灯效果（文字或图片滚动显示），难以起到震慑作用。

在侵权视频渠道广、方式多、难以追溯的情况下，能够将防盗技术集成到视频系统中并形成规模效应的视频版权保护技术，将帮助企业、机构走出版权困境。目前市面上比较成熟的是以数字水印、加密算法、全网监测为代表的技术方案（图11-7）。

（1）数字水印技术解决溯源问题。数字水印即将水印图像嵌入音视频，不易被察觉，也不会影响内容本身价值，既可以实现快速、精准溯源，降低维权成本，还可以实现规模化。

以保利威数字水印技术为例，可以实现静态水印和视频动态水印。静态水

第11章 / 直播技术发展及应用创新

防录屏
双重跑马灯
视频指纹
声纹识别
听课答题
插件感知

防下载
碎片转码
私有格式
混合算法加密
全终端支持

防盗链
黑白名单
授权校验
签名 URL[①]
时间戳校验
HTTPS[②]

盗版维权
极速下架
安全攻防
法律取证维权
区块链数据

内容合规
信息审核
延时直播
AI 智能鉴别
直播监控

重服务
视频安全报告
容灾备份
升级维护

（中心：视频版权保护体系）

图11-7 保利威 PlaySafe® 视频版权保护体系

印直接嵌入视频，无法修改和去除；动态水印和视频内容共同渲染、输出并播放，防止盗版商通过前端技术去掉防水印代码，进而提取完整的视频课程。

除了数字水印，还可以通过文字滚动显示、防录屏监控、声纹识别以及采集卡录制等功能防止录屏盗版。

---

① URL 指统一资源定位系统，全称为 Uniform Resource Locator。——编者注
② HTTPS 是以安全为目标的 HTTP 通道，在 HTTP 的基础上通过传输加密和身份认证保证了传输过程的安全性，全称为 Hyper Text Transfer Protocol over SecureSocket Layer。——编者注

（2）视频物理切片，辅以加密算法。该加密方式通过将视频文件进行物理切片，每片视频辅以多种算法混合型加密，并将关键数据进行错序混淆。即便视频内容被下载，盗版商也无法进行恶意的二次分发，视频破解难度倍增。

（3）人工智能全网监测，快速下架盗版视频。基于人工智能的机器学习和大数据能够助力实现对全网视频渠道的视频搜索与版权监控，若发现盗版视频有发布在网络平台，可通过绿色通道帮助机构快速确权、下架盗版视频，保障教学视频原创价值，减少机构损失。

在课程关键词或变异词识别技术基础上，以深度搜索和大规模机器搜索技术为核心，通过智能识别和搜索功能，帮助机构实现精品课程全网盗版搜索监测，及时投诉下架盗版视频。

视频版权保护是通过加密技术实现的，但加密技术对于视频而言其实是一把双刃剑，如果加密等级不够就很容易被破解下载，如果加密过于严格，就很可能会影响用户的正常体验。如何平衡两者关系，既是视频服务商需要考量的问题，也是企业挑选视频服务商的关键要素。

随着直播在企业中的应用边界正在拓宽，企业对高品质直播的需求也日渐凸显。视频安全作为品质直播的一大要素，保障视频安全成为企业实现高品质直播的前提。视频安全得到有效保护，企业才能更好地沉淀数字资产并不断复用。

11.4 元宇宙探索下的直播新想象

"元宇宙"一词最早出现于美国著名科幻作家尼尔·斯蒂芬森（Neal Stephenson）发布的小说《雪崩》（*Snow Crash*）。在书中，尼尔·斯蒂芬森描述了一个平行于现实世界的网络世界，并将其命名为"元界"，所有现实世界中的人，在元界中都有一个"网络分身"。

这个"元界"，英文原著中叫"Metaverse"。它由 Meta 和 Verse 两个词根组成，Meta 代表"超越""元"，Verse 代表"宇宙（universe）"，也就变成了现在人们耳熟能详的"元宇宙"。

元宇宙不是真正的世界，而是一个虚拟的世界，更准确来说，元宇宙是未来的虚拟世界。

1．人类距元宇宙还有一段距离

2021 年下半年，科技巨头陆续"跑步进场"，资本持续抱团加码，让"元宇宙"概念成功破圈，人们对元宇宙也多了一份憧憬和幻想。

随着 AI、VR、区块链等前沿科技成熟应用，《头号玩家》《失控玩家》等科幻电影的感官刺激，加上话题热度经久不衰，一度让人们以为元宇宙似乎并不遥远。

回归理性，从技术上看，我们离想象中的元宇宙都还有一定距离。要支持庞大的元宇宙运作，首先必须要有极其强大的算力和算法，还需要如芯片、网络通信、虚拟现实（VR/AR/MR/XR）、游戏（游戏引擎、游戏代码、多媒体资源）、人工智能、区块链等技术的协调配合。

此外，未来元宇宙的真实面貌肯定也与现在所描绘的有一定的差距，就像现在的互联网形态和 20 年前人们所设想般截然不同情况一样。

2．沉浸式、低延迟，探寻元宇宙的核心

2020 年年底，马化腾提出了"全真互联网"概念，并指出"虚拟世界和真实世界的大门已经打开，无论是从虚到实，还是由实入虚，都在致力于帮助用户实现更真实的体验"。全真互联网的关键在于"全"和"真"二字，即互联网全面地、无所不包地融入并与现实结合，而这种结合的趋势则是，让曾经被认为虚拟的互联网越来越逼真与实在。

现在看起来，无论从整体概念还是具体细节上，"全真互联网"都与"元宇宙"概念十分类似。

无论是元宇宙，还是全真互联网，推崇的都是与线下几乎一致，甚至超越线下的无延迟、沉浸式场景，让虚拟体验更加鲜活且真实，增添趣味性。

元宇宙第一股Roblox则提出了元宇宙的八个关键特征：身份、朋友、沉浸感、低延迟、多样性、随地、经济和文明。

身份和朋友，在网络游戏中已经被得到证明和实现；经济和文明，需要生态建立后由身在其中的人们衍生而来；多样性和随地，需要内容创作者和硬件技术的配套升级迭代，而沉浸感和低延迟，则是目前人们在元宇宙探索上的发力方向。

3. VR沉浸声直播打造"真现场"

结合VR/AR、人工智能等多种前沿技术，能够实现直播互动体验的全面升级，让人仿佛能够进入一个全新的第二空间，进行沉浸式实时互动。

著名导演乔治·卢卡斯提道："电影所呈现的效果的一半靠音效组成。"如果需要更强的临场感，沉浸声技术是关键。沉浸声能够让观众感受到来自360°任意方位的声音，和VR画面一起如实还原现场或呈现观众无法听到或看到的细节。

在VR沉浸声直播领域，央视春晚给业界提供了一个很好的范式。为了提升VR全景视频互动体验，2021年春晚首次采用多机位VR沉浸声直播，在视觉和听觉上都呈现出三维空间感，打造出犹如真现场的视听体验。这样的VR沉浸声和VR音视频就是由保利威提供的直播技术支持。

这种身临其境般的直播体验与元宇宙所追求的低延迟和沉浸感目标是一致的，为传统舞台空间形态创新提供了很好的范式和参考，在电影、大会、节目、体育赛事等场景中大有可为。

4. 虚拟实时直播，元宇宙尝鲜体验

刘慈欣曾在《三体》中写道："人类的面前有两条路：一条向外，通往星辰大海；一条对内，通往虚拟现实。"

元宇宙的未来尚未明晰，但的的确确拓宽了人们对虚拟现实的想象力。虚拟直播则成为最易接受的探索，或许能给人类社会带来一个全新的增长空间。

从 B 站洛天依登上春晚舞台，到抖音虚拟主播柳夜熙7天圈粉400万，反映出人们对虚拟人物的接受度越来越高。

从邓丽君20周年虚拟演唱会，到 GTC（GPU 技术研讨会）大会上的真假黄仁勋，反映出虚拟发布会已经被成熟应用。

从某品牌直播间在珠穆朗玛峰下卖羽绒服，到李佳琦"美妆盒"虚拟直播间，反映出虚拟直播能够真正赋能企业业务增长……

虚拟直播在企业直播中已有成功应用范式，在企业年会、新品发布会、圆桌研讨等企业业务场景中，虚拟直播（见图11-8）能够给观众带来沉浸式直播

图11-8 虚拟背景直播现场

体验，提升企业活动的影响力。

保利威结合无延迟直播技术推出的实时虚拟直播，实现了百万级虚拟舞台和虚拟空间的效果，营造出实时沉浸式场景，也带来了"元宇宙"的创新体验。

元宇宙8大关键特征中的沉浸感和低延迟，与我们在直播领域正在探索的方向是一致的。

人类对元宇宙的探索将愈加深入，沉浸式媒体硬件设备也会更加轻量化和普及，两者将持续推动实时音视频技术的发展，给直播带来全新的想象空间。